사회복지교육의 이해

사회복지교육의 이해

김성신 지음

KSI 한국학술정보[주]

| 머 리 말 |

사회복지는 개인의 가치관에 따라 그가 누리고자 하는 복지를 가늠하는 지표가 다르다. 그러나 수백 개의 다양한 지표는 궁극적으로 '인간다운 삶의 질'과 '공평한 삶의 기회'에 초점을 두고 있다. 그리고 그 내용과 접근 방법의 다양함에도 불구하고 사회복지는 인류가 지향해 온 궁극적인 목표이며 또한 접근방법인 것이다.

그런데 개인과 사회에 따라 추구하는 목표의 다양함과 질적 가치가 갖는 계량화의 어려움, 인간의 무한한 욕망과 유한한 자원의 제약 때문에 일정한 복지의 패러다임을 제시하는 것은 매우 어려운 일이다. 때문에 유토피아는 그것이 최상의 실현 가능한 이상향인가에 대한 논의는 차지하고라도 실현 가능한 세상이 아니라 실존할 수 없는 허구적인 세상으로 그려져 있는지도 모른다.

위와 같은 관점에서 사회복지의 일정한 준거 틀을 제시하는 것은 저자의 능력을 뛰어넘는 작업이다. 그럼에도 기존의 사회복지 문헌들에 더하여 이 책을 발간하게 된 것은 다음과 같은 뜻에서이다. 사회복지가 상대적으로 소외된 계층에 보다 초점을 맞추는 것이라면 우리 농민과 농촌이 또한 당연히 그 논의의 한 중심에 있어야 한다. 따라서 이 책은 기존 사회복지론의 틀을 유지하면서 상당 부분을 지역사회 문제에 할애하게 된 것이다.

끝으로 사회교육에 대한 학문적 개안을 열어 주시고, 복지문화 교육에 큰 가르침을 주셨으며 국제문화대학원대학교 설립자 겸 이사장님이신 오치선 박사님께 깊이 감사드린다.

또한 이 책이 나올 수 있도록 사회복지 자원봉사 이론서를 제공해 주시는 등 지식과 지혜를 안겨 주신 최병익 박사님께도 크게 감사드린다.

2010년 여름

김성신

| 목 차 |

PART 1

지역사회복지의 개념

제1절 지역사회복지의 개념

Ⅰ. 지역사회의 복지

오늘날 복지사회로의 도입이 지속되고 있는 시점에서 다양한 관찰이 보이고 있다. 근로, 노인, 장애인, 여성, 유아, 지역 등등 다양한 복지개념화가 이루어지는 현시점에서 '지역사회복지에 대하여' 간략한 이론을 정리하면 다음과 같다. 지역사회복지라는 것은 사회복지 서비스를 필요로 하는 개인과 가족의 자립을 지역사회 속에서 확립함을 목적으로 하고 이를 가능케 하는 지역사회의 통합화와 생활기반 형성에 필요한 생활거주 조건 정비를 위한 환경서비스 개발 및 대인복지 서비스의 개발, 개선 동원 운영을 포함하여 이를 실현하기 위한 조직화 활동의 총채를 의미한다고 간단하게 설명된다. 지역사회복지의 개념을 토대로 그로 인한 관련 개념을 이해하고 지역사회사업이 어떻게 이루어지고 있으며, 그에 뒤따르는 개발과 조직을 알아보려고 한다. 또한 지역사회복지가 갖는 의미와 보는 관점, 그리고 구성조건을 조사하고, 궁극적으로 지역사회복지의 원칙을 알아서 지역사회복지로서의 모습과 역할을 알아보고자 한다.

1. 지역사회복지의 개념

1) 지역사회복지에 관한 개념들의 이해

(1) 지역사회의 의미

사회학에서 인간의 지역사회는 한 지역적 테두리에 같이 모여 사회조직을 이룩하고 문화를 공유하며 그 공동체에 대한 일체감을 지니는 삶의 터전이라고 이야기하고 있다. 심리적인 면에서 지역사회는 공동의 이익, 특성 혹은 연합을 의미하며, 지리적인 면에서는 사람들이 함께 모여 사는 특정지역을 의미하며, 사회적으로는 이 두 가지 면을 결합시키는 것이라고 풀이하였다. 사회복지학에서의 지역사회 개념은 첫째, 어떤 단일성 또는 분리성을 지적하는 물리적 · 지리적 · 지방적 경계선을 의미한다. 둘째, 사회적 · 문화적 동질성 · 합의 · 자조 또는 다른 공동행위와 상호작용 관계성의 형태를 말한다.

여기서 참고로 '길버트와 스펙트'라는 사람은 다음과 같이 설명하고 있다. 지역사회가 공통적으로 수행하는 기능으로 설명을 하자면, 첫째로 생산 · 분배 · 소비의 기능을 이야기한다. 즉 지역사회 주민들이 일상생활을 영위된 기능(경제)을 말한다.

둘째, 사회화의 기능, 즉 사회가 향유하고 있는 일반적인 지식, 사회적 가치, 그리고 행동양태를 그 사회구성원들에게 전달시키는 과정(가족)을 이야기한다.

셋째, 사회통제의 기능이다. 즉 지역사회가 그 구성원들에게 사회의 규범에 순응하게 하는 것(정치)을 의미한다.

넷째, 사회통합의 기능이다. 즉 사회체계를 구성하는 사회 단위 조직들 간의 관계와 관련된 기능(종교)을 의미한다.

다섯째, 상부상조의 기능이다. 즉 사회구성원들이 기본적인 사회제도에 의해서 자기들이 욕구를 충족할 수 없는 경우에 필요로 하게 되는 사회적 기능(사회복지)을 의미한다.

(2) 지역사회사업

'로스'라는 사람은 지역사회에서 전문가들이 행하는 사업에는 다양한 방법이 있는데 이것을 통칭하여 지역사회사업이라고 하였으며, 지역사회개발 · 지역사회조직 · 지역사회관계로 구별할 수 있다고 하였다. 지역사회사업이라는 것은 개별적인 보호 서비스와 지역사회개발 기능 양자를 통합시킨 실천으로 정의할 수 있다. 즉 지역사회를 하나의 자원으로 이해하고 지역사회와 사회보호 양자를 결합시킨 사회사업의 실천으로 요보호 대상자를 시설에 맡기자는 것이 아니라 지역사회에 통합시키고자 하는 것이라고 할 수 있다.

'굴벤키안 보고서'에서 지역사회사업에 다음의 네 가지를 포함하는 것으로 규정하고 있다.

첫째, 지역주민들로 하여금 외부의 유용한 자원의 도움으로 자신의 욕구를 해결하기 위하여 결정하고 계획하며 행동할 수 있도록 도와주어야 한다.

둘째, 지역서비스로 하여금 욕구를 해결하려는 사람들에게 매우 효과적으로 접근할 수 있도록 도와준다.

셋째, 지역주민을 위해 계획된 상이한 서비스 간의 상호관계를 고려한다.

넷째, 항상 변화하는 환경에 있어서 새로운 사회적 욕구를 해결하는 데 필요한 적응을 계획한다.

(3) 지역사회개발

지역사회개발이라는 것은 지역사회생활의 조건을 개선하고 지역사회의 일에 대한 자기방향과 통합된 노력을 위한 사람의 능력을 개선하기 위한 사람들의 조직적인 노력이라고 할 수 있다. 여기서 지역사회개발에 대한 관점은 다음과 같다.

첫째, '과정으로 보는 관점'으로 설명하면 주로 미국과 UN의 입장 표명이다. 미국은 지역사회개발을 지역사회주민 스스로 계획과 행동을 조직화하는 과정으로 정의하고 있으며, UN은 지역사회의 경제적 · 사회적 · 문화적 조건을 개선하고 지역사회와 국가를 통합함으로써 국가 발전에 공헌할 수 있도록 주민 스스로의 노력이 결합되는 과정이라고 한다.

둘째, '방법으로 보는 관점'으로는 목표달성을 위한 하나의 수단. 한마디로 특정목표를 달성하기 위한 활동방식으로 보는 관점이라고 하여 목표달성 여부를 강조하는 말이다.

셋째, '프로그램으로 보는 관점'으로 간주하기도 하는데, 프로그램에 규정된 절차를 수행하게 되면 활동이 달성된다는 가정에서 출발하게 된다.

넷째, '운동으로 보는 관점'으로 지역사회개발을 가치중립적인 것으로 보지 않는다는 것이다. 한마디로 지역사회주의들은 지역사회 개발에 대하여 찬성 또는 반대라는 감정적 요소를 반영하여 참여하게 된다. 개혁을 위한 운동은 과학적 성격이라기보다는 철학적 개념이라고 하겠다. 운동으로서 지역사회개발은 제도화의 가능성이 높기도 하다.

(4) 지역사회조직

지역사회조직은 공 · 사 사회복지기관의 전문사회사업가에 의한 것보다 조직적이고 추구하는 변화에 대해서 의도적이며 계획적이고 과학적인 지식과 기술을 사용하고 있다. 지역사회가 욕구 또는 목적을 발견하고, 확산시키며, 이것을 해결하기 위해서 내적 · 외적 자원을 동원하며, 결국 지역사회에 있어서 협동적 태도와 실천을 증진시키는 과정이라고 하겠다.

지역사회조직의 목표는 과업 중심적 목표와 과정 중심적 목표, 관계 중심적 목표로 구분할 수 있다. 이는 다음과 같이 설명할 수 있다.

① 과업 중심적 목표

지역사회의 특정욕구를 충족시키거나 특정문제를 해결하기 위해서 취하는 구체적인 과업의 완수에 역점을 두는 것을 말한다.

② 과정 중심적 목표

지역사회주민들이 문제를 해결할 수 있는 능력을 갖도록 해 주는 것을 말한다.

③ 관계 중심적 목표

지역사회 구성요소 간의 사회관계에 있어서 변화를 시도하는 데 역점을 두는 것을 말한다.

지역사회조직 유형을 지역사회개발, 사회계획, 사회행동으로 구분하여 설명하고 있다.

① 지역사회개발

지역사회의 변화를 가장 효과적으로 이룩하기 위해 주민들을 변화를 위한 목표결정과 실천행동에 참여시켜야 한다는 전제하에 나온 조직의 한 형태라고 설명할 수 있다. 예를 들게 되면 지역복지관의 지역개발사업, 평화봉사단, 성인교육 분야의 지역 활동 등을 들 수 있다.

② 사회계획

비행, 주택, 정신건강과 같은 사회문제를 해결하고자 하는 기술적인 과정을 말한다. 예를 들면 정부, 도시계획국, 지역사회복지협의회, 민간복지, 보건관계 기관 등을 들 수 있다.

③ 사회행동

지역사회 불우계층에 처한 주민들이 사회정의와 민주주의에 입각해서 보다 나은 많은 자원과 향상된 처우를 그 지역사회에 요구하는 행동을 말한다. 예를 들면, 소수인종 집단, 학생운동, 여성해방운동, 여권신장운동, 복지권 운동, 소비자보호운동, 환경보호운동 등을 들 수 있다.

2. 지역사회복지의 의의

1) 지역사회복지의 의의

지역사회복지는 어느 한 전문 분야에 한정되는 것이 아니라 지역사회주민의 복지를 증진시키기 위한 매우 광범위한 개념으로 전문적인 분야 또는 비전문적인 분야, 공식적인 분야 또는 비공식적인 분야 등이 지역사회차원에서 지역사회 문제를 해결하기 위해 지역사회 내·외의 자원을 동원하여 문제를 예방하고 해결하고자 하는 총체적인 노력이라 할 수 있다.

2) 지역사회복지의 가치와 관점

지역사회복지의 가치는 첫째, 통합화의 가치이다. 이는 요보호대상자가 자신들이 생활하는 지역사회에서 주민과 함께 생활해야 한다는 것이다.

둘째, 정상화의 가치이다. 즉 지역사회복지 대상자가 하나의 존엄한 인간으로서 지역사회 내에서 욕구를 충족시키며 이웃관계, 교육, 고용, 문화 등 사회적 교류의 기회가 확보될 수 있도록 지역사회의 체제를 만들어 내는 것이다.

셋째, 주민참여의 가치이다. 이는 지역사회복지의 전문적 전개방향에 있어서 그 중요성이 증가하고 있는데 지역 주민들의 자원봉사 활동과 밀접한 관련이 있다.

지역사회복지의 관점을 살펴보면, 자유주의자 관점으로 미국과 영국에서 발달하였으며, 자유주의적·기능주의적·보수주의적 성격을 가지고 있다. 복지적 책임을 국가보다는 개인에게 있다고 보고 있으며, 보완적 모델로 설명할 수 있다. 예를 들어 한국 농촌에서 발달된 각종 계 조직을 들 수 있다. 마르크스주의자들의 관점은 자본주의 체제의 타도에서 지역사회가 형성될 수 있다. 복지적 책임을 국가의 책임으로 강조하며 연대를 강조하고 있으며, 제도적 모델로 설명할 수 있다. 예를 들면 1960년대 농촌지역사회 개발사업, 1970년대 새마을운동 등을 들 수 있다.

3) 지역사회복지의 구성 및 구성조건

(1) 지역사회복지의 구성

지역사회복지의 구성은 주체(기관), 객체(대상), 기능(방법)으로 나누어 설명할 수 있는데, 주체는 지역사회복지 추진기관은 가족, 교회, 학교를 비롯하여 정부에 이르기까지 많은 사회복지기관을 지적할 수 있다. 그리고 객체는 지역사회주민의 공통된 욕구이다. 즉 지역사회주민의 결핍된 욕구를 충족시키기 위한 노력을 말한다. 기능의 궁극적인 목적은 사회통합에 있지만 그 형태에 따라 하위목적이 달라질 수도 있다.

(2) 지역사회복지의 구성조건

지역사회복지의 구성조건은 첫째, 지역사회의 욕구 파악이다. 즉 지역사회가 진정으로 원하는 것, 요구하는 것, 필요한 자원 등에 대한 파악이 이루어져야 한다.

둘째, 지역사회의 서비스의 체계화이다. 한마디로 지역사회보호를 포함하여 소득, 고용, 교육, 복지, 의료, 주거환경, 교통통신 등의 생활관련 공공정책 및 모든 정책과의 연계서비스를 전담하여야 한다.

셋째, 지역사회의 조직화이다. 즉 기본적인 지역사회복지의 성립기반으로 바람직한 지역 사회복지의 실천을 형성하는 일정한 과정의 방법으로, 지역사회에서 지역주민이 주체가 되어 지역사회의 상황에 따라 주민의 복지를 증진시키고 지역사회의 욕구를 충족시키는 데 기초가 된다.

3. 지역사회복지의 원칙

지역사회복지의 원칙에 대한 다양한 견해들을 요약해 보면, 첫째, 지역사회조직은 지역사회주민의 욕구를 충족시키고자 하는 사회사업의 한 과정으로 욕구는 주민들 스스로의 욕구이어야 하며 사회복지기관의 이익을 위해서 조직되거나 강요되어서는 안 된다.

둘째, 지역사회의 문제해결에는 주민들의 광범위한 참여가 있어야 한다. 참여는 자발적으로 일어나야 하며 주민 개개인이 아니라 각계각층의 대표들을 통해서 이루어져야 한다. 셋째, 지역사회조직은 개별사회사업, 집단사회사업과 마찬가지로 지역사회를 이해하고 있는 그대로를 수용하며 그 특성을 개별화해야 한다. 넷째, 지역사회복지를 증진시키기 위해 결성된 복지기관들의 협의체는 서비스의 조정을 통해서 제한된 복지자원을 효과적이며 효율적으로 활용해야 한다.

4. 지역사회복지의 모델

1) 구조적 모델과 기능적 모델

(1) 구조적 모델

지역사회복지가 성립하는 조건을 계급 · 계층적인 자본주의사회로 인정하여 대부분 빈곤한 저소득층에 대해 기본적인 생활수준을 지원하는 공공정책을 다루고자 하는 개념이다. 다시 말해 지역사회복지를 정책 제도로서 다루고자 한다. 여기에서는 두 가지의 접근방법으로 나뉘는데 다음과 같다.

① 제도론적 접근

국가독점자본주의의 단계에서 정부가 자본축적에 따른 빈곤화와 표면화된 생활문제에 대처하기 위해 지역사회복지 정책을 규정한다고 보고 있다.

② 운동론적 접근

지역사회복지 정책을 매개가 되는 복지운동의 의의와 연결 지어서 복지를 보고자 한다.

(2) 기능적 모델

사회복지 이론에 있어서 기능론과 처우방법론을 기초로 하며 지역사회복지를 사회적 욕구 충족의 사회적 서비스, 사회자원의 공급체계로서 다루고자 한다. 이는 두 가지의 접근방법으로 나뉘는데 다음과 같다.

① 주체론적 접근

사회복지서비스를 받고 있는 주민이나 요보호자 측에서 지역사회복지의 체계를 기능적으로 구성 · 전개하려는 것이다.

② 자원론적 접근

사회복지서비스를 공급하는 정책주체, 경영주체의 입장에서 서비스와 자원을 구비하고 있는 지역적 제약이나 특성을 고려하여 지역사회의 공급체계를 구성하는 것이다.

2) 문제해결의 모델

(1) 문제발견 및 분석

지역사회복지사가 문제발견 및 분석 시 고려사항을 살펴보면, 첫째, 주어진 문제를 누가 문제로 보며, 누가 문제로 보지 않는가에 대한 분석을 하게 된다.

둘째, 사회의 어떠한 제도와 가치관이 문제를 발생시키는가에 대한 분석을 해야 한다.

셋째, 특정 사회문제에 대해 사회의 지배계층이 어떻게 생각하고 있는가를 분석할 필요가 있다.

넷째, 자신이 속한 기관이나 단체가 갖고 있는 견해를 분석할 필요가 있다.

다섯째, 사회문제에 대해서 전문분야가 갖는 견해와 가치에 대해 분석할 필요가 있다.

지역사회복지사가 사회문제 분석에 필요한 자료 수집 시 고려사항으로는, 첫째, 문제와 관련된 지역이나 특수집단의 특성을 기술한 통계적 자료, 실태보고서 등을 조사하고 분석해야 한다. 둘째, 특정 사회문제와 관련된 사회과학 이론을 활용해야 한다.

(2) 정책 및 프로그램의 개발

문제를 보는 관점이 다양한 것처럼 문제를 해결하는 방법도 다양할 수 있다. 그러므로 정책을 수립한다고 하는 것은 다양한 해결방안 중에서 가장 효과적이며 효율적인 정책을 선택하는 것이다.

(3) 프로그램의 실천

정책목표를 달성하기 위해서 행하게 되는 일련의 활동으로, 첫째, 과업 중심적인 활동이다. 즉 클라이언트 집단이 필요로 하는 서비스를 직접적으로 제공해 주는 활동을 말한다.

둘째, 체제 유지적 활동이다. 즉 클라이언트 집단이 문제를 스스로 해결할 수 있도록 능력을 키워 주는 것이다. 전문인으로서 지역사회복지사는 계획의 단계에서 변화를 예측할 수 있는 통찰력이 있어야 하고 변화가 발생했을 때 적절하게 대처할 수 있는 능력과 기술이 있어야 한다.

(4) 평가

문제해결 과정의 마지막 단계로서 평가의 목적은 첫째, 프로그램 실천과정에서 수집된 정보를 실천에 반영하여 실천의 궤도를 수정하는 것으로, 이는 문제 해결과정의 마지막 단계라고 볼 수 없고, 전 과정에 영향을 주는 계속적인 활동이다. 둘째, 문제 해결의 전 과정이 이룩한 결과를 평가하는 것으로 프로그램을 통해서 성취하고자 하는 목표의 달성에 대한 효과성과 영향을 측정하는 것이다.

5. 지역사회복지사의 자질 및 역할

1) 지역사회복지사의 자질

일반적으로 지역사회복지사에게 요구되는 자질은 5H로 정리하고 있다.

① Heart

따뜻한 마음(열정, 복지의식)

② Head

냉철한 두뇌(통찰력, 분석력)

③ Hand

능숙한 실천(실천력, 기술)

④ Human relationship

원만한 인간관계

⑤ Health

건강한 심신

2) 지역사회복지사의 역할

일반적으로 지역사회복지사의 역할을 5C로 설명할 수 있다.

① 상담가의 역할(counsellor)

초기면접을 통해 지역주민 생활전반에 관한 문제를 파악하는 일을 의미한다.

② 분류가의 역할(clarifier)

지역사회 주민들의 불만이나 불평을 수용하여 문제가 어디에 있으며 어떤 과제를 해결해야 하는가를 정리하여 주민들에게 문제제기를 하는 것이다.

③ 조정자의 역할(coordinator)

연결망을 만드는 것을 의미한다.

④ 개별사회사업가의 역할(case worker)

상담을 통해 파악된 클라이언트의 문제를 사정하며 자기결정권의 원리에 따라 클라이언트를 원조하는 활동이다.

⑤ 협력자의 역할(copartner)

지역사회주민의 문제에 대해서 worker와 client가 지시하고 지시받는 종적인 관계가 아니라 횡적인 관계로서 문제해결에 관여하는 일을 의미한다.

지역사회는 지리적 경계와 공동가치의 관심사를 통하여 사회집단이라는 구성 속에서 이루어지는 것이라고 생각하며, 지역사회복지라는 것이 말 그대로 지역사회의 복지향상을 위하여 복지활동이 전개되어 가는 모습이라고 결론 내릴 수 있다.

각종 제도와 지역사회의 개입조건에 따라 지역사회의 문제 예방에 힘써야 한다고 생각된다. 실천적인 의식만 있어도 해결할 수 있으며 일체의 조직원이 아니더라도 비조직적인 사회적 노력을 의미하는 포괄적인 개념을 이해해야 한다.

지역사회복지는 개인복지가 아닌 가정복지보다 더 큰 의미에서 넓은 의미의 차원화를 의미하며, 대상을 중심으로 아동 · 청소년 · 노인복지활동보다 더 지역성을 갖고 있다는 것을 알 수 있다. 사회복지에 덧붙여 사회적 상호작용에 의해 형성되는 지역성이라는 것을 범주로 하여 대립하고 체계화하는 복지체제를 이룬다면, 지역의 사회복지는 살아 나갈 것이다.

PART

2

사회복지와 지역사회

사람들은 삶의 바람직한 모습을 복 또는 복지로 표현하고 이를 추구해 왔다. 그리고 자신이 몸담고 있는 지역사회를 살기 좋은 고장으로 만들고자 하는 노력을 기울여 왔다. 그러한 살기 좋은 고장을 만들려는 노력은 이상촌 건설운동, 지역사회개발운동, 복지농촌건설운동, 새마을운동 등으로 나타났다. 1960~70년대에는 정책적으로 복지국가의 건설을 표방하는 경향이 많아지면서 사회복지에 대한 학문적 관심이 증대되었다. 이에 따라 사회복지와 지역사회개발에 관심을 가진 학계와 행정기관에서도 사회복지 또는 복지사회란 말을 많이 쓰기에 이르렀다.

그런데 이들 용어에 대한 개념이 제대로 정리되지 못한 채 사회적으로 널리 쓰여 왔다. 따라서 이 절에서는 우선 복지, 사회복지 및 복지사회 그리고 지역사회복지의 개념을 살펴보고 이를 구현하고자 하는 인간과 공간적 대상으로서 농촌과 도시, 농촌사회, 농촌지역사회 등에 대한 뜻과 관계를 살펴보기로 한다.

제1절 사회복지와 지역사회의 관계

Ⅰ. 복지, 사회복지, 지역사회복지

1. 복지

예로부터 복지(well-being/welfare)는 개인의 차원에서 복받거나 행복한 생활을 하는 것을 뜻하며 복 또는 행복과 동의어로도 쓰였다. 복되고 행복한 것이 무엇인지는 가치관에 따라 차이가 있을 수 있고 그 복이 어떻게 주어지는가에 대한 방법도 다양할 것이다. 인간은 아무도 자기의 운명이나 미래의 길흉을 알지 못하며 다른 사람에 대해서도 모를 일이다. 따라서 복은 신이 주는 대로 받는다는 숙명론이 지배적이었다.

유교적 전통문화에서 인명은 재천이라면서 이른바 수, 부, 강녕, 유호덕, 고종명 등의 오복을 바라는 가치관을 가지고 살아왔다. 하느님의 천지창조와 그 아들 예수의 구속 역사를 믿음으로써 영생의 복을 보장받는다는 기독교문화에서는 예수가 산상에서 가르쳤다는 심령가난, 애통, 온유, 의에 주리고 목마름, 긍휼히 여김, 마음이 정결함, 화평케 함, 의를 위하여 핍박을 받음 등의 팔복을 강조하여 왔다. 물론 기독교에서는 심성을 중심으로 하는 이들 팔복 외에도 하느님이 아브라함에게 축복해 주었다는 장수, 건강, 자손창대, 물질풍요 등과 믿음, 소망, 사랑, 은사나 달란트, 성령 충만 등도 복으로 볼 수 있을 것이다. 복이나 복지가 이처럼 가치관과 시대에 따라 다르게 정의되지만 대체로 장수, 부, 강녕, 덕성, 자손번영 등을 손꼽을 수 있을 것이다.

예로부터 육순, 회갑 또는 수연, 진갑, 칠순 또는 고희, 희수, 팔순, 미수, 구순, 백수, 백순 등의 각종 장수축하행사가 열리기도 하였다. 그런데 오래 살아도 그 다음 복인 부와 강녕을 누리지 못하면 그것은 오히려 불행으로 보기도 하였다. 부유한 생활을 한다 하여 탐욕이 지나치면 오히려 그 재물로 인하여 화를 입게 되기 쉽다고 하였다. 그러나 이왕이면 풍요로운 삶을 누릴 수 있는 부는 복된 삶의 일반적인 기준이 되고 있다.

의식주에 궁핍이 없어야 하고 여가도 즐길 수 있어야 하는 데 필요한 최소한의 부는 결국 일정한 소득을 가지는 것으로서 나라에 따라 그 차이가 크다. 대체로 1인당 국민소득 수준 이상을 기준으로 볼 수 있을 것이다. 그러나 물질문명의 발달과 자본주의 영향에 따른 황금만능주의(mammonism)는 주의해야 할 것이다. 또한 사회적 공속감을 와해시키는 지나친 소수의 부는 종종 축재과정의 비도덕성과 빈곤에 대한 사회적 책임의 회피에 대한 비난의 대상이 되기도 한다.

강녕은 건강과 안녕한 생활을 뜻한다. 건강이 장수와 밀접한 관계가 있지만 양자가 반드시 일치하는 것은 아니다. 인간이 평생을 신체적으로 아무런 장애 없이 건강하게 지낸다는 것이 얼마나 큰 복인지는 그러한 장애를 갖지 않은 사람은 잘 모른다. 또한 병이 나 봐야 건강이 얼마나 중요한가를 깨닫게 되기도 한다. 건강의 조건 가운데는 치아를 중시하여 보통 튼튼한 치아를 오복의 하나로 꼽기도 한다. 건강한 신체는 건강한 마음에서 나온다는 것처럼 건강이라면 당연히 정신적, 심리적 또는 정서적 건강을 포함하지만 안녕 또는 평안이란 말로 건강과 함께 복의 한 내용으로 중시하고 있는 것이다. 전통적으로 우리는 편안한 마음으로 죽음을 맞는 고종명을 오복의 하나로 중시하였는데, 이것도 강녕의 복에 포함시킬 수 있을 것이다.

종교나 철학에 따라 독신생활을 하는 경우도 있지만 일반적으로 인간의 행복은 가정을 터전으로 하여 얻어지는 것으로 본다. 남편과 아내를 잘 만나 원만한 가정을 이루는 것을 제2의 인생으로 보고 행복추구의 기초로 보았다. 금슬이 좋은 부부, 부모에 대한 효도와 존경, 자식사랑, 형제자매간의 우애, 자손의 번창을 다른 말로 표현하면 가정의 화목과 자손번창으로 볼 수 있을 것이다. 또한 자녀의 성공을 보는 것은 인간이 누리는 큰 복의 하나임엔 틀림이 없다. 한편으로는 자녀가 많으면 부모의 속을 썩이는 경우가 많아 부모의 입장에서 자녀가 복이 될 수 없다고도 한다. 그래서인지 오복에는 자녀가 포함되어 있지 않다. 그러나 우리 문화에서나 성경에서 모두 자녀축복권을 중시하여 왔다. 또한 고종명의 의미를 반추해 보면 자녀를 인간의 복에 포함시키는 것이 당연하다 하겠다.

2. 사회복지

모든 인간에게 복지를 어떻게 보장해 주느냐 하는 데서 사회복지(social welfare)가 비롯된다. 전통적으로 가정파괴나 사회혼란과 천재지변으로 생겨난 고아, 환자, 무의탁 노인 등의 소외집단에 대한 구호사업이 중심이었기 때문에 사회사업(social work)이란 실천적 학문이 발전되어 왔다. 최근에는 사회정책, 사회보장과 관련된 공적, 집단적 복지를 강조하면서 사회복지란 용어가 널리 사용되고 있다.

사회복지의 정의는 학자의 관점에 따라 다양하나 광의로는 국민 전체의 인간다운 생활을 보장하고 사회문제를 해결해 주는 모든 제도와 활동을 말한다. 협의로는 사회적 보호나 보조를 필요로 하는 소외된 개인 및 사회집단에 대한 공공기관 및 민간단체의 제반 지원활동이라 규정할 수 있다.

광의로 정의하는 학자로는 Friedlander와 Apte를 들 수 있는데, 그들에 의하면 "사회복지란 국민의 복지를 도모하고 사회질서를 원활히 유지하는 데 꼭 필요하다고 생각되는 사회적 욕구를 충족시키기 위한 제반 시책으로서의 입법, 프로그램, 혜택과 서비스를 포함하는 제도"인 것이다. Romanyshyn도 "사회복지는 개인이나 가정에 대한 사회적 서비스의 제공뿐만 아니라, 사회제도를 강화시키거나 개선시키려는 노력을 포함하는 것"이라고 정의한 바 있다. 이 밖에도 Wickenden과 Rescher, Wilensky 등이 이러한 광의의 개념을 적용하고 있다.

그런데 광의의 개념은, 다소 소극적이기는 하지만 어려운 처지의 불우한 집단을 돕고자 시작된 초기의 사회사업적 접근을 약화시키고 있다는 점에서 이들에 대한 사회적 보호와 지원활동으로 국한시켜 강조하고 있는 견해가 있다. 다수의 학자들이 대체로 광의의 개념을 적용하고 있는 데 반하여 사회복지의 실현이 초기 도입단계에 있는 나라에서는 이러한 한정적 개념을 많이 쓰고 있다. 우리나라의 경우도 사회복지사업법에서 사회복지사업이란 ① 생활보호법, ② 아동복지법, ③ 노인복지법, ④ 심신장애인복지법 등의 법률에 의한 보호, 선도 또는 복지에 관한 사업과 사회복지 상담, 재해구호, 부랑인 선도, 직업보도, 인보복지, 무료숙박, 지역사회복지, 모자복지, 의료보호, 사회복지관 운영, 나완치자 사회복귀에 관한 사업 등 각종 복지사업과 복지시설의 운영 및 지원을 목적으로 하는 사업을 말한다고 규정하고 있는 데서 협의의 정의가 내려지고 있다.

3. 지역사회복지

지역사회복지(community welfare)는 사회복지의 하위개념으로서 사회복지사업이나 활동 중의 한 분야인 것 같지만, 지역사회의 개념이 얼마든지 넓게 규정될 수 있듯이 지역사회복지의 개념도 광의의 사회복지의 개념처럼 넓고 다양하게 쓰이고 있다. 실제로 사회복지의 실현은 일정한 지역사회를 단위로 하여 제도화될 때만 가능한 것이기 때문에 지역사회복지에 대한 학자들의 개념이나 견해를 파악해 둘 필요가 있다.

복지 수준을 평가할 때 많은 경우 한 지역 내의 개인이나 가구를 단위로 하는 평균치를 지표로 삼아 왔다. 최근에는 일정한 지역사회를 단위로 하여 이루어지는 사회복지활동으로부터 지역사회주민 전체의 삶의 질 또는 삶의 기회의 형평을 지향하는 종합적인 노력까지를 포함하고 지역사회복지란 용어가 사회복지보다 실천적인 개념으로 쓰이는 경향도 있다. 또한 농촌지역사회의 복지는 도시의 경우에 비하여 생활공간의 형태나 크기, 자연환경의 관계 면에서 큰 차이를 보이고 있기 때문에 지역사회의 관점이나 시각을 사회복지에서 중요시하게 되는 것이다.

한편 최일섭(1985)에 의하면 "전문 혹은 비전문인력이 지역사회 수준에 개입하여 지역사회에 존재하는 각종 제도에 영향을 주고, 지역사회의 문제를 예방하고 해결하고자 하는 일체의 사회적 노력을 의미한다"라고 포괄적으로 규정되고 있다. 그는 Lindeman이 주장한 지역사회가 그 주민에게 제공하여야 할 9가지 조건을 다음과 같이 소개하였다.

① 지역사회는 효율적인 정부라 매개체를 통해 질서, 즉 생명과 재산의 안전을 도모해야 한다.
② 지역사회는 효율적인 생산체제를 통해 경제적 안녕, 즉 소득을 보장해 주어야 한다.
③ 지역사회는 공공의 보건기관을 통해서 육체적 안녕, 즉 보건과 위생을 보장해야 한다.
④ 지역사회는 조직적이고도 잘 마련된 놀이를 통해서 여가시간을 건설적으로 활용하게 한다.
⑤ 지역사회는 조직화된 지역사회에 의해 지지를 받을 수 있는 윤리적 기준, 즉 도덕체계를 제공해야 한다.
⑥ 지역사회는 모든 사람이 쉽사리 접근할 수 있는 공공기관을 통해서 지식의 보급, 즉 교육을 제공하여야 한다.
⑦ 지역사회는 자유로이 의사를 표현할 수 있는 수단을 제공해야 한다.
⑧ 지역사회는 모든 주민이 자기네들이 의사가 표현되고 반영된다는 것을 느낄 수 있는 민주적 행태의 조직을 제공해야 한다.
⑨ 지역사회는 신앙적 동기를 제공해야 한다.

이러한 지역사회복지는 결국 앞에서 설명한 개인의 행복/복지와 사회복지를 지역사회단위로 구현하는 것으로 볼 수 있다. 사회복지를 형평과 공유의 면으로 나누어 보면 지역사회복지는 개인이 누리는 복지, 형평의 복지와 공유의 복지 등 세 가지 측면을 포함하는 것이다(최병익, 1987).

여기서 형평은 한 지역사회 내의 주민 간에 공평과 평등이 얼마나 잘 보장되고 있느냐 하는 점을 상대적으로 살펴보는 것인데, 특히 가난하고 힘없이 어렵게 사는 집단의 인간다운 삶의 기회에 역점을 두는 것이다. 그리고 공유의 대상은 지역사회의 공동편익시설, 의료보건시설, 교육기관, 행정기관, 종교기관 및 사회 간접자본 등을 포함한다.

II. 농촌, 농촌사회, 농촌지역사회

1. 농촌과 도시

사회를 인간집단으로 볼 때, 농촌 및 도시란 농촌지역 또는 도시생활근거지로 하여 살고 있는 모든 인간집단을 총칭하는 말이다. 그 구분을 공동사회와 이익사회(F. Tönnies), 원초집단과 2차집단(C. Cooley), 우리집단과 타인집단(Sumner), 공동체와 결사체(McIver), 환절사회와 조직사회(E. Durkheim), 개방사회와 폐쇄사회, 공식집단과 비공식집단 등으로 양분하는데 농촌사회와 도시사회도 그러한 경우의 하나이다.

이 구분은 같은 지역에 거주하는 인구의 크기나 산업 및 행정 특성에 따라 구별한다.

우리나라에서는 일정한 행정구역 내의 인구 크기를 기준으로 하여 도시와 농촌지역이 뚜렷하게 구분되고 있다. 즉 인구의 크기 5만 명을 한계인구로 하여 '시'를 지정하게 되는데 이에 미달한 '읍'과 모든 '면' 지역에 거주하는 농촌인구 전체가 농촌사회를 구성한다. 통계청에서 인구조사를 실시할 때에 인구 5만 명이 넘는 읍은 도시로 규정하여 농촌인구를 계산하고 있다. 이러한 농촌인구 수는 농사에 종사하는 농가인구 수와는 그 차이가 많으며, 농촌인구에는 포함되나 농가인구에는 속하지 않는 비농가 농촌인구의 일부는 농가인구보다도 사회경제적 수준이 낮은 소외집단(disadvantaged or underprivileged group)이 되어 사회복지 면에서 주의를 기울여야 할 대상이 될 가능성이 크다는 데 유의해야 할 것이다.

도시와 대조되는 말로 촌, 시골, 향리 또는 지방이라고도 불리는 농촌이라는 말은 농촌사회나 농촌지역사회를 포괄하여 쓰이기도 하지만 엄격히 구별한다면 농촌은 도시지역이 아닌 공간적, 지역적인 권역(spatia and geographical area/circle)이라 볼 수 있다. 따라서 도시국가를 제외한 거의 모든 나라에서는 도시보다 농촌이 훨씬 넓은 면적을 차지하고 있다. 도시의 확대로 농촌지역이 조금씩 줄어들고 있기는 하지만 인구의 비율에 비하면 그 감소율이 매우 낮기 때문에 그 비중은 여전히 클 것이다. 우리나라의 경우 1980년경에 농촌이 차지하는 권역의 공간적 비율은 전 국토의 95% 정도였으며, 그 후 도시지역이 매년 늘어나기는 하였으나 아직도 90% 이상이 되고 있다.

좁은 의미에서의 농촌은 주로 농사를 짓는 지역에 국한하여 어촌,

산촌 등과 구별되기도 하나 여기서 말하는 농촌은 농업촌(agricultural area)이 아니라 그보다 넓은 의미의 농촌(rural area)을 뜻한다. 농경지를 가지고 농사를 짓는 농민이 많은 농업촌뿐만 아니라 어촌이나 산촌과 같은 소외지역을 포함한 농어촌 또는 농산촌인 것이다.

농촌의 공간적 크기는 매우 조금씩 줄어드는 데 비하여 농촌인구는 도시집중으로 인한 이촌/이농이 두드러지기 때문에, 우리나라의 총인구는 크게 증가하는데도 농촌의 절대인구수는 줄어들고 있으며 총인구에 대한 농촌인구의 비율은 더욱 급격히 떨어지고 있다. 특히 고도산업화에 따른 인력수급 때문에 청 · 장년층의 이촌이 급격히 늘어나면서 농어민 후계자의 부족, 결혼의 어려움, 고령화와 노인고립 등과 같은 많은 사회문제가 야기되고 있다. 이는 또한 도시의 빈곤 및 과밀문제 등과 관련되기도 한다. 따라서 농촌인구가 줄어든다 하여 농촌사회가 경시되어서는 안 되며, 오히려 나라 전체의 균형발전을 위하여 더욱 큰 관심과 주의를 기울여야 할 것이다. 특히 사회복지의 차원에서 사회적 형평이나 균형발전이 강조되고 있는 점을 고려할 때 농촌사회는 특별한 정책적 배려가 있어야 할 가장 중요한 대중 집단이 되고 있다. 그런데 모든 지역 간 계층 간이 기계적 평등에 대한 맹목적 주장 또한 경계해야 할 일이다.

2. 지역사회(community)

원래 도시와 농촌으로의 구분은 지역사회를 크게 양분할 때 나누는 것으로서 농촌지역사회가 농촌이나 농촌사회와 같은 의미로 쓰일

수도 있을 것이다. 전통적으로 농촌지역사회는 자연촌락을 공동생활권의 단위로 하는 촌락공동체적 성격을 띠고 있었다. 그러나 교통과 통신을 비롯한 문화가 발전함에 따라 농촌지역사회의 공동생활권도 행정 리 · 동, 면, 군, 도, 국가단위로 확대되었고, 도시지역과의 교류나 상호의존관계가 커지면서 심지어는 도시와 농촌지역사회가 통합을 이루는 경우까지도 생기고 있다. 따라서 농촌지역사회는 그 지역의 인간 생태적, 사회문화적, 지정학적 특성에 따라 그 크기나 모양이 다양하다.

우리나라의 전통적인 농촌지역사회단위가 되어 온 동네, 마을 또는 촌락의 크기와 모습도 지역에 따라 차이가 있고 외국의 경우도 큰 차이를 보이고 있다. 이 때문에 한 나라의 마을이나 농촌지역사회 단위의 명칭은 촌락이나 village로 일반화되어 쓰이지 않고 일본의 경우는 슈락이나 조 또는 손, 태국은 무반(muban), 필리핀은 바리오(bario) 또는 빠랑가이(parangay), 말레이시아와 인도네시아는 캄풍(kampung) 또는 데사(desa), 중국은 리나 샹, 독일은 도르프(Dorf) 등으로 그 고유용어를 그대로 쓰는 경우가 많은 것이다.

농촌지역사회를 규정하는 것은 계획적인 농촌개발의 기본단위를 결정하는 것이 되기 때문에 매우 중요한 의미를 가진다. 보통 읍 · 면이나 군과 같은 행정구역을 단위로 농촌개발을 계획하고 수행하는 경우가 많은데, 읍 · 면 단위는 너무 크다는 견해가 나올 수도 있고, 반대로 군도 오히려 개발단위로서는 장기적으로 보아 작다는 견해도 있을 수 있다. 때문에 개발권역을 정할 때는 그 지역의 지리와 역사, 주민의 의견, 전문가의 견해, 정부개발정책의 방향 등을 종합하여 신중하게 정해야 할 것이다.

결국은 농촌사회복지도 각 지역단위에서의 농촌지역사회복지로 특성에 맞게 유형별 접근을 시도할 수밖에 없을 것이다. 즉 모든 농촌사회를 한 가지 전략이나 방법으로 복지사회로 만들기란 좀처럼 쉽지 않으므로 각 농촌지역사회에서 다양한 전략을 선택해야 할 것이다.

한편 지역사회가 하나의 세계를 지향한다는 함축적 이념을 가지고 있음을 생각한다면 농촌사회와 농촌지역사회를 같은 하나로 보아도 무방할 것이다. 그러나 오늘날의 지역사회가 주로 읍 · 면 또는 시 · 군 · 구와 같은 비교적 광역의 행정단위를 하나의 개발권역으로 하고 있어서 이들 지역사회는 종래의 전통적인 촌락공동체와 같은 농촌사회로 보기 어렵다. 그리고 세계 각국의 지역사회도 그 명칭뿐만 아니라 양상 또한 다양하므로 이들 지역사회에 대한 접근에는 나라마다의 특성이 고려되어야 할 것이다.

Ⅲ. 지역사회복지의 뜻과 모습

앞에서 살펴본 바와 같이 농촌지역은 우리나라의 경우 주로 읍 · 면(군부) 지역으로, 그 공간에 거주하는 주민들이 이루는 인간집단을 농촌사회 또는 농촌지역사회라 할 수 있다. 농촌지역사회의 경우는 공동체의식을 갖는 한정된 지역을 범위로 하는 협의의 규정을 택할 수도 있을 것이다. 마찬가지로 도시지역 또는 도시지역사회는 동부(시부)와 도시의 주민집단이라 하겠다. 그런데 시부 가운데 도 · 농 통합시, 예컨대 공주시와 보령시 등은 하나의 행정구역에 도시 지역과 농촌 지역이 공존하고 있는 지역으로 군 지역과 큰 차이가 없다.

한편 사회복지도 지역사회복지와 같은 용어로 볼 수도 있다. 모든 지역사회를 하나로 생각할 수 없는 상이한 지역적 특성이 있지만, 사회복지는 결국 일정한 지역단위에서의 사회복지가 이루어지면서 지역 전체가 복지를 지향해 나가는 것이라 하겠다. 한 국가나 전 세계가 전체를 복지화한다는 이상이 얼마나 실현될 수 있는지 그 가능성에 대해서는 의문을 가지게 되지만, 국가단위 또는 더 작은 지역단위에서 이루려 한다면 그 가능성을 어느 정도 가시화하기 용이할 것이다. 그렇다면 여기서 논하게 될 사회복지는 자연히 우리나라의 경우에 국한할 수밖에 없을 것이며, 농촌을 예로 들면 그러한 사회복지가 이루어진 농촌을 복지농촌이라 칭할 수 있을 것이다. 그런데 일반적인 우리나라 지역사회복지의 실제적 기준, 즉 복지사회의 기본적 모습을 다음과 같이 제시하여 보고자 한다.

1. 가구의 소득 제고

특정 지역의 사회복지가 이루어지려면 무엇보다도 그 지역에 거주하는 가구가 자산의 유무와 다과를 막론하고 일정한 직업에 종사하면서, 주당 약 40시간의 노동을 하면 일정 수준 이상의 소득을 보장받을 수 있어야 할 것이다. 일정 수준은 '1년간 1인당 국민평균소득×가족 수'를 기준으로 하든지 아니면, 그 3/8 또는 1/2이나 2/3를 기준으로 한다. 복지사회에서는 이에 미달하는 가구가 없어야 하고 노동력을 전혀 갖고 있지 않은 가구라도 생활보호대상가구가 되어 적어도 절대빈곤선 이상의 공적 지원비를 지급받을 수 있어야 할 것이다. 노동인구는 15세에서 64세이지만 이 노동인구 가운데서도 장애인이나 병약자는 공적으로 부양되어야 할 것이다.

2. 빈부격차의 완화

한 지역사회의 복지 수준은 그곳에 사는 주민들의 평균소득이 높다는 것만으로는 평가할 수 없다. 어떤 지역은 빈부의 격차가 매우 심한 상태에서 평균소득이 높을 수도 있고, 또 다른 지역은 큰 부자는 없으나 그렇다고 가난한 가구도 별로 없이 비교적 고르게 높은 소득을 내어 그 평균이 높을 수도 있을 것이다.

복지의 차원에서 볼 때에는 두말할 나위도 없이 후자의 경우, 즉 빈부의 격차가 작고 고르게 잘사는 균등성, 형평, 평등화(equalization/egalitarianism)를 이루는 것이 바람직하다. 그러나 어떤 사회라도 어느 사람에게나 완전히 똑같은 수준의 생활을 영위하게 하는 완전평등을 보장하기란 불가능할 뿐만 아니라 정의로운 것도 아닐 것이다. 그리고 빈부격차의 원인을 살펴볼 때 게을러서 부를 축적하지 못하기보다 부익부 빈익빈의 자본주의 구조적 모순 때문에 그 격차가 크게 벌어지기 쉽다면 이는 복지사회를 이루기 어려운 사회로 볼 수 있다.

과거에는 우리나라 농촌이 고르게 못산다는 특성을 가지면서 균형을 이루기도 하였다. 그러나 지난 반세기 동안 국가경제의 고도성장과 함께 정부의 개발정책과의 관련성 및 농촌진흥사업의 수혜 정도 때문에 토지소유의 차이에 따른 농촌 내 주민 간의 격차나 농가소득과 도시근로자 소득의 격차가 벌어지고 있는 현상을 보이고 있다. 또한 일제로부터 1960년대의 소작농에 대한 혹독한 노동의 착취는 사라졌지만 발전과 함께 부동산투기와 고소득자의 탈세에 의한 빈부격차는 앞으로 농업의 생산성 향상과 아울러 복지 차원에서의 부의 균배도 중시해야 할 것이다.

3. 편리한 복지시설의 보유

주민들에게 필요한 공동시설로는 우선 그들이 쉽게 접근할 수 있는 다양한 교육프로그램을 조직, 전개할 수 있는 시설이 있어야 할 것이다. 이 시설에는 주민들이 회합이나 교육 이외에 문화활동도 할 수 있어야 할 것이다. 몇 개의 작은 강의실이나 세미나실, 사무실, 도서관 또는 문고 등이 함께 있어야 할 것이다.

회합 및 교육시설 못지않게 중요한 복지시설은 주민의 건강을 보살펴 줄 수 있는 보건 및 체육시설이다. 가까운 곳에 종합병원이 따로 없다면 1차 보건의료사업을 수행할 수 있는 일정 수준 이상의 의료시설을 가지고 있어야 할 것이다. 또 개별가구의 목욕시설이 있다해도, 주민들이 편하게 이용할 수 있는 공동목욕시설이 있어야 할 것이다. 이러한 공동목욕시설 내 또는 가까이에는 간단한 건강진단 시설과 운동시설과 관련기구를 비치하면 좋을 것이다. 주변의 녹지에 건강을 위한 스포츠 시설 또는 위락공간으로 이용할 수 있게 하는 시설도 지역특성에 따라 설치되어야 할 것이다.

이러한 시설들은 주민의 연령과 성별에 따른 배려 가운데 계획, 설립되어야 할 것이다. 유아를 위한 유아원과 놀이터, 청소년과 성인을 위한 도서시설, 체육시설, 회의장, 오락장, 정보센터, 맞벌이 부부를 위한 탁아실 그리고 노인 남녀를 위한 별개의 노인정 등이 필요할 것이다.

이러한 시설들은 학교에 가까운 지역은 학교가 중심이 되어 비치하게 하고 지역주민이 함께 이용할 수 있게 해 주어도 좋고, 학교와 거리가 먼 지역은 별도로 마련할 수 있도록 해 주어야 할 것이다. 도서, 산촌 등 오지일수록 이러한 시설을 우선적으로 건립할 수 있는 정부의 지원이 있어야 할 것이다. 이러한 시설들과 이에 필요한 부속기구는 일단 정부 또는 지방행정기관이 지원하여 마련해 주고, 그 운영과 사후관리는 그 지역사회주민의 책임하에 두면 좋을 것이다.

4. 필요한 복지제도의 마련

복지제도란 국가나 지방자치단체가 국민 또는 그 지역사회주민이 어떤 사정에 처하여 있든지 간에 인간다운 최저생활을 보장받을 수 있도록 법적인 제도 또는 정책이 마련되어 있는 상태를 말한다. 즉 주민이 건강상실, 사고나 천재지변으로 인한 파손, 직업상의 불이익과 같은 뜻하지 않은 처지를 당하게 될 때 그 어려움을 극복하고 재활할 수 있는 최소한의 생존권과 행복권을 부여받고 살아갈 수 있는 제도가 있어야 할 것이다. 예컨대 농촌에서 영농생활을 할 때 재해로 생산이 크게 감소하였거나, 반대로 어떤 작목이나 가축이 전국적으로 과잉 생산되어 그 생산가를 보상받을 수 없을 만큼 가격폭락이 있을 경우, 이들 농가에 대한 재해보험이나 가격보상보험과 같은 제도가 이들 농민의 생활안정을 상당한 수준으로 보장해 주어야 할 것이다.

또한 병들어 더 이상 일을 할 수 없게 되면 그 병을 치료받을 수 있는 의료보험제도와 일을 하지 못하는 데 대한 실업보험제도가 있어, 적어도 가구원 가운데 누구도 일할 수 없는 경우 그 혜택을 받을 수 있게 해 주어야 할 것이다.

의료보험이 전면 실시되고 있기는 하지만 의료보험금을 낼 수조차 없으면서 제한된 최하위 생활보호대상자로도 지정되지 못한 영세민도 있고 중산층에 속하는 사람들도 입원 시에는 환자 간병이 매우 힘든 것은 개선해야 할 과제가 되고 있다.

또 65세 이상의 노인은 일을 하지 않아도 생활보호를 받을 수 있는 노인연금제도가 강화되어야 할 것이다. 빈곤층의 아동과 청소년은 어떤 경우라도 생활보호와 학교교육을 받을 수 있는 복지교육제도가 또한 강화되어야 할 것이다.

복지제도의 중요한 또 다른 지표의 하나는 어느 사회에나 있을 수 있는 선천 또는 후천의 장애인을 어떻게 보호하고 재활, 적응시키느냐 하는 제도적 장치의 유무 및 그 수준이다. 우리나라에서도 최근에는 장애인에 대한 복지가 중시되고 있으나, 아직 그 파악도 미진한 형편으로 그 실현은 선진국에 비하여 크게 뒤떨어져 있다 하겠다. 특히 농촌의 장애인은 도시에 비하여 더욱 열악한 형편에 있으므로 이들에 대한 복지제도의 강화를 서둘러야 할 것이다.

제2절 지역사회복지의 학문적 특성

앞 절에서 살펴본 사회복지를 하나의 독립된 학문 또는 과학으로 탐구하려는 '지역사회복지론'은 어떠한 학문적 특성을 가지고 있는가? 그리고 이 학문에서 다루는 주요 연구과제는 무엇이며 다른 학문과는 어떤 다른 연구방법론을 제시할 수 있겠는가? 이에 대한 학문적 성격 및 배경 그리고 그 연구과제와 연구방법을 제시하는 시도는 지역사회복지를 보다 체계적으로 탐구하고 분석적으로 파악하여 실제로 복지사회를 건설하는 데 도움을 줄 수 있는 이론과 지식체계를 정립하는 데 기여할 수 있을 것이다. 그리고 '지역사회복지학'의 위상을 뚜렷하게 하는 밑거름이 될 수도 있을 것이다.

Ⅰ. 지역사회복지의 학문적 계보와 성격

1. 사회복지론의 계보

사회복지론은 '사회복지학' 방법론의 하나인 지역사회복지론을 크게 둘로 나눌 때 농촌사회 복지론과 도시사회 복지론의 대조되는 두 학문 분야로 나눌 수 있을 것이다. 구빈 또는 활빈사업이라는 실제적 요청에 의하여 출발된 사회사업은 사회사업론, 사회사업학 그리고 최근에 와서는 사회복지론, 사회복지학으로 발전되었으며 그 방법론의 하나인 '지역사회복지론'이 분화되기까지 하였다. 그러나 아직까지 사회복지학의 계보에서는 농촌사회복지론이 크게 다루어지지는 않는 듯하다. 사회복지 관련학과는 종합사회과학의 한 부분인 지역사회개발론, 지역사회개발학 또는 농촌지도론 또는 농촌사회교육론 등의 분야에 큰 관심을 기울여 오지 않았다. 농촌사회의 관점에서 사회복지에 접근하고자 시도한 것은 정지웅과 최병익(1992)에서 비롯되었는데 이를 기초학문 분야에서의 농촌사회복지론의 위치와 관련지어 좀 더 자세히 살펴보면 다음과 같다.

1) 사회복지학

일제로부터의 해방 및 6 · 25 이후 실용주의적 학문을 강조하는 미국의 사회사업(social work)이 우리나라에 영향을 주어 실생활 및 학문에 발전을 가져왔다. 전후 많은 고아와 과부 및 병약자, 실업자를 위한 해외자선단체가 앞을 다투어 우리나라에서 각종 사회사업을 벌였고, 몇 개의 대학에서는 사회사업학과를 설치하여 학문으로 발전시키기도 하였다. 이러한 가운데 우리나라에서 처음 출간된 관련저서는 『사회사업개론』(김학묵: 1955)이었고 그 이후 유사한 제목의 저서 및 학술지가 몇 차례 나온 바 있다.

사회사업의 학문적 기초는 1970년대 말, 사회사업이란 용어를 사회복지로 바꾸어 쓰게 되면서, 김영모(1979), 장인협(1981) 등이 『한국사회복지론』, 『사회복지개론』 등의 저서를 내면서 정립되기 시작하였다고 볼 수 있다. 1986년에 장인협은 사회복지에 대한 이론적인 기초와 전문적 지식과 기술을 포괄하는 『사회복지학개론』을 출간한 바 있다. 이 사회복지학개론에서 그 학문적 성격이 충분히 밝혀진 것은 아니지만 여기서 제시된 분야를 ① 사회보장, ② 아동복지, ③ 모자복지, ④ 노인복지, ⑤ 장애인복지, ⑥ 가족복지, ⑦ 의료사회사업, ⑧ 정신의학적 사회사업, ⑨ 학교사회사업, ⑩ 교정사회사업(청소년비행의 예방), ⑪ 산업사회사업, ⑫ 지역사회개발, ⑬ 가족계획과 사회사업 등으로 분류 · 제시(제7장)하였다. 여기서 그는 사회사업방법론으로는 ① 개별지도론, ② 집단지도론, ③ 지역사회복지론, ④ 사회복지행정, ⑤ 사회사업조사, ⑥ 사회복지정책과 계획 등으로 나누어 제시(제6장)하고 있다.

사회복지학에서 지역사회개발 또는 지역사회복지론이 하나의 소분야 또는 방법론으로 제시되고 있기는 하지만 농촌사회복지를 따로 구분하여 다루지는 않고 있다. 이는 대부분의 사회사업이나 사회복지서비스가 지역사회복지 또는 지역사회개발에서 농촌지역사회를 제외하는 것은 아니지만 실제로 농촌보다는 도시에서의 구빈사업에 역점을 두고 있는 것이 사실이기 때문에 지금까지 농촌사회복지론을 사회복지학의 한 분야로 다루기에는 많은 한계가 있음을 시사해 주고 있다.

한편, W. A Friedlander와 R. Z Apte(1995)의 『사회복지 입문』과 M. Woodside와 T. McClam(2002)의 『사회봉사 입문』을 살펴보아도 사회복지론의 학문적 체계를 가늠할 수 있겠는데, 그 목차만 제시해 보면 <표 1>과 같은데 앞으로 사회봉사에 좀 더 많은 관심이 주어져야 하겠다.

〈표 1〉 사회복지의 학문적 체계

W. A Friedlanuder 외	M. Woodside 외
제1부 사회복지의 개념과 발달사	제1부 사회봉사의 정의
1. 사회복지와 사회사업의 개념	1. 사회봉사 입문
2. 영국의 국민법시대	2. 원조의 역사
3. 미국의 자원봉사와 공적 서비스의 역사	3. 현대의 사회봉사
제2부 사회사업의 과정	4. 사회봉사의 실천
4. 개별 사회사업	제2부 수혜자와 봉사자
5. 집단 사회사업	5. 수혜자
6. 지역사회조직	6. 사회봉사 전문자
7. 보조적 사회복지과정	제3부 사회봉사의 실천
제3부 사회복지 프로그램과 실천	7. 봉사의 과정
8. 사회복지 서비스의 기반	8. 사회봉사시스템
9. 사회보장과 생계소득	9. 사회봉사의 전문영역
10. 빈곤처치 프로그램	
11. 주택 및 사회환경	
12. 가정 복지 서비스	
13. 아동 복지 서비스	
14. 공중 보건 서비스	
15. 의료보장과 사회사업	
16. 서비스와 사회사업	
17. 특수 사회사업	
18. 재활 사회사업	
19. 사회사업의 지업교육, 실천 및 과제	

2) 지역사회복지론

사회복지학에서 그 방법론의 하나로 제시하고 있는 '지역사회복지론'은 사회사업 부분에서의 '지역사회조직론(community organization: CO)'을 발전시킨 최초의 한 분야이다. 사회사업의 한 부분으로서는 아니지만 일찍이 『농촌지역사회조직론』(1967)을 조사 · 연구보고서로 출간한 바 있는 김영모는 1985년에 『지역사회복지론』을 저술 · 출간하였고, 최일섭도 같은 제목(지역사회복지론)의 책을 낸 바 있다(1985).

이 가운데 최일섭의 『지역사회복지론』과 大橋謙策(1995)의 『지역사회 복지론』의 목차를 통하여 그 내용을 <표 2>와 같이 살펴보면, 도시와 농촌지역의 사회복지를 구분하여 다루기보다는 지역사회 전반의 조직, 즉 '지역사회조직론'과 같은 맥락에서 다루었음을 알 수 있다.

〈표 2〉 지역사회 복지의 학문적 체계

최일섭	大橋謙策
제Ⅰ부 지역사회와 사회복지	1. 사회복지의 변용 · 실천과 지역복지의 실체화
제1장 지역사회의 개념	2. 전후사회복지제도의 전개와 구 시정을 지역복지의 시대
제2장 지역사회복지의 의의	3. 지역자립 생활 보장과 지역 복지 방안
제Ⅱ부 지역사회복지의 역사적 배경	4. 재택복지 서비스 방안과 구성요인
제3장 미국 지역사회조직사업의 역사	5. 재택복지서비스 공급방안과 공급조직
제4장 한국의 지역사회복지의 역사	6. 재택복지서비스와 의료 및 케어
제Ⅲ부 지역사회복지의 과정	7. 지역복지의 주체 형설과 복지 교육
제5장 지역사회조직의 재원칙	8. 볼룬티어 활동의 이념과 활동 구조
제6장 지역사회문제해결의 모텔	9. 지역 복지 추진체계(1)
제7장 지역사회조직에 있어서 사회사업의 역할	10. 지역복지 추진체계(2)
제Ⅳ부 지역사회복지의 실제	11. 지역복지 추진체계(3)
제8장 지역사회복지기관과 활동	12. 사회복지 시설과 지역복지
제9장 지역사회복지의회	13. 지역복지 계획과 방법과 커뮤니티 워커의 자질
제10장 새마을 운동	14. 지역 복지계획 방안과 책정방법
제11장 공공복지서비스의 전달체계	15. 제 외국의 지역복지의 발달

앞으로 이 지역사회복지론은 크게 농촌사회복지론과 도시사회복지론으로 나누어 접근할 수 있을 것이나, 2차대전 이후 지역사회개발 관련 연구와 활동이 주로 농촌을 중심으로 이루어져 온 것이 세계적인 추

세이므로 농촌사회복지도 지역사회 개발의 주요 관심사가 될 것이다.

3) 지역사회개발론

국내외에서 1950년대 추진된 지역사회개발사업은 지역사회개발론이란 학문을 발전시켰고, 최근에는 '지역사회개발학' 또는 '지역사회발전학'이라는 독립된 한 학문을 주장하기에 이르렀다. 이러한 '지역사회개발론'은 사회복지학의 한 분야로서 제기되기는 하였으나 사실상 그 학문적 성격이 사회학, 문화인류학, 사회심리학 등 일반사회과학을 기초로 하고 사회복지학에 못지않게 발전경제학, 발전커뮤니케이션, 사회교육학, 발전행정학 및 응용자연과학과도 긴밀한 관련을 가지고 있는 종합응용과학의 성격을 띠고 있는 것이다. 1970년대 새마을운동의 추진과 함께 우리나라에서는 몇 권의 지역사회개발론이 출간되었고, 1984년에는 『한국의 농촌』(정지웅) 그리고 1988년과 1989년에는 『농촌개발론』(농촌개발연구회 편), 『종합농촌개발론』(최민호 외)이 출간되면서 지역사회개발론이 주로 농촌지역사회개발에 역점을 두고 발전된 추세를 나타내고 있다. 즉 농촌지역이 도시지역에 비하여 낙후되고 있다는 데서 지역사회개발의 한 주요 대상이 될 수 있을 뿐만 아니라 사회복지의 한 주요 대상도 될 수 있기 때문이다.

농촌지역사회개발 가운데 소외되기 쉬운 특수지역과 집단 및 부문에 대한 사회복지 차원에서의 탐구가 특별히 필요하다는 데서 농촌사회복지론이 중요시되는 것이다. 다시 말하면 '농촌사회복지론'은 사회복지학의 한 방법론적 분야인 '지역사회복지론'을 둘로 나눌 때 그 한 계보에 속하지만 종래의 사회복지학이나 지역사회복지론에서 농촌사회복지를 별로 다루지 못하였다는 점에서, 이제까지 농촌사회개발을 중점적으로 다루어 온 지역사회개발 또는 농촌개발, 농촌사회개발, 농촌지역사회개발과 불가분의 관련을 가지는 사회복지의 한 학문분야라 볼 수 있다.

2. 농촌사회복지론의 학문적 성격

농촌사회복지론도 정책학, 사회교육학, 발전커뮤니케이션, 지역사회개발학 등과 같이 종합응용과학의 성격을 지닌다. 이러한 응용사회과학은 인간의 인간답고 행복한 삶을 보장해 주기 위하여 심리학, 사회학, 인류학 등의 기초사회과학에서 축적된 지식체계와 이론들을 실제로 농촌사회에 적용하여 그 주민들이 고르게 잘사는 복지사회를 건설하도록 하는 데 그 궁극적인 목적을 두는 하나의 실천학문 또는 실천과학인 것이다. 농촌사회복지론에서는 그 지역에 사는 농민들의 사회경제적 지위가 중시되는 것은 물론이며 그들의 생업이 되고 국민의 식량문제를 좌우하는 농업과 농민이 쉽게 적용할 수 있는 기술 또한 중요시된다.

도시에서는 산업시설 및 편익시설이 상대적으로 더 집중되어 생활에 불편함이 적다. 그러나 농촌에서는 그러한 서비스와의 거리가 멀고 접근이 어려워 주민들이 자조적, 협동적 노력으로 불편함을 극복해야 하기 때문에 단순한 사회과학의 응용만이 아닌 부분 간의 연계를 강화한 종합응용과학으로서의 특성을 더욱 필요로 한다. 또한 대다수 농촌주민들이 종사하는 농업은 비교우위론에 따라 소외되고 사양길에 들어설 수밖에 없는 산업으로 인식되고 있다. 그러나 그들의 생활공간인 농토와 산림은 국민 모두가 함께 사용하는 공익적 산업공간이기 때문에 농민이 생업으로 영위하는 농업은 일정한 수준 이상의 생활을 보장해 주는 산업 또는 직업으로 보호되어야 할 것이다.

특히 사회복지의 기본이념이 그러하듯 농촌주민 가운데에도 더욱 불우한 장애집단, 문맹집단, 빈곤집단 등 소외집단의 편에서 이론을 정립하고 실천하는 방안이 과학적으로 제시되도록 힘써야 할 것이다. 그런데 농촌지역의 공통적인 사회복지 과제가 있을 수도 있지만, 각 지역마다의 특성과 배경에 따라 일반화할 수 없는 사례도 적지 않을 것이다. 따라서 한 지역에서의 성공적 농촌복지사업이 그 사회 · 문화적 배경이 다른 타 지역에 적용되어도 같은 수준의 성과를 올릴 수 있는지는 회의적인 경우도 많다. 때문에 농촌사회복지론은 어떤 연구과제를 다루든 질적 탐색의 방법을 강조하는 경향이 있으며 그러한 질적 접근, 실천 지향과 주민 주도의 시각을 강조하는 참여연구법(participatory research)이 지역사회개발, 사회교육학과 같은 관련 학문의 경우와 같이 새로운 연구과제인 동시에 연구방법으로 제시될 수 있을 것이다.

II. 지역사회복지의 연구내용과 방법

1. 지역사회복지의 연구내용

지역사회복지에서 다루는 연구내용은 따로 정해져 있는 것이라기보다는 일정한 지역사회 내에 거주하는 주민들의 복지증진과 관련된 문제가 연구과제로 될 수 있는 것이다. 우리나라 전체를 광역적으로 볼 때 대도시, 중소도시, 산촌이나 어촌 지역 등 농촌 모두 그 대상이 될 수 있다. 일반 농촌 가운데는 특히 소농, 영세농, 빈농, 농업노동자 집단이 당면하고 있는 모든 문제를 연구과제로 다루어 볼 수 있을 것이다. 또 도시 또는 농촌 내의 성별, 연령별 집단으로 구분해 보면 부녀자, 유아, 청소년, 노인, 장애인, 전과자 등 취약집단이 연구대상 집단으로 될 수 있을 것이다. 특히 도시에서보다 농촌장애인들의 문제 또한 중요한 농촌사회복지의 대상으로 탐구되어야 할 것이다. 모든 집단들에 대한 복지는 내용이 광범하겠지만 특히 경제, 보건의료, 교육 등의 부분이 중시되어 다루어질 수도 있을 것이다.

사회복지에서는 무엇보다도 제도적 뒷받침 곧 법적 기초를 살펴볼 수 있을 것인데 사회복지에 관련되지 않는 법이 별로 없겠지만, 특히 사회적 기본권과 관련된 최소한의 보장을 추구해야 할 것이다.

2. 연구방법

지역사회복지의 연구방법은 크게 다른 사회과학에서 많이 적용하는 연구방법, 사회복지 또는 사회사업의 개인지도와 집단지도 경험을 통한 사례연구방법 그리고 지역사회개발과 사회교육에서 많이 쓰는 참여연구법 등 세 가지로 나누어 살펴볼 수 있을 것이다.

1) 사회과학적 연구방법

사회과학적 연구방법은 주로 문헌분석을 중심으로 탐구하는 이론연구와 질적 · 양적 조사를 실시하는 조사연구로 크게 양분된다. 이론연구는 기존의 지식체계나 학자들의 이론들을 상호비교 또는 실증연구의 결과와 견주어 기존 이론을 지지, 강화, 수정 또는 보완하려는 연구이다. 이론연구는 아니지만 문헌분석에 의존하는 준이론적 연구방법으로 각 나라의 제도나 현상을 비교하거나 서로 다른 기관이나 사업을 비교하는 비교연구법, 역사적 자료로부터 미래의 방향을 찾아보려는 역사연구법, 어떤 사항의 내용을 분석하는 내용분석법 등도 있다.

농촌사회 복지론에서는 아직 이론체계가 세워진 것도 아니고 연구물도 크게 제한되어 있기 때문에 독자적 이론탐색은 어려운 형편에 있으나 다른 여러 사회과학, 특히 사회복지학과 농촌지역사회개발 부분으로부터 제시되고 정리된 이론들을 탐색하여 볼 수 있을 것이다.

사회과학에서 많이 적용되는 조사연구법, 경험적 연구법, 실증연구법은 콩트가 사회학을 창시한 이래 이른바 과학적 방법론으로 많이 적용되어 왔다. 최근에는 고도의 통계분석기법 및 전산화된 정보처리기법과 함께 더욱 크게 발전되었다. 특히 심리학에서의 심리검사, 심리측정 그리고 사회학에서의 사회조사, 사회측정 등의 계량적 조사방법을 발전시켰고, 사회복지와 관련된 연구과제에 이러한 계량적 방법을 적용하는 경우도 많이 생기게 되었다.

그러나 조사연구나 실증연구라 하여 이러한 계량적 분석방법에 국한하는 것만은 아니다. 즉 인류학에서 많이 쓰는 참여자관찰법(participant observation: PO), 집단요인(group informant), 면접법, 민속방법론(ethno-methodology) 등은 질적 조사방법으로 계량적 접근의 피상성을 보완하고 심층을 탐색하는 장점이 있다. 특히 농촌사회복지연구에서는 대상 집단들의 사회경제적 수준이나 문화 교육적 수준이 상대적으로 낮기 때문에 이들의 행태에 대한 탐구가 계량적이기보다는 질적으로 접근해야 할 여지가 크기 때문에 이러한 인류학적 또는 질적 조사연구의 방법이 중요시되는 것이다.

2) 사회사업적 경험연구

사회복지나 사회사업은 사회행동 또는 실천사업으로 시작되었으나 그러한 행동이나 사업을 보다 효율적으로 수행하기 위한 독립된 학문으로 발전되었다. 그 실천행동의 접근방법으로 적용되어 온 개인지도 또는 개인치유, 사회치유법 등을 포함하는 개인접촉법과 같은 실제의 경험사례(case work)들을 연구자료로 활용하는 연구방법이 발전되어 왔다. 이는 다른 응용사회과학 부분에서 발전시킨 현장연구 또는 실천연구(action research) 그리고 자연과학에서 많이 쓰는 실험연구(experiment/laboratory research)와 실제적 행동을 취하며 연구를 수행한다는 점에서 공통점을 가지고 있다.

개인적 접촉에서는 면접이나 상담(counselling), 가정방문, 농장 및 직장방문 등을 통하여 연구대상 개개인의 실상과 의식을 구명하면서 그들의 생활에 대한 적응을 돕는 방안을 모색하고 실제의 지원 및 보호행동을 취하면서 그 효과를 살펴볼 수도 있을 것이다. 최근에는 소집단이 가지는 집단역동성(group dynamics)의 중요성을 인정하여 복지대상집단에 대한 다양한 집단지도 또는 조직화의 방법도 많이 적용되고 있다.

농촌사회복지에서는 특히 지역사회조직(community organization)을 핵심으로 여기고 있다. 즉 이러한 조직화의 측면에서 볼 때 농촌도 일정한 지역을 단위로 하여 조직화하고 협동적 노력에 의하여 그들 스스로의 복지공동체를 형성하도록 하는 실천연구가 많이 있어야 할 것이다. 특히 농촌의 각 소외집단들에 대해서 또한 그들 나름대로의 소집단적 요구를 수렴하고 복지사회건설에 반영하도록 하는 집단지도/연구가 이루어져야 할 것이다.

3) 참여연구법

참여연구법(participatory research)은 1970년대 말에 사회교육과 지역사회개발 부분에서 개발 · 보급한 연구방법이다. 1980년대에 와서 모든 응용과학에서 하나의 유행처럼 널리 적용된 질적 · 실천적 · 인본적 연구방법 그대로 사회복지, 농촌사회복지도 실천을 중시하는 중요한 응용과학의 한 학문이므로 이 참여연구법이 매력 있는 연구방법의 하나로 받아들여질 가능성은 매우 크며 실제로 그 연구사례도 많다.

현재 참여연구에서의 참여란 말은 종래의 전통적 연구에서는 연구자와 연구대상이 분명히 구분되고 그 시각과 기능이 달랐지만, 참여

연구에서는 두 요소, 즉 연구자와 연구대상을 연구의 전 과정에 참여시킨다는 의미로 쓰이게 된 것이다. 즉 연구자는 연구주제의 선정에 있어서도 그의 학문적 관심사보다는 그 연구대상집단이 당면하고 있는 가장 심각한 문제를 찾아 그들과 합의하여 결정하고 그 연구의 목적 설정, 자료수집의 방법 결정과 분담, 실제문제 해결을 위한 조직, 교육 등 실천행동 평가 및 자료의 분석과 정리, 보고서 작성 및 결과의 학습 등을 연구대상자 전체 또는 대표집단과 협의하여 민주적으로 결정해 나가도록 하는 것이다. 따라서 이러한 연구과정 자체가 문제의 해결 및 사회교육의 과정이 되기도 하는 것이다. 그러한 결과로 얻어지는 효과는 연구대상집단에게 실제적인 이득을 주기도 하고 문제해결을 실현하는 결과를 가져옴과 동시에 이렇게 하여 형성된 지식이나 이론 또는 학습사항을 산이론 또는 실용적 지식으로 삼아 나가는 것이다.

이러한 참여연구를 수행하는 연구자는 연구 결과만을 얻고자 하는 학자로서보다는 실제로 불리한 처지에 있는 연구대상을 그들의 편에서서 진심으로 도와주고자 하는 사회사업가적 · 사회교육자적 사명과 의식을 가지고 연구 수행을 위한 학자적 자질을 그들을 위하여 활용하려는 자세를 가지고 있어야 할 것이다. 이렇게 복지대상집단의 문제 해결을 강조하는 참여연구방법은 단순한 자료수집인 관찰, 면접, 질문지법 등의 조사방법보다는 집단협의, 공동회합, 연구분과위원 조직과 운영, 지역사회세미나, 사실 발견을 위한 현장 여행, 다수 대상집단의 의견 파악을 위한 자유의사 진단조사, 시청각 과제물의 공동제작, 대중연극, 교육야영, 역할연습 및 교섭게임 등과 같은 사회교육방법들이 연구방법이 되기도 하는 것이다.

참여연구의 여러 방법들을 통하여 그 연구대상들이 당면한 문제를 연구자와 함께 해결해 나갈 때 그들이 함께 행하는 참여연구는 곧 과학적 탐구과정이요, 자조적 복지활동이 되기도 하는 것이다. 이러한 연구과정에 참여한 연구대상자들은 연구경험을 하나의 학습과정으로 삼아 외부 연구전문가의 도움 없이도 그들 스스로를 위한 복지사업을 자력으로 계획, 추진, 평가할 수 있게 될 것이다. 이렇게 될 때 연구는 학자들만의 전유물이 아니라 누구나 그들이 당면한 문제 해결이나 복지 추구를 탐구하고 노력할 수 있는 체계적 과정이 되는 것이다.

3. 참고가 되는 연구방법

1) 방법론의 정의

현상학적 방법론에 대해 논하기에 앞서, 방법론에 대한 정의가 필요하다. 방법론에 대한 개념 파악이 우선되어야 현상학적 방법론이 가지는 의의를 확인할 수 있기 때문이다. "방법론은 논리의 체계화와 증거 간의 변증법적 발전을 도모키 위한 문제해결의 과정 · 절차 · 원칙 혹은 인간사고 체계의 공식(elaboration formula)이라고 축약될 수 있다. 방법론이 결여된 연구(research)는 연구상의 문제제기를 뒷받침하는 이론화와 제기된 문제를 풀어 나가는 전략과 증거 간의 관계를 배제시킨 일반적인 논의나 공부에 지나지 않게 된다(한준상, 2002)." 따라서 방법론은 연구하고자 하는 문제를 체계적이고 논리적으로 해결해 가는 과정이며, 결론을 합리적으로 뒷받침해 주는 중요한 토대이다.

2) 해석학적 연구방법(미시적 연구방법)과 현상학적 연구방법

학자마다 분류 양상이 다르긴 하지만 현상학적 접근은 해석학적 연구 방법 영역에 분류된다. 손순종의 『교육사회학』에서는 개인행위에 관한 질적 연구로서 해석학을 정의하고 그 하위로 민속방법론, 상징적 상호작용론, 현상학을 분류하고 있다. 해석학은 기능론과 갈등론의 거시적 접근의 결함에 의해 미시적 연구의 성격으로 나타났다. 거시적 접근은 인간의 존재를 사회적 문제에만 초점을 두어 학교생활 실체와 교사와 학생의 복잡 · 미묘한 사항에 접근하지 못하는 문제점을 갖는다. 따라서 미시적 연구의 한 범주인 해석학은 교육 참여자들의 내부적 문제에 접근함으로써 교육을 연구하고자 한다.

해석적 접근의 공통된 특징은 대체로 다음과 같다(이종각, 1997).

① 내부자 관점의 강조: 해석적 접근에서는 연구자는 행위자(참여자)들과 같은 방식으로 관찰하고 해석을 하며, 그로부터 특정한 유형이나 규칙을 찾으려 한다.
② 총체주의: 관심의 대상이 처한 복잡한 상황 중에서 몇몇 요소들을 발취하여 분석적으로 탐구하기보다는, 문제상황을 전체적으로 인식하고 탐구한다.

따라서 해석학은 주체자의 행위에 대한 해석을 통해 문제상황을 총체적으로 탐구하려는 학문이라고 할 수 있다.

3) 후설의 현상학과 현상학적 교육방법론의 장점

현상학은 오스트리아 태생 독일의 철학자 에드문트 후설의 '사상(事象) 자체'에 대한 연구에 동조하는 사조라고 할 수 있다. 그것은 곧 거시적 틀 안에서의 개념보다 미시적으로 현상 자체를 기술하려는 시도를 의미한다. 후설은 수학적 대상과 논리적 구성물을 통한 관계 속에서 대상을 파악하려 한다. 그 일환으로 자연 · 심리 · 정신의 영역을 다루는 영역존재론을 개발해 형식적 존재론과 실질적 존재론을 구분했다. 그에 있어서 구성이란 사물의 의미를 이루는 기본적 토대이다. 의미의 구성은 의식을 통한 선험적 자아만이 할 수 있다. 선험적 자아란 대상에 대한 인식이 아닌, 오히려 선천적으로 가능한 범위에서의 대상 인식방법에 대한 인식이다. 따라서 타고난 자아가 가지는 대상에 대한 인식이라고 할 수 있다.

PART

3

지역사회복지의 이론적 기초

지역사회복지론 및 농촌사회복지론의 학문적 성격은 1장에서 살펴본 바와 같이 종합응용과학으로서 궁극적으로 복지사회의 건설을 목적으로 하는 하나의 실천학문 또는 실천과학인 것이다. 따라서 그 이론적 배경도 일반사회복지론, 지역 및 지역사회개발론, 경제발전론 및 정책학은 물론 그 인접분야까지 포함하게 된다. 그러나 이 장에서 그와 같이 다양한 이론적 배경을 모두 살펴보기란 거의 불가능할 뿐만 아니라 불필요한 일이기도 하다. 이 장에서는 사회복지의 이론적 기초로 계층화와 사회적 기본권 및 형평과 효율 등에 대하여 논하기로 한다.

제1절 사회적 기본권의 발달

Ⅰ. 계층화와 사회복지법

1. 계층화와 불평등

개인이 타고난 능력과 노력 그리고 그가 속한 사회에서의 신분(caste)에 따라 개인의 사회경제적 지위(SES)가 결정되고 개인들 사이와 계층들 사이에 삶의 질의 격차가 나타난다. 개인의 능력과 노력 및 신분의 격차는 소유의 격차를 유발하는데, 우리는 흔히 소유의 격차로 삶의 질을 가늠하게 된다. 개인의 능력과 노력보다 신분의 격차가 삶의 질을 결정하는 보다 중요한 요인으로 작용할 때, 그 사회는 삶의 기회가 상대적으로 매우 불평등한 사회인 것이다.

신분제도가 존속하는 사회는 말할 것도 없지만 신분제도가 타파된 대부분의 현대 국가에서 인간은 누구나 평등한 삶의 기회를 누리고 있는가? 다시 말해서 신분제도가 사라진 현대사회에서 소유의 격차 또는 삶의 질의 격차는 모두 개인의 능력과 노력의 격차로부터 유발되는 것인가?

어느 곳에서나 불평등이 존재하고 조세정책의 또한 완벽하게 지켜지지 못하기 때문에 자본의 집중화에 따른 삶의 기회가 균등하게 주어지지 않은 계층이 존재하게 된다. 우리 농민의 경우도 그 열악한 처지가 농업의 비교열위나 농민의 자질과 노력의 결핍으로만 설명될 수 없을 것이다.

정당한 과정을 거쳐 자본의 집중이 이루어진 경우라도 사회적 희소가치를 불평등하게 누리게 되는 계층화가 일단 이루어지고 나면 사회적 희소가치 배분의 불평등이 심화되기 쉽다. 계층화의 결과가 개인 삶의 기회와 생활양식, 사회의 구조적 변동에 영향을 미치기 때문이다. 때와 장소에 따른 차이는 있으나 신체적 · 정신적 건강, 기대수명, 교육과 취업의 기회에 따른 사회이동의 기회, 특권의 향유 또는 일탈행동의 가능성뿐만 아니라 유택의 규모나 묘비명에 이르기까지 계층의 영향은 지대한 것이다.

계층에 따라 생활양식 또한 차이가 나타난다. 의 · 식 · 주의 양식과 산전진찰률, 육아법, 언어와 종교, 사회참여의 유형이 다르다. 생활양식의 차이는 자연히 가치관과 태도의 차이를 유발한다. 가치관이 같은 경우에도 소유하는 사회적 희소가치에 따라 태도가 달라진다. 예컨대 진보주의자일지라도 사회경제적 지위에 따라 태도는 오히려 보수적으로 나타날 수도 있다. 계층은 이익집단의 기능을 갖기 때문에 삶의 기회나 생활양식, 사회의 구조적 변동에 대한 계층화의 영향은 더욱 강화된다.

2. 사회복지법의 발달

현대의 복지국가에서는 정당한 과정을 거쳐 자본의 집중이 이루어진 경우라 할지라도 부익부 빈익빈이 심화되는 현상을 방치하지 않고 있다. 불로소득 하는 소수 자본가와 빈곤을 탈피하지 못하는 근면한 다수 노동자 사이에 삶의 기회가 불평등하여 빈부의 격차가 심화되는 모순을 해소하려는 일련의 노력이 사회복지정책인 것이다. 이와 같은 문제의 해소, 다시 말해서 분배의 정의를 실현하는 것은 매우 어려운 일이지만 자본주의의 원형을 유지하면서 그와 같은 모순을 해결하려는 노력이 세계 여러 나라에서 다양하게 실행되고 있다.

자유방임경제체제하에서 소수 자본가에 의한 지나친 자본의 집중화는 절대빈곤층을 양산하였다. 이에 대한 비난은 사법자치의 원칙에 대한 제약으로 나타나고 수정자본주의를 탄생시켰다. 수정자본주의 체제하에서는 중요한 자연자원의 국유화, 주요 사회간접자본 관련기업의 국영화, 독과점 금지와 상품가격의 제한, 사용자에 대한 각종 제약 등 국가의 개입에 의한 사법의 공법화 경향이 농후하다. 그와 같은 사법의 공법화 경향에 따라 사법과 공법의 중간 영역인 사회법이 확대되기에 이르렀다. 그리고 사회복지법은 사회법의 새로운 영역으로서 초기에는 노동자를 대상으로 하는 노동법과 같은 사회법의 원리를 기초로 하였으나 점차 전 국민을 대상으로 하는 다양한 사회복지법으로 발달하였다.

현대 복지국가의 사회복지법은 빈곤, 신체장애, 질병, 노령이나 기타의 사유로 사회생활에 있어서 불이익을 받지 않고 건강하고 문화적인 인간다운 최소한의 생활을 누릴 수 있는 생존권을 보장하고 있다. 사회복지법은 일반적으로 생활곤궁자, 아동, 노인, 장애인 등이 법이 정한 요건에 해당될 때 어떤 내용의 공적 부조나 사회복지서비스를 어떤 절차를 밟아 누구에게 요구할 수 있는가를 규정하고 있다. 그리고 사회복지기관, 사회복지사업, 사회복지에 필요한 재정 등과 관련하여 국가, 지방자치단체, 민간조직 등의 책임과 역할 및 공적 부조나 사회복지서비스의 수급 보장이 부당하게 거부된 경우의 구제방법 등에 관하여 규정하고 있다.

인간이 인간다운 최저생활, 다시 말해서 건강하고 문화적인 생활을 누릴 권리, 즉 인간의 생존권은 각국의 헌법에 보장되어 있다. 현대 헌법상에 이와 같은 생존권이 최초로 나타난 것은 1919년의 Weimar 헌법 제1조의 인간다운 생활(Menschenwürdiges Dasein)에서부터인데, 그 후 각국은 헌법에 이에 관한 규정을 두고 있다.

II. 헌법과 사회적 기본권

우리나라의 헌법도 헌법 전문을 비롯하여 여러 조항에서 복지국가의 이념을 뚜렷하게 규정하고 있다.

현행 헌법의 전문은 사회정의의 실현, 균등한 기회의 보장, 국민생활의 균등한 향상을 선언하고 있다. 제10조는 인간의 존엄성과 행복추구권을 보장하는 국가의 책임을 명시하고, 제31조 이하 제36조까지는 일련의 사회적 기본권을 규정하고 있다. 제119조와 제123조 및 제124조는 각각 시장경제 질서와 농촌개발에 대한 국가의 책임 및 소비자보호운동 등을 명시하고 있다.

제31조는 교육을 받을 권리, 제32조 ①항 이하 ⑥항까지는 권리와 적정임금의 보장, 인간의 존엄성에 합치되는 근로조건의 법 제정, 여자와 소년에 대한 근로상의 특별보호, 국가유공자가족과 상이군경 · 전몰군경의 유가족지원, 제33조 ①항은 근로자의 노동 3권 보장 그리

고 제34조 ①항 이하 ⑥항은 각각 인간다운 생활권, 사회보장과 사회복지 증진, 여성의 복지 증진, 노인과 청소년의 복지 향상, 생활무능력자 보호, 재해로부터의 보호를, 제35조는 환경권, 제36조 ③항은 보건권 등을 규정하고 있다.

제119조 ①항과 ②항은 각각 개인과 기업의 경제상 자유 및 국가의 규제와 조정권 등의 경제질서를 규정하고 있다. 특히 제123조 ①항과 ②항은 각각 농 · 어촌종합개발 및 균형 있는 지역발전을 위한 국가의 책임을 명시하고 있다. 제124조는 소비자보호운동을 보장하고 있는데, 헌법 전문과 제10조 이하 제124조의 사회적 기본권과 관련된 헌법의 규정을 보면 다음과 같다.

대한민국헌법(1987. 10. 29 전문개정)

전문

유구한 역사와 전통에 빛나는 우리 대한국민은 3 · 1운동으로 건립된 대한민국 임시정부의 법통과 불의에 항거한 4 · 19 민주이념을 계승하고, 조국의 민주개혁과 평화적 통일의 사명에 입각하여 정의 · 인도와 동포애로써 민족의 단결을 공고히 하고, 모든 사회적 폐습과 불의를 타파하며, 자율과 조화를 바탕으로 자유민족적 기본질서를 더욱 확고히 하여 정치 · 경제 · 사회 · 문화의 모든 영역에 있어서 각인의 기회를 균등히 하고, 능력을 최고도로 발휘하게 하며, 자유와 권리에 따르는 책임과 의무를 환수하게 하여, 안으로는 국민생활의 균등한 향상을 기하고 밖으로는 항구적인 세계평화와 인류공여에 이바지함으로써 우리들과 우리들의 자손의 안정과 자유와 행복을 영원히 확보할 것을 다짐하면서 1948년 7월 12일에 제정되고 8차에 걸쳐 개정된 헌법을 이제 국회의 의결을 거쳐 국민투표에 의하여 개정한다.

1987년 10월 29일

제2장 국민의 권리와 의무

제10조 모든 국민은 인간으로서의 존엄과 가치를 가지며, 행복을 추구할 권리를 가진다. 국가는 개인이 가지는 불가침의 기본적 인권을 확인하고 이를 보장할 의무를 가진다.

제11조 ① 모든 국민은 법 앞에 평등하다. 누구든지 성별 · 종교 또는 사회적 신분에 의하여 정치적 · 경제적 · 사회적 · 문화적 생활의 모든 영역에 있어서 차별을 받지 아니한다.

제23조 ② 재산권의 행사는 공공복리에 적합하도록 하여야 한다.

제30조 타인의 범죄행위로 인하여 생명 · 신체에 대한 피해를 받은 국민은 법률이 정하는 바에 의하여 국가로부터 구조를 받을 수 있다.

제32조 ① 모든 국민은 근로의 권리를 가진다. 국가는 사회적 · 경제적 방법으로 근로자의 고용의 증진과 적정임금의 보장에 노력하여야 하며, 법률이 정하는 바에 의하여 최저임금제를 시행하여야 한다.

③ 근로조건의 기준은 인간의 존엄성을 보장하도록 법률로 정한다.

④ 여자의 근로는 특별한 보호를 받으며, 고용 · 임금 및 근로조건에 있어서 부당한 차별을 받지 아니한다.

⑤ 연소자의 근로는 특별한 보호를 받는다.

⑥ 국가유공자 · 상이군경 및 전몰군경의 유가족은 법률이 정하는 바에 의하여 우선적으로 근로의 기회를 부여받는다.

제33조 ① 모든 국민은 인간다운 생활을 할 권리를 가진다.

② 국가는 사회보장 · 사회복지의 증진에 노력할 의무를 진다.

③ 국가는 여자의 복지와 권익의 향상을 위하여 노력하여야 한다.

④ 국가는 노인과 청소년의 복지향상을 위한 정책을 실시할 의무를 진다.

⑤ 신체장애인 및 질병 · 노령 기타의 사유로 생활능력이 없는 국민은 법률이 정하는 바에 의하여 국가의 보호를 받는다.

⑥ 국가는 재해를 예방하고 그 위험으로부터 국민을 보호하기 위하여 노력하여야 한다.

제35조 ① 모든 국민은 건강하고 쾌적한 환경에서 생활할 권리를 가지며 국가와 국민은 환경보전을 위하여 노력하여야 한다.

③ 국가는 주택개발정책 등을 통하여 모든 국민이 쾌적한 주거생활을 할 수 있도록 노력하여야 한다.

제36조 ① 혼인과 가족생활은 개인의 존엄과 양성의 평등을 기초로 성립되고 유지되어야 하며, 국가는 이를 보장한다.

② 국가는 모성의 보호를 위하여 노력하여야 한다.

③ 모든 국민은 보건에 관하여 국가의 보호를 받는다.

제37조 ① 국민의 자유와 권리는 헌법에 열거되지 아니한 이유로

경시되지 아니한다.

② 국민의 모든 자유와 권리는 국가안전보장 · 질서유지 또는 공공복리를 위하여 필요한 경우에 한하여 법률로써 제한할 수 있으며, 제한하는 경우에도 자유와 권리의 본질적인 내용을 침해할 수 없다.

제8장 지방자치

제117조 ① 지방자치단체는 주민의 복리에 관한 사무를 처리하고 재산을 관리하며, 법령의 범위 안에서 자치에 관한 규정을 제정할 수 있다.

제9장 경제

제119조 ① 대한민국의 경제질서는 개인과 기업의 경제상 자유와 창의를 존중함을 기본으로 한다.

② 국가는 균형 있는 국민경제의 성장 및 안정과 적정한 소득의 분배를 유지하고, 시장의 지배와 경제력의 남용을 방지하며, 경제주체 간의 조화를 통한 경제의 민주화를 위하여 경제에 관한 규제와 조정을 할 수 있다.

제120조 ① 광물 기타 중요한 지하자원 · 수산자원 · 수력과 경제상 이용할 수 있는 자연력은 법률이 정하는 바에 의하여 일정한 기간 그 채취 · 개발 또는 이용을 특허할 수 있다.

② 국토와 자원은 국가의 보호를 받으며, 국가는 그 균형 있는 개발과 이용을 위하여 필요한 계획을 수립한다.

제121조 ① 국가는 농지에 관하여 경자유전의 원칙이 달성될 수 있도록 노력하여야 하며, 농지의 소작제도는 금지된다.

② 농업생산성의 제고와 농지의 합리적인 이용을 위하거나 불가피한 사정으로 발생하는 농지의 임대차와 위탁경영은 법률이 정하는 바에 의하여 인정된다.

제122조 국가는 국민 모두의 생산 및 생활의 기반이 되는 국토의 효율적이고 균형 있는 이용·개발과 보전을 위하여 법률이 정하는 바에 의하여 그에 관한 필요한 제한과 의무를 과할 수 있다.

제123조 ① 국가는 농업 및 어업을 보호·육성하기 위하여 농·어촌종합개발과 그 지원 등 필요한 계획을 수립·시행하여야 한다.

② 국가는 지역 간의 균형 있는 발전을 위하여 지역경제를 육성할 의무를 진다.

③ 국가는 농수산물의 수요균형과 유통구조의 개선에 노력하여 가격안정을 도모함으로써 농·어민의 이익을 보호한다.

④ 국가는 농·어민과 중소기업의 자조조직을 육성하여야 하며, 그 자율적 활동과 발전을 보장한다.

제124조 국가는 건전한 소비행위를 계도하고 생산품의 품질향상을 촉구하기 위한 소비자보호운동을 법률이 정하는 바에 의하여 보장한다.

제2절 성장과 분배

Ⅰ. 소득의 형평과 기회

1. 소득불평등

헌법이 인간의 사회적 기본권을 보장한 현대사회에서도 가난한 사람들의 의식주는 부유한 가정의 애완동물보다 못하다. 이것은 형평을 추구하는 동시에 경제적 복지의 격차를 유발하는 자본주의사회의 이중구조 때문이며, 또한 능력의 격차 때문이기도 하다. 이와 같은 격차는 사회주의 사회에서도 존재하여 왔는데 평등과 불평등, 즉 이상과 현실의 괴리는 모순이나 위선으로 보이기도 한다. 생활수준과 물질적 부에서의 격차는 사회적 생산 활동을 촉진하기 위한 인센티브체제를 반영하고 있는데, 그 체제가 성공하는 정도만큼 효율적 경제를 창출한다. 바꾸어 말하면 효율의 추구는 필연적으로 불평등을 유발한다. 따라서 사회의 형평과 효율 사이의 균형 문제야말로 사회복지의 핵심인 것이다.

일반적으로 효율의 증대, 즉 한 재화의 보다 많은 생산이란 다른 재화를 보다 많이 생산할 수 있는 노동과 자본을 사용하는 것을 뜻한다. 그러나 항용 이해보다 실천이 쉽지 않다. 예컨대 미래를 위한 저축의 증대는 현재의 소비를 억제시키고 장시간의 노동에는 레저를 유보하는 고통이 따르기 때문이다.

한편 불평등은 쉽사리 인식할 수 있으나 소득의 형평에 대한 개념을 정의하거나 측정하기는 어렵다. 또한 소득의 완전한 균등 배분이 실제로 존재한다고 해도 이를 인식하기는 어려울 것이다.

소득과 재산은 개인의 경제적 지위에 대한 평가지표이다. 그중에서 소득이 보다 중요하다. 그 이유는 생활수준을 유지하기 위한 구매력을 제공해 주기 때문이다. 거기에 재산소득이 더해지면 소득분배는 부의 소유 여부를 반영하게 된다. 소득 피라미드에서 중상위층은 소득의 일부를 저축하지만, 하위층은 그들이 융통할 수 있는 만큼의 악성 부채를 누적시키는 경우도 많다. 소득 최상층에서는 소득의 일부만 저축하여도 큰 재산을 형성하게 된다. 저축 이외에도 선물이나 유산은 큰 재산의 주요 재원이 된다. 부의 가치는 대부분 매매 가능한 자산으로 나타내는데 예컨대 유가증권이나 부동산 같은 것이다. 이들은 유산으로서 세대 간에 상속되는 것이다. 그러나 빈곤층의 경우는 세대 간에 상속되는 유용한 재화는 거의 무시할 정도에 불과하다. 즉 빈부 간 저축유형과 유산의 차이가 소득의 차이보다 훨씬 더 부의 불균형을 유발한다.

소득순위 상위 1%의 계층이 부의 몇 %를 점유하고 있는가, 세금 공제된 소득을 기준으로는 몇 %를 점하고 있는가. 이에 비하여 하위 50%의 계층이 몇 %의 소득을 올리고 전체 부의 몇 %밖에 소유하지 못하는가를, 그리고 지니계수를 흔히 빈부격차의 지표로 삼기도 한다. 빈부격차의 상당부분은 이익배당, 이자, 사용료 및 기타 재산 소득이 부의 소유에서 연유하는데 그와 같은 형태의 소득은 부의 집중을 유발한다.

2. 기회의 균등

기회가 균등한 경우에 발생하는 소득불균형도 그렇긴 하지만 그보다 기회가 불균등한 데서 오는 소득불균형은 더욱 참기 어려운 것이다. 그러나 기회균등의 개념은 소득균형보다 훨씬 이해하기 쉽지 않고 또한 측정하기도 어렵다. 일반적으로 경기에서는 유리한 출발이나 핸디캡보다는 선천적인 능력 차가 관련요인으로 이해되고 있다. 그러나 사람의 성공이 무엇을 아느냐보다 누구를 아느냐에 따르는 것이라면 그것은 기회의 불균등인 것이다. 아비가 누구인가 하는 문제일 경우는 특히 불공정한 것으로 보인다. 타고난 능력의 차이는 불균등한 기회의 일면이지만 가문의 지위로 인한 혜택 또한 명확한 또 하나의 불균등한 기회가 되는 셈이다.

유복한 태생의 여부가 불균등한 기회를 유발하는 것으로 간주되는가?

출발선이 출생 전의 영향 때문에 상이하게 시작되는가?

또는 어린 시절의 보다 나은 건강관리, 성취 지향의 훈련, 교육의 성과, 취업에 있어서 가족의 지원, 물질적 유산 등의 덕택인가?

유복한 계층 태생이 주로 중산층 이상의 소득을 올리는 데 비해 서민출신이 낮은 소득을 올리는 것은 곧 기회의 불평등이 소득의 불평등을 유발하는 것이다. 그런데 기회의 균등이 한계를 짓기 어려운 개념인 데 비하여 불균등한 기회는 비교적 명확하다. 그리고 그 일부는 사회제도를 통한 보완이 용이하다. 즉 문벌, 인종 및 성에 있어서의 차별 등은 공공정책에 의해 감소시킬 수 있으며, 그것은 소득의 균형과 효율을 동시에 제고시킬 수 있는 것이다. 그 같은 경우 사회는 어느 한쪽을 위해 다른 한쪽을 희생시키는 것보다 나은 두 가지를 모두 성취할 수 있게 된다. 요컨대 기회균등의 확대는 보다 나은 소득의 균형과 효율을 유지해 주고 계층 간 사회이동이 가능하게 된다. 따라서 기회를 균등히 하여 세대 내 또는 세대 간 사회이동의 기회를 확대해야 할 것이다. 기회의 균등을 확대하는 공공정책으로서 누진소득세제도는 몇 세대 동안 존재해 온 소득재분배의 핵심인 것이다. 고소득자에 대한 누진세제 및 높은 재산세율의 목적은 부유층을 가난하게 하기 위한 것이 아니라 빈곤층을 향상시키는 데 있다. 그리고 이 같은 세제 외에도 부문 간 재정지출의 조정이 또 다른 소득배분의 한 방법이 되는데 유의할 것은 종교에서도 청빈한 부를 존중해야 하는 것이다. 자칫 반기업적 사회 분위기가 만연될 경우 하향 평준화에 의한 정체의 덫에 걸리기 쉽다.

3. 성장과 분배

지금까지 살펴본 형평과 효율, 즉 성장과 분배에 대한 관심은 전적으로 전체 경제성장률에 대한 분석 이후에야 균형된 생각을 갖게 되는 것이다. 최상에서 최하까지의 국가발전 형태에 대한 암묵적 컨센서스는 다음과 같음(Fields, 1980)을 유념해야 하겠다.

① 고도성장, 고른 분배(최상)
② 고도성장, 고르지 못한 분배
③ 저성장, 고른 분배
④ 저성장, 고르지 못한 분배

⑤ 정체(최하)

즉 파이를 키우는 것이 분배에 우선하는 것이다. 그럼에도 형평과 효율 또는 성장과 분배는 양자택일적인 것이 아니라 모두 가치 있는 것으로 동시에 추구되어야 한다. 다시 말해서 양자는 그중 어느 것도 다른 하나에 대해 절대 우위가 아닌 것이다. 다만 현실적으로 어느 정도의 형평은 효율을 위해서 희생되고 어느 정도의 효율은 형평을 위해서 희생되는 것이다. 그것은 정부 재정이나 개인의 가계가 한쪽의 지출을 늘리면 다른 쪽이 줄어드는 제로섬(zero-sum)의 원리 때문이다. 그러나 그와 같은 희생은 다른 한편의 보다 많은 성취 또는 또 다른 가능한 사회적 목표의 성취를 위한 필요수단으로 정당화되어야 한다.

그런데 중요한 것은 그 과정에 계층 간 컨센서스를 이뤄야 한다. 갈등의 심화는 사회비용을 증대시킬 뿐 아니라 그것이 대중조작에 의한 경우 궁극적으로 사회를 파괴하는 악덕에 다름 아니다.

II. 사회복지의 기능

앞에서 우리는 형평과 효율 또는 성장과 분배가 양자택일적인 것이 아니라 동시에 추구되어야 하며 기회균등의 확대가 보다 나은 소득의 균형을 유지해 주는 것으로 언급한 바 있다. 이와 같은 기능을 가진 사회복지의 경제적 측면을 좀 더 자세히 살펴보고 정리해 보면 다음과 같다(권순원, 1989: 53-55).

첫째, 사회복지 서비스는 국민들의 기본적 필요를 충족시켜 준다. 따라서 여러 사람을 상대로 대규모적인 서비스의 제공이 필요하기 때문에 정부 또는 이에 준하는 공공기구를 만들어 집단적으로 처리하도록 조치된다.

둘째, 사회복지 서비스는 빈곤의 완화, 공중보건의 개선 등과 관계있는데, 이들 활동은 일부 지역까지 영향을 주는 외부효과가 있다. 이를테면 예방접종이나 방역사업 또는 취로사업 등을 들 수 있다.

셋째, 사회복지 서비스가 창출하는 외부효과를 많은 사람들이 동시에 받을 수 있다. 예를 들면 어떤 마을의 건설공사장에서 취로사업을 전개할 경우 그 마을뿐만 아니라 이웃마을에 사는 주민들도 함께 참여하여 추가로 수입을 올릴 수 있고, 다시 그 수입은 소비지출을 통하여 주로 그 지역에 뿌려질 것이므로 취로사업에 직접 참여한 주민 이외에도 여러 주민이 동시에 혜택을 볼 수 있을 것이다.

넷째, 사회복지 서비스는 이미 몇 차례 설명한 것처럼 소득재배분에 영향을 주게 된다. 물론 무상으로 제공되는 공적 부조가 가장 강한 소득재분배 효과를 가져오겠지만 사회보험도 재분배기능을 가질 수 있다.

이와 같은 경제적 특색을 지니는 사회복지 또는 사회보장의 경제적 의의는, 단적으로 표현하여 경제적 복지증대가 경제 불안에 대한 제도적 보호 및 최저생활 보장으로 국민생활을 안정시킨다는 것이다. 또한 경제의 변동 폭을 줄이는 효과와 함께 소득의 재배분에 기여하며, 총체적으로 국민의 저축을 증대시키고 노사관계를 개선시켜 국민소득을 증가시키는 데 공헌한다. 경제외적 복지 측면에서는 개인의 건강 증진, 생활과 직장에 대한 불안감과 불확실성의 완화, 주거환경의 개선, 나아가서 사회적 연대감의 강화 등이 지적된다.

Ⅲ. 농촌문제의 이론과 정책

균형이론의 주류경제학과 발전경제학, 불균형이론의 고전 마르크시즘, 종속이론 및 네오마르크시즘 등 대부분의 경제학의 이론들이 각국의 농업과 농촌문제에 대한 성격 분석과 대안의 제시에 어느 정도 보편성을 보여 준다. 그러나 어느 한 가지의 이론 틀을 획일적으로 적용하여 역사와 사회 · 경제적 배경이 상이한 특정 지역들의 농업과 농촌문제를 분석, 대안을 제시하려는 것은 한계를 갖기 마련이다. 따라서 농업과 농촌문제의 분석과 대안의 모색은 이들 이론 틀의 상호보완적인 접근에 따라 이루어져야 할 것이다.

1. 이론의 한계

아시아와 아프리카 및 중남미, 제3세계의 농업과 농촌문제는 대체로 영세한 영농규모와 빈곤문제로 함축되며 종속이론의 관점에서 도시산업부문 또는 국제독점자본과의 역사적 · 구조적 성격 분석으로 접근되기도 한다. 그러나 종속의 탈피를 위한 개혁이나 혁명적인 대안만으로는 설명에 한계를 갖는다. 예컨대 종속이론의 관점에서 제3세계의 식량문제와 빈곤문제에 접근한 미국의 식량 및 개발정책연구소(Institute for Food and Development Policy, 1979: 7－69)의 세계 기아와 빈곤의 뿌리에 관한 보고서는 다음과 같은 주장을 담고 있다.

① 국가 간의 불균형은 그 뿌리가 식민지유산이다.
② 빈곤은 자원의 결핍이나 과다한 인구에 있다기보다 식량자원에 대한 지배의 불균형에 있다.
③ 농촌빈곤의 해결 가능성은 기술이나 농기업 또는 개발 지원보다 식량생산자원에 대한 지배의 변화에 있다.

그런데 이와 같은 주장은 제2차 세계대전 후의 경제개발전략이 성장률의 성공적 상승에도 불구하고 지속적 실업, 국내외적 불균형의 심화, 절대빈곤층의 증가 그리고 개발이익이 빈곤층에 전달되지 않은 점 등의 비평을 면하지 못하는 측면에서 어느 정도 설득력을 갖는다. 그러나 그와 같은 주장이 우리나라의 농업과 농촌의 빈곤문제를 설명하는 데 그대로 적용될 수 있는가? 이와 같은 물음에 대하여 박정근(1989: 82－87)은 농업문제에 대한 균형이론과 갈등이론의 패러다임들을 요약정리 · 비교하고 각 이론의 한계와 한국 농업문제에 대한 새로운 이론 틀의 방향을 제시하고자 하였다.

라틴 아메리카의 특수성을 배경으로 한 종속이론은 한국 농업문제를 설명하기 위해서는 한국의 특수성을 기초로 재구성되어야 하며 이론의 경험적 타당성이 입증되어야 한다. 그러나 종속이론의 한국 농업문제에 대한 적용은 그 실증분석의 결여를 논외로 하더라도 이론 자체의 논리성이 일관적이지 못한 면에서 그 한계가 분명하다. 종속 이론뿐만 아니라 모든 갈등이론은 자본제에 따른 농업의 역사적 · 구조적 성격 분석에 치우쳐 있으면서도 현실적 정책지표에 대한 구체적 제시가 결여되어 있다. 따라서 한국의 농업문제에 대해서도 농민운동을 주도하고 급진적 이데올로기화 방향으로 나아가지만 오늘의 한국 농업문제를 설명하거나 해결할 수 있는 이론과 현실의 괴리는 균형 이론과 크게 다를 바 없는 것이 분명하다.

한국 농업문제에 대한 새로운 이론 틀은 단순한 경제주의나 기계론적 역사주의에 그쳐서는 안 되고 경제주체로서의 인간을 본질적 기본으로 삼아야 한다. 이러한 인간은 추상적인 경제인이나 단순히 철학적 · 사변적 의미에서 소외된 인간에 한정될 수 없고, 역사적인 인간의 구체적 현실에 기반을 둔 존재여야 한다.

이것은 한국 농업문제에 있어서 소농과 독점자본의 관계에서 파악되는 조건의 구명을 의미한다. 한국 소농의 제 문제는 단순한 의제적 자본체제의 농민형태나 공식적 역사발달단계라는 평면적 측면에서가 아니라 한국 농업의 역사와 구조에서 보이는 소농의 형태와 조건에서 찾아야 할 것이다. 그럼으로써 한국 농촌의 부채 누적, 소농구조, 노동력 부족 문제, 식량자급도 저하 등 현실적 농업문제와 농업경제이론의 연계가 이루어질 수 있을 것이다.

이와 같은 이론 틀이야말로 방법론적 의미에 있어서도 현실과 이론의 대응(correspondence)이 이루어지고, 이론이 갖는 현상적 사실에 대한 포괄적인 성격(comprehensiveness)을 지님으로써 추상적인 이론처럼 정책적 결론으로 비약되지 않을 것이다. 이러한 현실과 이론의 연계에 기초한 이론 틀에서 나온 농업정책이어야 추상적이고 비현실적인 정책을 위한 정책이 아니라 농업 · 농촌 · 농민을 위한 현실적 정책이 될 수 있을 것이다.

2. 제3세계의 농업 · 농촌개발전략

제3세계의 농업 · 농촌개발을 위한 다양한 이론들은 Chenery, Haq, Adelman, Mellor 등 일단의 학자들과 국제노동기구(ILO) 및 세계은행(The World Bank) 등에 의하여 아시아, 아프리카 및 중남미의 여러 개발도상국들에서 유용성이 검증된 바가 있다. 예컨대 국제노동기구에 의한 농촌고용확대사업, 세계은행의 Chenery팀에 의한 빈민의 자본형성사업, Haq에 의한 빈민의 생계지원사업 등과 Adelman이 제안한 인간자원개발전략, Mellor의 농업우선개발전략, Waterson의 종합농촌개발(integrated rural development) 전략 그리고 Haq가 제안한 저개발도상국에 대한 금융지원(국제경제질서의 재편) 등을 들 수 있다(Weaver, et al. 1978).

이들 가운데 Adelman이 균형된 성장에 이르는 방도로서 제안한 인간자원개발은 『작은 것이 아름답다(small is beautiful)』라는 저서로 유명한 Schumacher(1973)의 견해와도 일치한다. 그런데 어떤 이론 틀도 기본적으로 농업발전의 토대 위에서 이루어져야 하는 것이 전제되어야 함은 물론이다. 이와 같은 관점에서 Mosher(1966: 63－100)의 농업발전론은 교과서적인 지침이 될 것이다. 그는 농업발전을 위한 필수요인과 촉진요인으로서 각각 다음과 같은 것을 제시하였다.

① 농업발전을 위한 필수요인: 농산물시장, 지속적으로 변화하는 기술, 생산자재의 확보, 농민에 대한 생산유인, 운송
② 농업발전의 촉진요인: 발전을 위한 교육, 생산을 위한 신용, 농민의 집단 활동, 농지확장과 개량, 농업정책

한편, 발전경제학자인 Todaro는 농업 및 농촌발전전략의 주요 조건을 다음과 같이 제시하였다(이근식 외, 384－389).

제3세계 국가에서 농업 및 농촌발전의 주목적이 농촌생활수준의 점진적 개선에 있고 이는 주로 소농의 소득, 생산량 및 생산성 증가를 통해 이루어질 수 있다고 할 때, 농업발전의 주요 원천과 이의 달성에 필수적인 기본적 조건들을 확인하는 것은 중요한 일이다. 이것들은 필연적으로 서로 관련되어 있고 각각 <표 3>과 같은 세 가지 요소로 나눌 수 있다.

〈표 3〉 소농의 농업 발전 요인과 농촌발전의 조건

소농의 농업발전 요인	전반적 농촌발전의 조건
· 기술변화와 혁신 · 적절한 정부의 경제정책 · 사회적 지원제도	· 식량수요의 증가를 충족시키기 위한 영농구조 근대화 · 효과적인 지원제도의 창출 · 생활수준 개선을 위한 농촌 환경의 변화

그리고 Todaro는 민중 지향적 농업 및 농촌발전전략의 실현을 위한 필요조건이라고 생각되는 세 가지 명제를 다음과 같이 제시하였다.

(1) 토지개혁

명제 Ⅰ: 식량생산의 증가와 농업발전으로 인한 혜택의 보다 광범위한 배분의 촉진이라는 이중적 목표에 따라 농지구조와 토지보유형태는 개선될 필요가 있다.

(2) 지원정책

명제 Ⅱ: 소규모 경작자가 그들의 생산량을 확대하고 생산성을 높일 수 있도록 필요한 인센티브, 경제적 기회 그리고 필수적 투입재를 제공해 주는 정부지원체제가 수립되지 않는 한 소규모 농업발전의 완전한 혜택은 실현될 수 없다.

(3) 종합적 발전목표

명제 Ⅲ: 농촌발전은 주로 소농의 농업발전에 의존하기는 하지만 훨씬 더 많은 의미를 함축하고 있다. 이것은 (a) 소득, 고용, 교육, 보건 및 영양, 주택 그리고 이와 관련된 기타 다양한 사회적 서비스 등을 포함한 '생활수준'의 개선, (b) 농촌소득분배의 불평등 감소 및 도농 간 소득과 경제적 기회의 불균형 완화, (c) 시간의 경과에 따라 이러한 개선의 속도를 지속시키고 가속시킬 수 있는 농촌부문의 기능 등을 포괄한다.

3. 한국의 농업 · 농촌문제와 정책대응

우리나라의 농업과 농촌문제는 관점에 따라 다소 차이가 있겠으나 대체로 다음 항목별로 함축될 수 있을 것이다.

① 농업경영규모의 영세성
② 농업노동력의 부족과 임금상승
③ 농업생산기반의 취약성
④ 저장 · 가공 · 유통 분야에서 농민 입지의 취약성
⑤ 농협 · 수협 등 생산자 단체의 활성화 미흡
⑥ 상업농체제의 개방화에 따른 가격불안정
⑦ 수출농업 관련 회로의 미흡

⑧ 열악한 농촌생활환경 등

이와 같은 문제점에 대한 대응방안들은 특히 WTO협상에 따라 최근 수년간 매우 활발하게 모색되어 왔다. 1991년 3월 15일의 "UR 농산물협상 이후의 한국농업의 진로" 심포지엄 이후 그 수를 헤아릴 수 없을 만큼 수많은 정책보고서들을 들 수 있다. 위의 심포지엄에서 발표된 다음과 같은 주제들은 우리 농업에서 가능한 대응방안을 어느 정도 틀지어 줄 것이다.

① 국제농산물 교역질서의 변화와 우리나라의 대응 방향
② 국제화 시대에 대응한 한국 농정의 패러다임
③ 개방화 시대를 대비한 농업구조 개선의 방향
④ 개방화 시대의 농산물유통전략
⑤ 주요 국가의 농업보호정책과 농산물수출시장의 확대방안
⑥ 농업과학시술 개발의 중요성과 개발전략
⑦ 농어촌 정주생활권 개발사업의 현황과 발전방향
⑧ 개방화 시대에 대비한 농협의 역할

이와 아울러 김성묵을 포함한 16명의 농업경제학자들의 모임인 '한국농업의 장래를 연구하는 모임'에서는 우리나라의 농업 문제 해결 방안으로서 다음과 같은 8가지의 대안을 제시하였다.

① 생산구조정책: 영세농체제를 극복할 수 있도록 토지와 노동력 자원이용의 재개편

② 가격유통정책: 시장대응능력과 생산조절능력의 배양 및 도시자본 중심의 법규 · 제도 · 행정체제 개편
③ 기술개발정책: 첨단농업, 선진기술농업으로의 전환
④ 수요개발정책: 쌀을 위시한 국내농산물의 국내외 수요 증대
⑤ 농촌생활환경 정비 정책: 편리하고 쾌적한 인간 정주 지역사회 개발
⑥ 농가소득정책: 국내농산물의 수요 확대, 생산비 절감, 농산물 부가가치의 농민 귀속, 농공단지, 직접보조 등에 의한 도 · 농 간 소득균형
⑦ 무역정책: 수입개방에 따른 국내농업의 보호육성과 수출농업의 육성
⑧ 농업투자를 위한 재원 확보: 전체 예산의 10% 정도로 농업예산 확보 및 농업발전세 신설

한편, 최근에 정부에서 농업과 농촌을 위한 지원책으로 발표한 정책 대안들을 살펴보면 그 윤곽을 짐작할 수 있을 것이다.

PART

4

한국 사회복지의 발달

역사의 기록을 통해 볼 때 지구상에 전쟁이 없었던 날은 그리 많지 않았다. 상존하는 전쟁의 위협으로부터 벗어나기 위하여 나라마다 항상 부국강병에 힘써 왔다. 그러나 전쟁은 주로 강한 군대 때문에 초래된 것도 사실이다. 전쟁의 위협뿐만 아니라 온갖 자연재해로부터 종족을 보존하기 위하여 인간은 집단적으로 대처할 수밖에 없었으며, 개인은 집단 안에서 보호되어 왔다. 집단의 안전보장은 어느 정도 집단의 크기에 비례하였기 때문에 전쟁과 자연재해에 따른 인구의 감소는 국력의 약화를 초래하였다. 따라서 국민의 생명과 재산을 지키기 위한 국방과 아울러 국민의 부양을 위한 농업생산의 장려 및 자연재해대책이 가장 중요한 복지정책으로 되었다.

집권층의 입장에서 양민은 정권의 안보에 직결되었으므로 역대 왕들은 기민의 구휼과 농정에 힘쓰게 되었다. 그러나 현대 국가에서는 2장에서 살펴본 바와 같이 사회복지가 집권층을 위한 것이 아니라 국민의 기본권으로서 이해되고 있다.

제1절 한국의 사회복지

Ⅰ. 고대의 사회정책과 사회복지

옛 문헌(한단고기)에 "농사를 짓고 목축을 하고 시장을 열어 교환하도록 하니……"라는 기록이 있는데 농촌지도사업은 역사의 시작과 더불어 이루어진 것 같다. 약 1만 년 전에 수렵 · 어로 · 채집생활로부터 농경생활로 발전한 농업혁명이 시작된 것으로 추정되고 있는데, 삼국시대에 이미 오곡과 의류작물이 재배된 것으로 전해진다. 작물재배방식은 순환경작 또는 '2년3작'식이었으며, 쌀농사를 비롯한 양잠이 주산업이었다. 또한 관개기술이 발달하였으며 일본에까지 농업기술이전이 이루어졌다.

고대의 주요 사회복지정책 및 농촌개발정책을 살펴보면 다음과 같다.

B.C 41년, 신라의 왕이 6부를 순무하며 농업과 잠업 감독
B.C 5년, 백제의 왕이 마을을 순무하며 권농
A.D 16년, 신라에서 황충의 피해로 기근이 들어 진휼
32년, 신라에서 두 왕녀로 하여금 6부를 둘로 나누어 길쌈 경진
33년, 백제의 남부지방에서 처음으로 벼농사, 봄과 여름철의 한발로 기근이 들어 왕이 안무
45년, 고구려에서 수재로 기근이 들어 진휼
116년, 백제의 왕이 유사로 하여금 수해농지를 복구
194년, 고구려에서 진대법(환, 과, 고, 독, 노, 병, 빈핍자) 구휼
248년, 백제에서 봄과 여름철의 한발로 겨울철에 굶은 사람들을 진휼하고 1년간 조조를 면제
452년, 신라에서 백성에게 우차법 교육

489년, 신라에서 부랑인들을 귀농시킴
502년, 신라에서 소를 경운에 쓰게 함
583년, 고구려에서 왕명으로 급하지 않은 일을 줄이고 관리를 각 지방에 파견하여 농업과 양잠을 권함
755년, 신라에서 효자 표창
823년, 신라의 왕이 당나라 사람이 신라인을 노비로 매입하는 것을 금지하고 당나라에 있던 사람을 귀향시킴

II. 중세의 사회정책과 사회복지

중세에도 각종 자연재해로 인한 기민의 보호가 삼국시대 이전과 마찬가지로 사회정책의 근간이 되었다. 천재지변으로 인한 이재민 구호사업과 아울러 지속적인 각종 구빈사업을 위한 사회복지정책이 제도화되었다. 고려사에 의하면 각종 진휼 제도가 있었다. 즉 고려시대에는 흉년, 전란, 역질 등 비상사태에 대비한 창적(倉積)제도를 비롯하여 조세와 부역의 감면을 위한 은면지제, 의료구제, 어린이 수양제도, 양로와 경로제도 등이 사회복지의 중심이 되었다.

목종 때 사농경, 충렬왕 때 농무도감, 충선왕 때 전농사 그리고 공양왕 때 사농사 등의 권농기관을 설치하여 농업의 발전을 통한 국가재원의 확보에 주력하였다. 논에서는 이모작형의 윤경농법, 한전에서는 혼작 및 간작이 발전되었다. 콩, 보리의 윤작으로 지력이 향상되었다.

각지에 목마장이 설치되고 마정에 힘을 기울였다. 소도 농경 외에 군사용으로 중시되었으므로 관영목장에서 말과 함께 사육되었고 민간에도 그 사육을 권장하는 한편, 소를 민간에게 대여하는 제도도 마

련되었다. 또한 도살의 제한과 질병의 치료 등에 관한 시책도 이루어졌는데 소 · 말을 제외한 나머지 가축들은 전통적으로 그리 중요시되지 않았다. 이것은 불교의 영향이기도 하지만 이 시대의 농업은 경종농업과 양잠을 의미할 뿐이었다.

산업이 발달함에 따라 무역이 성행하였으며 화폐가 유통되었으나, 화폐는 주로 귀족들 사이에서 활용되었고 일반 국민들 사이에서는 쌀이 화폐에 준하는 가치의 척도로 통용되었다. 농업 이외에 도자기 · 인쇄 · 제지 · 직조 · 철제무기 및 농기구 제조 등의 공업기술도 매우 발달하여 송 · 일본 · 여진 등지에 공산품을 수출하였다. 귀족들이 사치스런 생활을 누리는 데 반하여 농 · 공 · 상의 생산계층의 다수를 점하고 있던 농민은 가난하였다. 그들은 농노와 같은 위치에서 납세와 부역의 의무만 지고 있을 뿐이었다.

한편, 고려시대의 주요 농촌개발 및 사회복지정책을 열거하면 다음과 같다.

918년, 흑창설치(986년에 의창으로 개칭), 민생안정을 위한 조세정무법 제정
946년, 광학보 설치
963년, 제위보 설치
977년, 개국공신 및 귀순 성주 등에게 훈전 하사
985년, 백성이 집을 버리고 절로 들어가는 것을 금지
988년, 면재법 제정
993년, 상평창 설치
1024년, 자식 없이 사망한 국인의 처에게 구분전 급여
1049년, 질병, 기아자를 동서대비원에서 구휼하게 함
1053년, 토지등급 제정
1144년, 뽕나무, 밤나무, 옻나무, 닥나무 등을 토질에 맞게 재식하도록 권장

1159년, 축마료식(최초의 사양표준) 제정
1297년, 권농을 위해 전농사와 유비창 설치
1349년, 농상집요(중국의 농서)를 복간하여 보급
1363년, 문익점이 목화씨 도입.

Ⅲ. 조선시대의 사회정책과 사회복지

고려시대의 각종 진휼정책과 제도는 조선시대에 와서 더욱 발전되었다. 황정을 위한 구황청, 서민의 질병 치료를 위한 혜민원, 고령자를 위한 기로소 등의 복지제도가 이루어지고 자휼전칙에 의해 유기아 및 부랑아가 보호되었다. 목민심서에 의하면 지방관이 황정의 지침으로 삼은 것은 주례의 대사도황정십이조였다. 지방관은 진휼을 위하여 첫째로 진자를 예비할 의무가 있었다. 둘째로 뜻밖의 재난으로 수많은 백성이 기아에 빠지고 관곡으로 감당하지 못할 때 부호로 하여금 전곡을 의연 또는 대여하게 하였다. 그리고 관청에서 공사를 벌여 그 임금으로 구제하는 오늘날의 취로사업과 같은 흥역도 이루어졌다. 이와 같은 국가시책 이외에 민간의 각종 인보상조제도가 차지하는 몫도 매우 컸다.

세종의 명으로 1429년에 정초가 저술한 『농사직설』과 같은 농서에 조선 초기의 농업기술이 상세히 소개되어 있다. 『농사직설』, 『음양잡록』, 『사시찬요』 등에 농작물의 종류, 재배법 · 종자저장법 · 토질개량 · 모판설치 · 이앙 · 시비 등의 농업기술이 소개되어 있다. 채소 · 과수 · 약초 · 양봉 · 양조기술 등도 기록되어 있다.

그리고 콩과와 벼과의 혼작 및 간작하는 이른바 유기농업도 삼국시대로부터 고려시대를 거쳐 조선시대에 와서 더욱 다양하게 발전되었다. 지력 증진을 위해 녹비와 분뇨를 사용하였고 또한 농기구에서도 쟁기 외에 고랑 · 써레 · 번지 · 고무래 · 곰방대 · 호미 · 가래 · 키 · 낫 등이 보편화되었다. 그러나 농업기술의 발달이 곧 농촌의 복지를 시킨 것은 아니었다. 즉 조선의 농업사회는 그 말기에 와서 국가 공유의 토지가 권문세가에 의한 사유화와 관료의 부정부패로 영락의 길을 걷게 되었기 때문이다. 이와 함께 1876년의 강화도조약을 계기로 밀려온 일제의 상업자본은 자급자족의 농업과 가내수공업이 결합된 농업경제구조를 와해시켜 버렸다.

1894년에는 동학농민혁명이 일어났다. 대내적으로는 탐관오리의 착취에, 대외적으로는 일제의 식민정책에 대응하여 제폭구민과 척외를 목표로 일어났다. 비록 실패로 끝났으나 동학농민혁명의 영향은 매우 컸으며, 이를 계기로 갑오경장이 실시되고 봉건제도의 붕괴가 촉진되었다.

한편, 조선시대의 주요 사회복지 및 농업개발정책과 사회운동 등을 살펴보면 다음과 같다.

1392년, 과전법 제정
1399년, 조준 등이 최초의 수의학 서적(신편집성마의망) 편찬
1420년, 박서생이 수차를 건의
1430년, 『농사직설』을 반포하고 백성에게 수차관개법을 권장
1440년, 측우기 설치
1444년, 권농교서 반포
1453년, 권농 잘한 수령을 포상하도록 함
1458년, 자급비료의 증산 권장

1462년, 양우법을 초록하게 하고 양돈 장려
1464년, 강희안이 최초의 화훼서(양화소록) 지음
1498년, 상평창 설치
1511년, 혼기 늦은 빈민에게 자장을 관급
1517년, 향약 실시
1605년, 호박 도입
1610년, 허준이 『동의보감』 편찬
1614년, 담배 도입
1638년, 대동법 실시
1670년, 유형원이 『반계수록』 완성
1729년, 산허리 이상에서의 화전 경작 금지
1763년, 감자 도입
1783년, 『자휼전측』 반포
1801년, 인삼재배 시작
1803년, 김려가 최초의 수산서(우해이어보) 저술
1824년, 고구마 도입
1833년, 선혜청으로 하여금 기민에게 쌀을 염가로 판매하게 함
1839년, 서유구가 적지적작과 품종개량 건의
1842년, 최한기가 기중기, 취수기, 기름틀 연자방아 등에 관한 서적 (연심기) 저술
1847년, 아편흡연자를 섬에 유배시켜 노비가 되게 함
1867년, 각 지방에 공공의 창고를 짓게 함(사창절목)
1879년, 지석영이 최초로 종두 실시
1882년, 양반 상업에의 종사와 상민의 학교 입학을 허락
1883년, 박문국에서 최초로 신문(한성순보) 발간
1884년, 농무목축시험장 설치, 우정총국에서 우정사무 시작
1885년, 아펜젤러가 배제학당 설립
1886년, 노비를 1대에 한하게 하여 세습제 폐지
1892년, 서양사과 재배
1901년, 혜민원 설치
1903년, 황성 기독청년회(YMCA) 창립
1905년, 조선권농회 설립
1906년, 권업모범시험장 설립, 윤치호가 대한자강회 설립
1908년, 선우준이 최초의 양계서(양계신론) 편찬

Ⅳ. 일제시대의 사회정책과 빈곤

갑오경장은 일제에 힘입어 실시된 강제적인 사회변혁이었다. 일제에 의한 상품판매, 공업원료의 확보, 농작물의 상품화, 토지제도의 사유형태, 조세제도의 확립 등을 통하여 한반도에 대한 일제의 식민지화 정책이 수행되었다.

1910년의 한일합방과 함께 토지조사국을 통하여 일제는 한반도의 자영농민을 일본인의 소작인으로 전락시켰다. Brunner에 의하면 1915년부터 1925년까지 10년간 한국 농민 중 자작농은 11% 감소된 반면 소작농은 20%나 증가하였으며, 그와 같은 추세가 계속되면 한국 농민은 영속적인 농노의 처지로 전락하게 될 정도로 그 해결의 전망이 거의 절망적이었다.

토지조사사업(1910~1918)이 끝난 후 1921년 현재 200ha 이상의 대규모 토지는 70% 이상이 일본인의 소유였다. 당시 한국 농민의 경제적 몰락은 1910년대와 1939년의 자소작과 순 소작을 합한 소작농의 비율이 전 농가의 80%에 달하는 것을 보아 충분히 짐작할 수 있다. 일제에 의한 한국인의 경제적 수탈은 비단 농민에 국한된 것이 아니었다. 같은 직종의 전문직에서부터 단순기능공에 이르기까지 임금의 격차가 일반화되었는데 그것은 일제 35년간의 기준이 되었다. 이에 따라 한국인은 일본인에 비하여 명목상으로는 1/2, 실질적 가치로는 1/4 정도의 보수밖에 받지 못하였다.

1920년대 일제의 산미증식운동도 실제로는 일본의 식량부족을 한반도의 기아수출로 해결하고자 한 것이다. 그것은 1920년대 말의 쌀

생산량이 1910년대 초에 비하여 28%가 증산되었으나, 1인당 소비량은 같은 기간 동안에 35%가 감소된 것으로 보아 초근목피로 춘궁기를 넘겨야 하는 '쌀이 없는 증산'을 뜻한다. 1930년의 춘궁농가 호수가 전국적으로 48.3%에 달한 점, 해외로의 이주민의 증가 등은 바로 일제에 의한 수탈의 결과인 것이다. 평균 50%에 달하는 높은 비율의 소작료와 소작료전납제 등이 단적으로 입증해 주고 있는데, 소작인에게 돌아가는 실질배당은 생산량의 17%에 불과하여 한국 농민은 절대빈곤에서 헤어날 수가 없었다. 그럼에도 불구하고 일제가 마치 한국의 산업화에 기여한 것으로 호도하는 일부의 주장은 식민통치의 본질에 대해 눈이 멀었거나 매국적 친일이거나 학문의 이름으로 혹세무민하는 것이다.

갑오경장 이후로는 종교단체들이 서울, 평양, 인천 등지에서 수 개의 육아, 구급 등의 사업을 개시하였다. 한일합방 이후로는 이들이 복잡하게 분화되고 수량도 부쩍 늘게 되었다. 경영자로서도 종래와 같이 구미선교 단체뿐 아니라 민간독지가, 일본인 또는 국내의 종교가들도 많이 참여하게 되었다. 1911년 6월에는 조선총독부령으로 청생원이 설치되어 고아양육사업을 벌였다. 한일합방 당시는 사회복지사업을 총독부 지방국 지방과에서 구휼 및 자선사업에 관한 사항으로서 관장하다가 1912년 3월에는 지방국에 제1과 및 제2과를 두고 사회복지사업에 관한 사무를 제2과(사회과)에서 관장하였다. 1932년 2월에는 사회과를 학무국으로 이관하여 사회복지사업에 관한 사무와 종래 학무과의 소관이던 사회교육에 관한 사무 및 종교과의 소관이던 종교 · 고적 등의 사무를 합하여 관장하기도 하였다. 일본은 1929년에 구호법을 제정 · 공포하였으나 재정 때문에 1932년 1월 1일부터 일본본토에서 이 법을 실시하게 되었다. 한반도에서는 1944년 3월 1일에 이르러 구호법의 전문 33조를 거의 그대로 가져다가 조선구호령으로 공포 · 실시하였다.

한편 일제시대의 주요 사회정책과 농업개발정책 및 사회운동 등을 살펴보면 다음과 같다.

1910년, 국세조사, 군산에 곡물현물거래시장 설치
1918년, 수원농림전문학교 설립
1920년, 제1차 산미증식계획 수립
1921년, 조선사회사업연구회 조직, 방정환이 천도교소년회 조직
1923년, 조선물산장려회 설립
1926년, 전진한이 협동조합운동 일으킴
1927년, 이상재 등이 신간회 창립, 유영준 등이 근우회 창립, 최정익 등이 조선농민사 설립
1928년, 조선사회사업협회 창설
1929년, 조선일보사가 문맹퇴치운동 전개
1931년, 동아일보사가 브나로드운동 시작
1934년, 산미증식계획 중지
1938년, 국가총동원령 공포
1944년, 농업생산책임제 실시요강 및 조선구호령 발표

V. 해방 이후 현대의 사회정책과 농촌복지

일제로부터 해방 후 미군정 치하에서 소작제도에 대한 개선이 이루어졌다. 소작료를 일률적으로 생산고의 1/3로 정한 3 · 1제가 실시되어 50%가 넘던 종래의 고율소작제가 많이 사라졌다. 1948년 8월 15일에 대한민국정부가 수립되고 "농지는 농민에게 분배하며 그 분배

의 방법, 소유한도, 소유권의 내용과 한도는 법률로써 정한다"는 헌법 제86조에 따라 그 이듬해 6월 21일에 농지개혁법이 공포되었다. 그 결과 약 54만ha의 농지가 분배되었다. 그럼에도 불구하고 영농규모의 영세성은 별로 해소되지 않았으며, 6 · 25의 전화는 1950년대와 1960년대 농촌빈곤의 주요인이 되었다.

1950년대의 정책결정자들은 전후경제의 회복과 인플레이션의 억제에 주력하였는데, 도시근로자의 생계비와 인플레이션에 미치는 쌀값의 영향에 매우 민감하였다. 정부의 투자는 전화의 복구와 국방에 대한 재정부담으로 농업 부문에 대하여는 관개시설의 유지와 수입비료대금의 충당에 국한되었다. 게다가 미공법(PL) 480계획에 의한 잉여농산물 수입은 저미가정책을 강화시키는 요인이 되었다. 수입곡물이 식량의 안정공급과 국가의 경제안정에 기여한 것은 사실이지만 한편으로는 식량증산을 침체시켰다.

정부의 수매가격은 1960년에 이르기까지 매년 농가생산비를 밑돌았는데, 이것이 바로 1950년대 농촌빈곤의 주요인으로 지적되고 있다. 그 결과 1960년대에 나타난 바와 같은 자립경제기반 구축을 정책목표로 추진할 수 있게 되었다. 이 기간에 '도시와 농촌 간의 소득균형'과 '식량증산'을 농업정책의 목표로 삼았으나, 재정의 배분에서 정책의 우선순위는 공업부문에 주어지고 소비자물가의 안정을 위하여 농산물에 대한 가격지지계획이 포기되었다. 그러나 1960년대 후반에는 농업정책의 방향을 근본적으로 재조정해야 할 국면에 이르렀다. 농촌주민들이 심화되고 있는 도농 간의 격차를 의식하게 되어 정부수립 이래 전통적으로 친여당적이던 성향이 선거를 통하여 변화를 가져온 것이다. 이와 같은 정치적 인기의 하락은 농촌개발에 대한 정책적 변화를 유발하여, 1969년부터 하곡과 추곡의 수매에 있어서 점차 수매가격의 개선이 이루어지고 농산물가격정책의 변화와 아울러 신품종과 농업기술의 보급 등이 이루어져 식량증산과 농가수입이 개선되었다.

1970년대 초 이래 농촌개발의 획기적인 변화는 새마을운동으로 불리는 대규모 투자의 착수로 비롯되었다. 새마을사업의 일환으로서 실시된 농로개선은 기계화 영농을 용이하게 하였고, 주민의 참여를 통하여 환경과 농업 하부구조 및 농산물의 유통을 개선시켰다. 한편 유신체제의 구축으로 박정희 대통령은 헌법에 대한 논의조차 금지하였다. 그 결과 장기독재에 대한 비판도 초래하였는데, 말기 증상을 보이던 유신권력은 박정희 대통령의 피살로 끝내 무너지고 말았다. 그러나 1960년대와 1970년대에 고도성장에 힘입은 각종 사회보장제도가 실시된 점도 간과되어서는 안 될 것이다.

1980년대 후반에 들어서 민주화의 진행으로 그동안 억압당한 소외계층의 욕구가 한꺼번에 분출되었다. 게다가 정치 · 경제 분야 지도층을 포함하여 사회 전반에 만연된 부정부패와 도덕성의 상실에 따른 각종 사치 · 퇴폐풍조 및 각종 범죄, 근로의욕의 감소, 환경의 파괴 등은 사회의 앞날에 대한 심각한 우려를 갖게 하였다. 또한 세계무역기구(WTO) 체제하의 수입개방에 의한 가속적인 농민층 분해현상과 계층 간 갈등 등이 더해져 사회적 비용을 더욱 크게 하고 미래에 대한 불확실성을 증폭시키고 있다.

한편 광복 이후 오늘에 이르기까지의 주요 사회복지정책과 농업개발정책 및 사회운동 등을 살펴보면 다음과 같다.

1945년, 최고소작료 결정에 관한 법령 제9호(3 · 7제) 공포
1946년, 낙농 8개년계획, 미곡증산 5개년계획 발표, 미곡이중가격제 실시
1947년, 미성년자 노동보호법 제정
1948년, 의무교육제 실시, 공창 폐지
1949년, 농지개혁법 공포, 대한적십자사 조직
1950년, 농지개혁 착수
1951년, 농가부업을 비과세로 함, 농민회(회장 조봉암) 발족
1952년, 한국사회복지협회 설립
1953년, 근로기준법 제정
1956년, 첫 TV 방송국(HLKI)개국
1957년, 어린이헌장 반포, 농사교도법 · 농업협동조합법 · 농업은행법 공포
1958년, 문교부가 농촌문고 실천운동 전개
1960년, 4 · 19혁명, 공무원연금법 제정, 소채 및 과실증산 5개년계획, 농경지 확충 5개년계획 수립
1961년, 5 · 16쿠데타, 제1차 5개년 종합경제계획(1962~1966), 보호시설에 있는 고아의 후견 직무에 관한 법률 · 군사원보호상법 · 윤락행위 등 방지법 · 생활보호법 · 아동복리법 제정
1962년, 선원보험법 · 재해구호법 제정, 도시영세민 생활보호위원회 설치, 농촌진흥법으로 농촌지도체제 일원화
1963년, 국가유공자 등 특별원호법 · 군인연금법 · 노동조합법 · 사회보장에 관한 법률 · 산업재해보상보호법 · 공해방지법 · 외국 민간 단체에 관한 법률 · 의료보험법 제정
1965년, 한일협정 조인
1966년, 한국 사회사업가협회 발족, 각의에서 GATT가입 의결
1967년, 직업안정법 제정, 농어촌개발공사 발족
1968년, 농촌근대회 3개년계획 · 국민교육헌장 반포, 자회지도사업에 관한 임시조치법 제정, 중등학교 입시제도 폐지
1970년, 농촌근대화촉진법 공포, 농업진흥공사 발족, 새마을운동 출범, 사회복지 사업법 제정
1971년, 박정희가 비상계엄령 선포 · 국회해산(10월 유신), 대한교원공제회 발족
1973년, 국민 복지연금법, 사립학교교원연금법, 모자보건법 제정
1977년, 공무원 및 사립학교교직원 의료보험법 제정
1979년, 월남귀순용사 특별보상법 제정, 박정희 피살로 유신권력 붕괴

1980년, 광주사태 발생, 농어민후계자 육성기금법 공포
1981년, 아동복지법, 심신장애인복지법, 노인복지법, 교육세법 제정
1982년, 사회교육법 제정
1983년, 농어촌 소득촉진법 공포
1987년, 직선제 개헌요구 대행진에 100만 명 참가, 노후생활 연금 신탁 도입 실시
1988년, 서울올림픽 개최
1989년, 수세 폐지 및 고추 전량수매 요구 시위(여의도 농민대회), 신도시건설계획 발표
1991년, 지방자치제 실시
1998년 공무원 여성 채용 목표제 실시
1999년, 공무원 여성 채용 목표제 확대 실시(18%의 목표를 20%로 상향), 남녀차별금지 및 구제에 관한 법률 제정(1999. 7. 1 부터 시행)
2001년, 여성부 신설, 경찰청에 여성 폭력 전담 부서 설치
2004년, 집장촌 폐쇄

VI. 농촌의 복지증진 및 생활여건 대한 개선방안

농촌의 복지증진 및 생활여건에 대한 개선방안으로는

첫째, 마을계획 수립의 제도화를 한다.

농촌공간정비의 핵심이라 할 수 있는 마을정비는 단순히 공공사업에 의해서만 이루어질 수 없다. 공공부분의 기반정비와 민간부분의 주택정비가 조화를 이루어야 한다. 마을기반정비가 되지 않는 상태에서 주민의 무분별한 주택정비를 방지하기 위해서는 계획에 의한 행위제한이 불가피하다. 이를 위해서는 적어도 마을단위 계획제도 도입이 요구된다.

둘째, 정주권개발사업 추진방식을 개선한다.

정주권개발사업의 정책방향인 중심마을의 종합정비가 가능하도록 사업대상지역과 사업내용을 사전에 한정할 필요가 있다.

셋째, 농촌자연환경보존사업을 확대 추진한다.

현재 추진하는 하수관망정비, 폐수처리시설 등의 농촌환경오염방지사업과 별도로 농촌자연환경을 보존할 수 있는 종합적인 대책을 마련할 필요가 있다.

먼저 기존의 사업시행과정에서 환경적 요소를 고려하는 방안 모색이다. 그리고 농촌자연환경보존을 위한 신규 정책프로그램의 개발이 요구된다. 예를 들어 농촌지역의 생태환경, 자연경관, 녹지공간을 종합적으로 보존할 수 있는 별도의 정책을 마련하고, 중심마을 주변에 농촌공원을 조성하여 농촌주민의 교류 및 건강증진, 지역단위의 각종 이벤트장소로 활용할 수 있도록 한다.

PART

5

외국 사회복지의 발달

제1절 영국의 사회복지

구빈법 이후 약 4백 년이 지난 오늘날 영국은 소위 '요람에서 무덤까지'로 일컬어지는 대표적인 복지국가로 발전하였다. 그러나 영국이 대표적인 서구 복지국가로 손꼽히게 된 것은 각종 사회보장제도가 확립된 20세기의 일이다. 오늘날 매우 다양하게 이루어지고 있는 영국 사회복지의 발달과정을 고찰하기로 한다.

Ⅰ. 구빈법시대의 사회복지

서구의 구빈사업은 전통적으로 교회의 자선사업으로 이루어졌고 봉건제하에서 농노의 생계는 영주에 의해 보장되었다. 영국에서 1388년의 구빈법과 1834년의 개정구빈법 전후의 모든 사회정책은 구빈법의 범주에 속하며, 그 기간이 구빈법시대로 불린다.

14~15세기의 산업혁명 과정에서 양모 산업의 발달과 더불어 면양목장의 증대는 땅 없는 농민을 양산하였다. 그러나 14세기까지 왕과 국회는 교회와 길드(guild)의 자선활동에 관여하지 않았다. 산업구조의 변화에 따라 봉건제도가 사라져 가는 과정에서 농토를 빼앗긴 농노가 임금노동자로 전환되는 새로운 질서가 대두되었다. 왕과 귀족들은 노동자들 사이의 질서 유지와 방랑 및 범죄예방의 문제에 직면하게 되었다. 그리고 1348년 흑사병으로 인구의 2/3가 사망하여 임금이 급상승하게 되자, 1349년에 무위도식을 방지하는 노동자법이 제정되었다.

최초로 빈곤에 대한 공적 책임을 인식하고 법적 조치가 이루어진 것은 1531년의 Henry 8세에 의한 구빈조례였다. 이것이 최초로 빈곤에 대한 공적 책임을 인식한 것으로, 교구에 빈민 구제를 위한 조세권을 부여하였다. 수차의 수정을 거쳐 1601년에는 그 유명한 Elizabeth의 구빈법(The Elizabeth Poor Law)이 제정되었고, 1662년에는 정주법(The Settlement Act)이 제정되었다. 그러나 공적 보호대상이 아닌 걸인과 방랑자에게는 가혹한 처벌이 주어지고 무능력자에게는 주거가 제한되었다. 엘리자베스 구빈법은 빈민문제를 교구와 지역사회의 공동책임으로 규정하였는데, 빈민을 다음과 같이 분류하였다.

① 노동력이 있는 빈민(The able-bodied poor: sturdy beggars)
② 노동력이 없는 빈민(The impotent poor)

③ 요부양 아동(The dependent children), 고아, 기아

구빈행정의 역사는 빈곤에 대한 도덕적 책임과 재정적 책임 사이 갈등의 역사였다. 교구 간에 빈민의 이동을 허용하지 않는 정주법이 대두된 것은 재정문제 때문이었다. 영국은 17세기 동안 계속된 흉작과 프랑스와의 전쟁(1793~1815)으로 인한 물가고로 고통을 받았다. 이에 따라 구빈행정도 심각한 위기에 처하였다. 그러나 이러한 과정에서도 1795년에는 스핀햄랜드법(The Speenhamland Act)이 제정되어 저임금노동자의 생활비보조가 이루어졌다.

중세 이후 죄수들은 감옥에서 기아, 추위, 방치 및 야만적 구타 등으로 극심한 고통을 받아 왔다. 이와 같은 상황은 17~19세기 동안 큰 개선은 이루어지지 않았지만, 독지가와 박애주의자들의 노력으로 약간의 개선이 이루어졌다. 그러나 지방정부의 관리하에서는 감옥이 낙후를 면하지 못했고 청소년이 누범자와 격리되지 않아 오히려 청소년에게 범죄기술을 익히게 하는 '범죄학교'가 되었다. 이런 열악한 교도소 환경과 죄수에 대한 비인간적인 교도는 1877년 교도소법(The Prison Act) 이후 점차 개선되기 시작하였다. 이 법에 의하여 교도소의 행정이 국립교도소위원회의 관할로 이관되었다. 그리고 1834년의 개정구빈법(The Poor Law Amendment)에 따라 노동능력자에 대하여 원외구제가 중지되었다. 개정구빈법에 가장 큰 영향을 미친 사람은 인구론의 저자인 Malthus였다.

1869년 자선조직협회(Charity Organization Society: COS)가 조직되었다. COS의 설립목적은 사업의 중복을 피하고, 빈민에 대한 환경조사와 적절한 원조 제공을 추진하는 것이었다. 이 협회는 빈곤에 대한

책임이 개인에 있다고 보고 자립을 위해 최선을 다해야 한다는 입장을 취했다. 런던 자선조직협회의 예는 영국 전역으로, 스코틀랜드로 전파되고 9년 후에는 미국에도 전파되었다. 이것은 서구 지역사회 조직 활동의 토대로 일컬어지고 있다. 그런데 빈곤을 죄악시하고 개인의 책임으로만 치부하는 빈곤에 대한 종래의 자유방임적 태도는 19세기 후반기에 서서히 변화하게 되었다. 그것은 노동자의 정치적 영향력이 강화되고 또한 온정주의적 인도주의 및 산업복지에 대한 인식 등이 확산된 때문이다.

18세기 후반에 와서 영국에서는 농학연구의 제도적 기반이 조성되기 시작하였다. 1793년에 농업국(Board of Agruculture)이 설립되었는데, 이에 앞서 1777년경부터 각지에 농회와 실험농장들이 설립되었다. 또한 18세기를 통틀어 수많은 농기계가 개발되었는데, 1815년 이후에 일반화되었다.

한편 오늘날 중부 영국농촌의 농지구획은 주로 18세기의 농지정리에 기인한다. 인클로저(Enclosure)라 불리는 이 운동은 분할된 토지들을 분할 합병하는 것인데, 원래 축산업의 발달과 더불어 농장에 울타리를 만들고 소작인으로부터 농지를 박탈한 데서 시작되었다. 주민이 동의하는 경우에는 분산된 농지들이 교환 · 분합될 수 있었으나, 거절하는 경우에는 이를 추진하는 데 오랜 시일이 소요되었다. 인클로저는 19세기 말까지 진행되었는데 1801~1811년 기간이 최성기였다. 인클로저는 농민으로 하여금 이농을 강요하여 도시빈민을 양산한 것으로 비난받았다. 그러나 육우두수가 증가하여 경지가 감소된 경우가 아닌 때는 오히려 고용의 기회가 증대되었다. 인클로저로 일단 울타리가 세워지고 난 뒤에 건물과 도로를 건설해야 했는데, 새로운 농법은 단위면적당 고용을 증대시키기도 했기 때문이다. 약 3백만 명에 달하는 대규모의 이농은 철도의 등장으로 1841~1901년에 이루어졌다.

18세기의 빈곤문제는 인클로저보다는 다른 요인에서 비롯된 것으로 설명되기도 한다. 즉 빈곤의 첫째 원인은 빈부격차 심화이고, 다음으로는 가난한 노동자들이 일거리가 별로 없는 농촌에 남아 있으려고 한 때문이다.

1829년의 흉작으로 농부들은 심각한 국면에 직면하게 되었으며, 농업노동자들의 임금이 하락하였다. 그 영향은 1830년에 빈농의 소요를 야기하였다. 그러나 점차 실업문제의 해결을 보게 되었는데, 그것은 한편으로는 철도의 고용효과와 다른 한편으로는 빅토리아조의 번영에 힘입은 것이었다. Victoria 여왕 재임 시에는 농가소득이 증대되었는데도 농업노동자의 임금은 별로 개선되지 않았다. 1840년 이후에 와서야 농업노동자들의 임금이 차츰 향상되기 시작하였는데, 그것은 주로 잉여 노동력이 이농함에 따른 것이었다.

잔류농업노동자들 사이에 차츰 질병과 노후 및 장래를 위해 근검 · 저축하려는 노력이 증대되었다. 그리고 그들 사이에 동업자조합이 결성되었는데, 이것은 시간여유가 없던 노동자들의 생활이 향상된 징후였다. 1872년 Warwickshire의 노동자들은 숙련공이며 평신도 전도사인 Joseph Arch에게 도움을 요청하였는데, 아치의 구상은 전국노동자조합의 결성이었다. 아치는 1873년까지 농업노동자의 20%가 참여하는 조합을 육성하였는데 그는 협동, 자기계발 및 절제를 강조하였다. 그의 조합은 온건한 것이었으나 대지주와 교구신부들의 격렬한 저항을 받아 1879년에는 마침내 실패로 돌아갔다.

19세기에 미래의 사상에 지대한 영향을 미친 사상가 가운데 Robert

Owen은 영국 사회주의의 아버지로 일컬어지고 있다. 그는 20세의 나이에 Lanchshire의 지배인이 되었고, 이어서 Glasgow 근교에 있던 David Dale의 New Lanark 공장을 인수하였다. 그는 노동자를 착취하지 않고서도 섬유업으로 재산을 모을 수 있음을 입증해 보였다. 그는 임금인상 대신에 쾌적한 작업조건과 주택을 제공하였으며 10세 이하의 어린이는 고용하지 않았다. 이와 같은 성공으로 사람들은 그를 존경하게 되었으며 놀랍도록 시대에 앞선 그의 견해를 경청하였다.

그는 인간의 성격은 환경에 따라 형성되는 것으로 보았다. 그러므로 사회를 개선하는 데 필요한 것은 좋은 주거와 작업환경을 제공하는 것이라고 믿었다. 그는 사람들에게 경쟁과 자본주의를 통한 개인의 영리추구 대신 공동의 이익을 위해 협동할 것을 강조하고, 영국과 미국에서 구빈법을 필요로 하지 않는 협동촌을 설립하여 운영하기도 하였다. 그리고 1830년 미국에서 돌아온 다음, 1832년에 그는 생산에 소요된 노동시간을 기준으로 상품을 교환하는 일종의 물물교환소를 설립하기도 하였다. 이와 같은 그의 사업들은 결국 실패로 끝났지만 그의 사상은 협동조합의 발달과 경제학자들의 학문적 토양이 되었다.

1844년에는 Rochdale의 Toad Lane에 초기 협동조합운동 중에서 성공적인 것으로 효시가 되고 있는 Rochdale 공정선구자조합이 설립되었다. 이 조합은 그 후 2백 년간 협동조합 발달에 지대한 영향을 미쳤는데, 중간상인 배제의 원칙은 오늘날에도 협동조합원칙의 근간을 이루고 있다. 1851년에는 Rochdale 형태의 조합이 130개, 1880년대에는 1천 개도 넘게 설립되었다. 이들 조합에 대한 법적 기반이 필요하게 됨에 따라 1852년 법적 보장을 받게 되었다(The Industrial and Provident Act). 그리고 1863년에는 북부 영국 협동도매조합(North of England

Cooperative)이 조직되었는데, 이것은 1872년에 CWS로 불리게 되었다.

위에서 언급한 내용을 중심으로 중세 이후 구빈법시대까지의 사회복지 및 농촌개발과 관련된 주요 내용을 연대별로 정리하면 다음과 같다.

1215년, Magna Carta 제정
1349년, 노동자조례 제정
1531년, 걸식 · 부랑자 취체법 제정
1563년, 도제법 제정
1576년, 교정원 설립
1601년, 엘리자베스 구빈법 제정
1628년, 권리청원 제정
1662년, 정주법 제정
1679년, 인신보호법 제정
1689년, 권리장전 제정
1782년, 원외구조법 제정
1793년, 농업국 설립
1795년, 스핀햄랜드법 제정
1799년, 노동자단결금지법 제정
1802년, 도제건강과 도덕유지법 제정
1805년, 소년교정협회 설립
1824년, 노동자단결금지법 폐지
1833년, 공장법 제정
1834년, 신구빈법 제정
1838년, 인민헌장 공포
1840년, 아동노동고용위원회 설립
1847년, 구빈청 설립, 공장법 개정, 부인 · 아동 10시간 노동제 수립, 소년범죄법
1848년, 공중위생법 제정
1855년, 우애조합법 제정
1861년, 인신보호법 제정
1862년, 정신병원법 제정
1867년, 수도빈민법 제정

1869년, 자선조직협회 설립
1875년, 직장인주택법 제정
1878년, 공장법 제정
1883년, 질병예방법 제정
1885년, 의료구호법 제정
1897년, 노동재해보상법 제정

II. 20세기 전반의 사회복지

자유당 정부에 의해 복지제도가 개혁된 1905~1914년은 영국이 복지국가로서의 기초를 다진 기간이다. 복지제도가 개혁된 이후 영국은 1 · 2차 세계대전을 겪었으나 이 기간에도 영국은 복지국가로서의 발전을 꾸준히 지속하였다. 1906년의 선거로 집권한 자유당 정부는 구빈법을 점진적으로 개선하고 자선단체들과 밀접한 협력을 추진하도록 하였다. 이에 앞서 1905년에 구빈법과 구제에 관한 왕립위원회가 구성되었는데, 이 위원회의 소수파는 구빈법의 전면철폐를, 다수파는 수정 · 보완을 주장하였다. 자유당 정부는 다수파의 권고를 채택하고 사회입법을 추진하였다.

제1차 세계대전(1914~1918)과 제2차 세계대전(1939~1945) 기간에도 사회복지제도가 꾸준히 확대 · 발전되었다. 1919년에 의료보험 가입자격소득의 상한선이 250파운드로 인상되었고, 1939년에는 이 상한선이 다시 420파운드로 인상되어 수혜의 폭이 확대되었다. 1931년에는 경제적 위기의 극복을 위해 사회복지지출에 대한 삭감이 이루어졌으나, 1942년의 Beveridge 보고서를 계기로 복지제도의 확대가 이루어졌다. 경제안정과 더불어 여가에 대한 관심이 높아지게 되었다. 1938년에는 Amulree 위원회가 일반 근로자를 위하여 1주간의 유급휴가를 실시할 것을 권장하였다.

가격보장과 농업보조금의 지원을 받는 풍요로운 오늘날 영국농업과는 달리 대공황기에는 정부로부터 보조를 전혀 받지 못하였다. 그런데 제1차 세계대전으로 획기적인 정책변화를 보게 되었다. 1917년 독일 U보트의 해상봉쇄로 인한 식량위기는 자급식량 생산의 중요성을 정책에 반영시키는 계기가 되어 농업에 대한 각종 지원을 제도화하였다. 그 결과 제2차 세계대전 기간에 영국농업은 식량생산에 효율적으로 대처할 수 있었다.

1 · 2차 세계대전을 전후한 농업분야의 주요 정책 및 법제도 등과 20세기 전반의 주요 사회복지제도를 연대별로 정리해 보면 다음과 같다.

1905년, 실업노동자법 제정, 구빈법 조사를 위한 왕립위원회 설립
1906년, 빈곤학동 급식교육법 제정
1908년, 노령연금법 및 아동법 제정
1909년, 최저임금법 제정
1911년, 국민보험법 제정
1913년, 정신박약아법 제정
1914년, 정신박약아전국협회 결성
1918년, 임산부 · 유아보호법 제정
1919년, 국민건강보험법 제정
1920년, 실업보험법 및 맹인연금법 제정
1921년, 국민건강보험법 제정
1923년, 주택법 제정, 정신 복지중앙법회 설립
1925년, 노령 · 과부 · 유자녀 연금 각출제 도입
1927년, 실업 보험의 과도적 급여제도 실시, 정신박약자법 제정

1931년, 과도적 지불제도 실시
1934년, 실업법 제정
1937년, 노령연금법 제정
1939년, 장님연금 실시
1940년, 보충연금 실시
1942년, 베버리지 보고서 발표
1944년, 장애인고용법 제정
1945년, 가족수당법 제정
1946년, 국민보험법 및 국민보건 서비스법 제정
1948년, 아동법 및 국가부조법 제정

Ⅲ. 20세기 후반의 사회복지

영국의 사회복지는 이른바 '요람에서 무덤까지'로 널리 알려져 있다. 영국의 사회복지제도는 중앙정부에 의한 국민보건서비스(NHS), 민간 부분이나 지방정부에 의한 사회복지서비스 및 사회보장으로 구성되어 있다. 국민보건서비스는 전 국민을 대상으로 모든 분야의 의료서비스를 제공하고 있다. 지방정부의 민간대상별 사회사업 및 자원봉사조직들이 노인, 장애인 및 도움을 요하는 어린이들을 돕고 있다. 그리고 사회보장제도는 최소한의 생활을 유지할 수 있도록 경제적인 보장을 해 주고 있다. 건강서비스 비용의 약 85%는 세금으로 지불되고 나머지는 국민보건서비스 보험으로 충당되며 구급차는 보건당국에 의하여 무료로 운행되고 있다.

이와 같은 영국의 사회보장제도의 분야별 특징을 살펴보면 <표 4>와 같다.

〈표 4〉 영국의 사회보장체제

구분	관련 분야
국민보건서비스 (National Health Service: NHS)	기초건강보호, 가족의료 지원, 호별 방문 의료지도(예방의학), 헬스센터, 종합병원과 전문서비스, 사설의료시설 지원, 앰뷸런스(무료), 재활 호스피스, 모자보건, 가족계획, 낙태, 약물 · 알코올중독, 흡연 건강교육, 전염병 예방 환경 식품위생, 연구 등
대상별 사회복지 서비스 (Personal Social Service)	노인건강 지원, 장애인 지원, 정신질환장애인 지원, 가족문제 지원, 아동 보호 양자, 사회사업가 육성 등
지원봉사 (Voluntary Social Service)	성인의 25%가 참여
사회보장 (Social Security)	퇴직 연금(여자 60세, 남자 65세 이상), 모자 지원, 실업급여, 사업급여, 가족소득보조, 주거수당, 면세 등

유아사망률은 유럽공동체 회원국 가운데 최소치를 기록하고 있고, 65세 이상 노인인구 비율도 유럽공동체 가운데 최대를 기록하고 있는데 현재 65세 이상 인구는 앞으로 더욱 증가될 전망이다. 영국에서는 남자 65세, 여자 60세가 정년으로 되어 있고 그 이상이 되면 퇴직연금을 받게 되기 때문에 고령인구의 증가는 정부의 사회복지재정을 가중시키게 된다.

1950년대까지는 거의 모든 근로자가 2주간의 유급휴가를 갖게 되었고, 1970년대에 와서는 이 작은 사회혁명이 가속화되었다. 한편으로는 레저의 발달과 승용차의 보급이 교통난을 심화시켰다.

1960년대와 1970년대는 여권이 크게 신장된 시기였다. 1964년 기혼여성의 재산법(The Married Women's Property Act)이 수입의 동등배분권을 보장해 주었다.

1970년대는 남녀평등이 법제화된 시기로 일부 여성들은 미혼 · 기혼의 구별 없이 'Ms'를 사용하기 시작했으며, 1975년은 공식적으로 '세계여성의 해'로 명명되었다. 사회학자들은 이미 남편들이 가사의 많은 부분을 담당하고 있음을 발견해 왔으며 기혼여성의 직장 진출이 증대되었다. 피임법이 허용되고 1967년 이후 임신조절법(The Abortion Act)에 의해 여성들은 원치 않는 임신의 부담에서 해방되었다. 1970년에 남녀평등급여법(The Equal Payment Act)이 제정되고 1975년부터 발효되었다. 1975년에는 임신 때문에 해고시키는 것을 불법화하고 출산비를 지급하도록 하였다. 이 모든 현상은 여성의 잠재적 자립능력의 확대를 보여 준 것이다.

그러나 남녀 간의 차별은 아직도 남아 있다. 비록 가장 나쁜 형태는 제거되었으나 학교로부터 성인생활에 이르기까지 성차별은 아직도 지속되고 있다.

사회복지제도의 발달이 사회 전반에 발전만을 가져온 것은 아니다. 성도덕이 문란해져 사생아출산율이 1951년 4.9%에서 1972년에는 8.4%로 증가하였는데, 최근에 가까울수록 그 증가율이 높다. 1960년대와 1970년대에는 범죄 또한 급증하였다. 그리고 집단요소도 걷잡을 수 없을 만큼 빈발하였다.

20세기 후반 영국의 주요 사회복지정책을 연대별로 정리하면 다음과 같다.

1956년, 아동 · 청소년위원회 설치
1959년, 정신위생법 개정
1960년, 신연금(보수비례 퇴직연금)법 제정
1962년, 사회사업가 훈련법 제정
1963년, 아동 · 청소년법 개정
1964년, 기혼여성의 재산법 제정
1965년, 주택임대보조법 제정
1966년, 사회보장성법 제정

1967년, 임신중절법 제정
1969년, 아동 · 청소년법 개정
1970년, 가족소득보조법 및 남녀평등급여법 제정, 영국 사회사업가 협회 설립, 맹인 · 폐질자 공적 부조 통합
1975년, 보조급여법 개정
1990년, 국민보건서비스 및 지역사회 보호법 제정
2002년, 1인당 국내총생산 26,473달러(US) 기록
2005년, 런던테러 발생

Ⅳ. 영국의 농업과 유럽공동체의 농업정책

제2차 세계대전 이후에도 1947년의 농업법은 농무성과 농민 사이의 동의에 따라 농산물가격을 보장해 주었다. 그 결과 우유와 곡물생산이 배가되고, 소의 생산은 5%가 증가되었다. 같은 기간 소농에 이르기까지 경운용 말이 트랙터로 대치되었고, 수확기 및 다른 대형 농기계들이 일반화되었다. 과학영농이 발달하여 작물생산에 화학비료가 도입되고, 육계의 대량생산은 새로운 형태의 식당을 통하여 도시근로자에게 염가의 식사를 제공하게 되었다. 그러나 한편에서는 공장 형태의 가축생산방법에 대한 동물애호가들의 반발도 있었다.

영국의 농업정책은 유럽 공동시장(Common Market)에 참여한 1973년 이후 현저한 변화를 보여 왔다. 유럽공동체(EC)에 가입한 이후 유럽공동체의 농업정책(Common Agriculture Policy: CAP)을 준수하게 되었는데 오늘날 영국의 농업구조를 살펴보면 다음과 같다.

1. 영국의 농업구조

영국은 국토면적이 약 24만 4천㎢로서 한반도와 비슷하다. 이 중 초지를 포함한 전체 경지면적은 국토의 약 72%에 달하는 약 17만 5천㎢나 된다. 주요 가축을 살펴보면 1986년 현재 소가 약 125만 두, 면양 약 370만 두, 돼지 약 800만 두, 가금이 약 1억 2천만 수에 이른다.

전체 인구는 2000년 현재 약 5,950만 명, 조출생률과 조사망률은 각각 11.4%와 10.2%를 기록하였다.

농가호수는 약 24만 호이며 호당 평균경지면적은 약 70ha에 달하지만, 농업종사자는 총고용인구의 약 2.5%에 불과하고 국민 총생산에서 차지하는 농업의 비중도 약 2.0%에 불과하다.

협동조합의 발달에서도 영국은 선도적인 역할을 해 왔으나 농산물 수입자유화의 영향과 농업개발정책에서 다소 소홀히 취급되었기 때문에 농업협동조합의 발전은 크게 진전되지 않았다. 그러나 최근에는 국제수지 악화와 유럽 공동시장 참여로 인해 농업개발이 더욱 절실해지자 농협운동에 역점을 두고 있다. 유럽공동체 회원국들의 농업구조와 농업정책은 유럽공동체 농업정책의 틀 속에서 이해되어야 할 것이다. 따라서 영국 농업정책의 전제로서 유럽공동체의 농업정책을 개관하기로 한다.

2. 유럽공동체 농업정책

유럽공동체의 공동농업정책(CAP)은 그 설립근거인 1957년 6월에 조인된 로마조약을 근간으로 하고 있다. 이 공동농업정책의 목적은 로마조약 제39조의 다음 5개 조항의 함축이다.

① 기술진보의 촉진, 농업생산의 합리적 발전, 노동력의 최대이용 등을 통한 농업생산성 향상
② 농업취업자의 소득증가를 통한 공정한 생활수준 확보
③ 농산물시장 안정
④ 농산물공급 확보
⑤ 소비자에 대한 합리적 공급가격 확보

공동농업정책은 농산물 공동시장조직의 가격정책과 농업구조정책의 양대 지주로 구성되어 있는데, 가격정책이 큰 비중을 차지하고 있다. 공동농산물 가격정책의 원칙은 다음 3개 항목으로 되어 있다.

① 농산물별 단일시장화 추진: 가격지지, 부족분, 정액보조, 국경보호, 가공보조
② 유럽공동체 역내산품 우선
③ 유럽공동체 농업재정 확립

한편 구조정책은 농업경영의 근대화, 이농촉진자 농업연금 지급, 사회 경제적 정보의 제공 및 농민의 자질 향상을 원칙으로 한다. 유럽공동체는 공동농업정책하에서 높은 수준의 가격지지와 기술진보에 따라 생산성이 비약적으로 향상되었다. 그 결과 1980년경부터 곡물과 낙농제품 등의 과잉생산이 심각해졌다. 가격지지를 위한 농업관

계 지출도 유럽공동체 총예산의 약 70%를 차지하고 있어 공동체의 재정을 크게 압박하고 있다. 따라서 1980년대에는 생산억제를 위한 시책으로 주요 농산물의 지지가격 인상 억제, 보장한도 수량제도 등 공동농업정책의 개혁을 추진하였다. 그러나 우루과이라운드 협상 이후 유럽공동체는 미국으로부터 이와 같은 각종 농업보조 및 국경보호 등에 대한 철폐를 요구받고, 현재는 세계무역기구(WTO)의 체제를 수용하고 있다.

제2절 미국의 사회복지

미국에서 사회복지의 역사는 식민지시대로부터 시작되었다. 종교의 자유와 보다 나은 경제적 기회와 독립 또는 모험을 찾아 신세계에 온 식민지 개척자들은 일반적으로 활력 있는 사람들이었다. 그들은 광대한 삼림, 비옥한 계곡, 풍부한 사냥감 및 호수와 강의 물고기를 발견하였다. 그들은 대부분 최저생활에 만족하지 않고 보다 나은 삶을 위해 농업, 사냥, 상업 등에 열심히 종사하였다.

17세기 초부터 영국에서 이주해 온 식민지 개척자들은 대부분 모국의 관습, 법률 및 사회제도를 도입했다. 그들은 사회복지제도에도 모국의 구빈사업 개념과 체제를 도입하게 되었다. 미국 사회복지의 발달은 유럽보다 다소 늦게 이루어졌는데, 그 이유는 다음과 같다.

① 개인주의가 뿌리 깊었다.

② 전국적으로 극심한 위기가 야기된 적이 없었다.

③ 국가가 급속히 성장하고 있었고, 풍부한 자연자원을 가지고 있었다.

④ 정부에 의존하지 않고 역경을 스스로 해결할 수 있다고 믿어 왔다.

그러나 미국은 오늘날 광범위한 사회복지제도를 정착시켜 국민의 생활을 보장해 주고 있다.

Ⅰ. 사회복지의 발달

1. 식민지시대의 사회복지

식민지시대의 개척자들의 구빈사업은 엘리자베스 구빈법에 토대를 두었다. 모든 촌락(town)은 빈민의 구제를 위하여 음식물, 의류, 땔감 및 생활필수품을 제공해 주도록 규정하였다. 빈민은 3개월에서 5년에 이르기까지의 규정된 기간 동안 구호를 받았다. 빈민구조는 식품, 의류, 연료 등을 공급해 주는 원외구조 형태와 단기간 동안 최저임금으로 품팔이하면서 집집마다 순회시키는 형태로 나누어졌다. 빈민구제 경비는 구빈세와 지역사회공동활동에 불참하거나 빈민을 불법으로 이주시키는 경우에 부과하는 벌금 등으로 충당되었다.

구제대상은 고용이 불가능한 자, 고아 및 자녀가 있는 미망인 등이었다. 흑인 노예는 구제대상에서 제외되었다. 무의탁아동의 경우 도제계약(indeture contract)과 견습제도(apparenticeship)로 의식주를 해결하며 교육을 받았다. 아동은 그를 받아 준 집에서 일을 하면서 기술을 익히도록 하였다. 버지니아와 노스캐롤라이나에서는 영국의 교구제에 따라 교구집사와 교구위원들이 빈민의 감독관으로서 구빈세를 부과하고 구호를 분배하고 빈민에게 도지를 대차하기도 하였다.

프랑스 식민지인 루이지애나에서는 프랑스의 관습에 따라 빈민을 구제하였는데, 어린이는 고아원에, 병자와 노인은 병원에 수용되었다. 17세기와 18세기 영국과 미국의 구빈법에는 근본적으로 두 가지의 큰 차이가 있었다. 영국에서는 일반적으로 빈민구호가 원내구호였으나, 식민지에서는 일부 대도시에서만 구빈원을 통한 원내구호가 이루어졌다. 그리고 영국은 전통적으로 증여와 유산이 병원이나 고아원의 주요 기금으로 제공된 데 비하여, 식민지에서는 사적 자선활동이 18세기 말까지 별로 큰 역할을 수행하지 못했다.

한편 식민지시대의 사회복지 관련내용을 연도별로 정리하면 다음과 같다.

1647년, 로드아일랜드 주에서 식민지구빈법 제정
1659년, 보스턴 스코트 지선협회 설립
1662년, 매사추세츠 주에서 구빈원 설치
1692년, 매사추세츠 주에서 무의무탁아동 도제계약제(빈민에 관한 부칙) 제정
1729년, 뉴올리언스에 고아원 설립
1735년, 뉴욕시립구빈원 설립
1737년, 아일랜드 자선협회 설립
1756년, 펜실베이니아 주에 정신병원 설립

2. 혁명기 및 남북전쟁 이전의 사회복지

영국은 본국 정부의 재정결핍을 식민지로부터 충당하기 위하여 각종 세금을 부과하였다. 인지세법(Stamp Act)이 대표적인 사례인데 식민지의 맹렬한 반대로 철폐되었다. 1776년에는 6월 7일 버지니아의 Richard Henry가 대륙회의(Continental Congress)에서 식민지독립안을 제시하였고, 6월 10일에 Thomas Jefferson을 중심으로 독립선언문 기초위원회가 구성되어 7월 4일 독립선언서(The Declaration of Independence)가 공포되었다. 독립전쟁에서 승리한 식민지는 1783년에 파리조약으로 영국으로부터 독립을 쟁취하였다.

미국의 혁명은 자유를 위한 국민의 욕구에 영향을 미쳤다. 영국정부의 억압에 대한 분개와 평등주의 철학 등의 영향으로 18세기 말과 19세기 초에 형성된 개인의 자유와 자조사상은 노예제도의 폐지와 공교육, 여권, 빈곤과 정신질환에 대한 처우의 개선, 교도소의 개선 및 종교의 자유 등을 위한 인도주의 운동을 고무하였다.

독립전쟁에서 남북전쟁까지 100년간 미국은 유럽으로부터의 이민 증가와 서부개척으로 영토의 확장이 지속되었다. 인구의 증가와 산업의 발달은 부의 축적을 가능하게 하였고, 여가의 증대로 민간복지활동이 활성화되었다.

한편 농업지대인 남부에서는 면화생산에 노예가 필수적이었고, 생활필수품 수입과 면화수출을 위한 자유무역이 주장되었다. 그러나 이와 반대로 상공업지대인 북부에서는 영국의 공업생산품을 막기 위해 보호관세를 주장함으로써 남북전쟁으로 발전되었다. 1865년 4월 북군의 승리는 흑인을 노예 신분에서 해방시켰다. 그러나 오늘날까지도

인종문제는 미국의 짐으로 남아 있다.

산업화의 영향은 대도시로의 인구집중을 초래하였고, 1837년의 경제공황과 1843년의 혹한으로 실업자가 증가하고 노동자의 생활수준이 저하되었다. 1843년의 혹한이 지난 뒤에 민간자선단체들의 상호조정을 위해 빈민생활개선협회(The Association for Improving the Condition of the Poor)가 설립되었다. 이 시기에는 전체 인구의 증가에 따라 빈민 수도 증가하였고, 흉년과 고용의 부족과 빈민 감독관의 정치적 또는 개인적 이유에 따라 노동 가능자에 대한 빈민구호가 공여됨으로써 빈민구호의 비용이 점차 증대되었다.

동부의 대도시들에는 공립구빈원이 설립되고, 그와 같은 원내보호가 가장 경제적인 구빈방법으로 평가되어 사회복지제도는 원내구호 중심으로 이루어졌다. 일부에서는 종교적이고 인도주의적 입장에서 보다 인간적인 대우를 주장하기도 했다. 그리고 종래 수혜자의 개별 요구에 대한 지식도 없이 무분별하게 행해지는 구호사업에 대해 비판이 가해졌다. 그러나 아직 빈민구호는 벌칙적인 측면이 농후했다.

3. 남북전쟁 이후의 사회복지

남북전쟁 이후 미국은 풍부한 자원과 강한 개척정신에 힘입어 자본주의와 산업의 발달로 세계적 부국으로 부상하게 되었다. 그러나 한편으로는 독점자본주의의 발달과 부의 편재 및 인구의 도시집중에 따른 사회문제를 유발하게 되었다. 그리고 1873~1878년과 1893~1898년의 두 차례 공황으로 실업자가 더욱 늘어났다. 이 무렵 도시

빈민가를 중심으로 인보사업이 발전하기 시작하였는데, 20세기에 들어와서야 사회복지에 대한 국가적 시각이 열리기 시작하였다.

한편 체계적인 농업생산자조직의 활동은 18세기 후반부터 시작되었다. 즉 1785년에 필라델피아에서 농업협회(Agricultural Society)가 활동을 전개하여 농무성 및 농업교육을 위한 주립대학 설립의 필요성을 주장하였고, 1862년의 모릴법(The Morill Act)으로 농무성(USDA)과 주립대학의 설립근거가 마련되었다. 1887년에는 주립대학 소속의 농업시험장 설립을 위한 해치법(The Hatch Act)이 국회를 통과하였다. 1900년경에 코넬대학에서 주부 대상의 생활개선사업이 시작되었고, 1906년경에 농촌지도사업을 법적으로 보장하는 스미스－레버법(The Smith－Lever Act)이 국회를 통과하였다.

혁명기 및 남북전쟁 이후의 사회복지 및 농촌개발 관련 주요 내용을 살펴보면 다음과 같다.

1776년, 독립선언
1785년, 농업협회 활동 전개
1788년, 헌법 제정
1790년, 남캘리포니아에서 최초로 고아원 설립
1798년, 공중보건서비스제 도입
1817년, 코네티컷에 최초로 무료농아학교 설립
1818년, 빈곤예방학교 설립
1822년, 켄터키에 최초로 농아인시설 설립
1824년, 뉴욕시립감화원 설립, 뉴욕 주 구빈원법 제정
1829년, 뉴잉글랜드 주에 민간 맹인수용소 설립
1836년, 매사추세츠 주에서 아동노동금지법 제정
1837년, 오하이오 주에서 맹인시설 설립
1843년, 뉴욕 빈민생활개선협회 조직
1862년, 링컨 대통령 노예해방 선언, 농무성(USDA) 설립 법안 및

주립대학 설립 근거인 모릴법 국회통과
1863년, 뉴욕 가톨릭 소년감화원 설립
1865년, 최초의 연방정부 목지기관인 자유민국 설치
1866년, 시민권법 국회통과
1876년, 뉴욕주립감화원 설립
1877년, 뉴욕 주에 최조로 자선조직협회(COS) 설립
1886년, 뉴욕에 미국인보연맹 창설
1887년, 전국자선회의 조직, 해치법 국회통과
1892년, 전국교정회의 조직
1896년, 로드아일랜드에 정박아 특수학급 설치
1897년, 미네소타에 최초의 주립신체장애인병원 개설
1898년, 뉴욕에 자선조직협회 사회사업훈련학과 개설
1899년, 시카고에 소년재판소 설립
1903년, 시카고대학에 시민박애학교 설치
1904년, 미국 아동노동위원회 창설
1906년, 스미스-레버법 국회통과
1909년, 백악관이 아동회의를 최초로 개최, 청소년정신병원 설립
1911년, 일리노이 주에서 모성구호법 제정, 워싱턴 주에서 노동자 연금법 제정, 미국자선조식협회 결성

4. 세계대전 전후의 사회복지

사회복지재정은 연방정부도 지원하여 왔으나 1930년대 중반까지는 주로 지방정부의 예산에 미치지 못할 정도로 소극적이었다. 이것은 재정상태뿐만 아니라 전통적 빈부관의 영향인 것으로 판단된다. 20세기 초반에 들어와서 미국은 경제적으로 날로 번영하였고 국제사회에서의 지위도 크게 향상되었다. 특히 제1차 세계대전 기간(1914~1918)을 통한 산업의 발달과 전쟁물자의 수출과 종전 1년 전에 참전하여 연합군의 승리에 대한 결정적 기여를 함으로써 미국의 경제력과 외교상 국제적 지위를 크게 격상시켰다. 그런데도 빈부의 문제를

개인의 능력과 노력의 결과로만 보아온 전통적 가치관에 따라 빈민 정책에는 큰 진전이 없었다. 그러나 사회사업가와 매스컴 등의 영향으로 20세기 초반까지 노인, 맹인, 미망인 등을 위한 사회복지제도가 확립되었다.

대공황으로 인하여 실업자 수는 1929년 봄의 286만 명에서 1930년 6월에는 400만 명 이상으로 증가하였고, 1931년 봄에는 다시 800만 명 이상으로 증가하였다. 구매력의 감소에 따라 노동자뿐만 아니라 산업체의 사무직 직원들도 실직하게 되었으며, 1930~1933년 사이에 75만 명 이상의 농부가 파산을 당했고 저당과 세금을 갚지 못하여 천 개의 농장당 54.1개의 비율로 농장을 내놓게 되었다.

Hoover 대통령은 긴급구제 및 건설법(ERCA)을 인가하였다. 이 법에 따라 주, 군, 시에 공동구호사업을 위한 자금대출을 목적으로 하는 부흥금융회사(RFC)가 설립되었다. 그리고 1932년에 Roosevelt가 대통령에 당선된 후 New Deal 정책으로 국가경제를 정상화시키는 데 성공하였다. 뉴딜 정책의 골자는 부흥(recovery), 구제(relief), 개혁(relief)으로서 그 내용은 은행 · 산업 · 농업의 부흥정책, 실업구제정책, 경제적 방임주의 및 사회보장제도의 개혁이었다. 루스벨트가 공황에 대처하여 처음으로 착수한 것은 1933년의 연방긴급구호법(The Federal Emergency Relief Act)의 제정이었다. 이 법은 복지에 대한 연방정부의 책임을 강조하였다. FERA는 대통령 직속의 독립기구로서 구제자금 5억 달러의 돈을 각 주에서도 같은 액수를 부담하는 조건으로 원조하고 나머지 반은 무상으로 배분하였다.

한편 연도별 사회복지 재정지출을 살펴보면 1890년에는 연방정부와 주 및 지방정부의 사회복지예산이 각각 105백만 달러와 203백만 달러에 불과하였다. 그러나 1935년 이후 연방정부의 사회복지예산이 주요 지방정부의 사회복지예산을 상회하기 시작하였다.

한편 1914~1950년의 사회복지 및 농업 관련 주요 내용을 살펴보면 다음과 같다.

1915년, 아동구호정보교화국 조직
1916년, 연방아동노동법 제정
1917년, 미국 사회사업협의회 조직
1918년, 미국 의료사회사업가협회 조직
1919년, 학교사회사업가협회, 전문사회사업훈련 학교협회 조직
1920년, 직업재활법 제정
1921년, 사회사업가협회 조직, 모자법 제정
1921년, 노인보장협회 조직
1931년, 뉴욕 주에 임시기간구제국 설치
1933년, 시민자원보호단 결성, 농업조정법 제정
1935년, 사회보장법 제정
1936년, 집단사회사업가협회 조직
1938년, 공정노동기준법 제정, 뉴딜정책에 의한 농업정법 제정
1942년, 직업모 긴급보조금 인정

제2차 세계대전 기간(1939~1945)에도 사회복지의 개선은 부단히 진전되었다. 1939년에 뉴욕 주에서는 식량교환권제(Food Stamp Plan)를 실시하였고, 1941년에는 시민방위부(OCD)와 방위보건복지사업부(ODHWS)를 설치했다. 1944년에는 공중보건서비스법(The Public Health Service Act)과 GI 권리장전(G. I. Bill of Rights)이 제정되었다.

세계대전 이후 민주주의가 더욱 진전되고 노동자계층의 세력이 강화되었다. 1946년에는 연방정부의 병원건설 보조를 위한 힐버턴법(The Hill Burton Act)이 제정되었고, 1948년에는 Fair Deal 정책이 추진되었다. 페어딜정책은 노동자의 권리 보장, 최저임금 인상, 농산물 가

격 유지, 천연자원의 보존, 사회보장의 확충, 주택건설, 원자력의 국유화, 흑인에 대한 완전한 입법권의 부여 등을 추진하였으나 실효를 거두지는 못했다.

5. 20세기 후반의 사회복지

제2차 세계대전 이후 정부의 사회복지정책이 확대되는 한편, 민간 사회복지단체도 급증하였고 흑인민권운동이 활발히 전개되었다. 1950년에 사회보장법이 개정되었는데 공적 부조사업에 중장애인부조제도가 신설된 것이다. 1953년에는 연장보장청이 보건교육부로 승격되었다. 노예해방 이후도 인종차별은 뿌리 깊게 이어져 왔는데, 1954년에 와서야 연방정부는 공립학교에서 흑 · 백인의 공학을 금지하는 남부의 법령에 대해 위헌판결을 내렸다. 그리고 Johnson 대통령이 빈곤퇴치운동(War on Poverty)을 선언한 1964년에 흑인도 투표권을 갖게 되었다.

1981년에 출범한 Reagan 행정부는 조세감면과 철저한 통화관리, 연방정부의 재정축소 및 사회복지예산의 삭감 등을 골자로 하는 Reaganomics 정책을 추진하였다. 레이거노믹스는 과거의 방만한 복지정책이 국민의 일하고자 하는 의욕과 저축 및 사회 전체의 생산성을 저하시키는 현상과 재정적자문제 등을 해소하고자 한 것이었다.

1990년대에 들어서면서 1960년대 중반의 시민권법(The Civil Rights Act) 이래 가장 획기적인 차별반대법(장애인법)이 제정되었다. 이 법안은 1990년 7월 13일 상원의 압도적 찬성으로 가결되고 대통령의 서명을 거쳐 법으로 확정되었다. 이 법으로 약 4천3백만 명으로 추산되는 미국의 장애인들은 모든 공공장소와 고용 및 사회참여에서 정상인과 동등한 대우를 받게 되었고, 이를 위하여 공공시설의 개조 및 특별서비스 제공이 의무화되었다. 1990년에 새로 제정된 장애인법과 기존법의 차이점을 살펴보면 <표 5>와 같다.

〈표 5〉 장애인 인권에 관한 법률 비교

기존법(1990)	장애인법(1991)
· 1964년 시민권법은 인종, 성, 출생국적 등에 의한 차별을 금지	· 고용: 25인 이상의 근로자 공용업체는 2년 이내에 장애근로자 수용을 위해 내부시설 개조
· 1973년 제정된 법은 연방정부나 정부계약업체에 의한 장애인 차별을 금지	· 운송: 새로 구입하는 버스, 기차, 지하철객차에는 휠체어 등 장애인편의시설 설치
· 1988년의 주택법은 주택의 매매, 임대에 따른 차별을 금지	· 대중편의시설: 신축 또는 개조되는 호텔과 산매점, 식당은 휠체어 등 장애인용 편의시설 설치
· 1991년 3월 이후 시축되는 일부 건물에 대한 장애인편의 시설을 의무화	· 원거리 통신: 전화회사는 3년 이내에 농아가 특수전화로 정상적인 기업활동의 변화 등을 초래할 경우 장애인 법의 제 규정이 적용 안 됨

또 지금까지 고찰한 미국의 사회보장제도와 그 내용을 정리해 보면 <표 6>과 같다.

〈표 6〉 미국의 사회복지 체제

구분	관련 분야 및 특징
의료 보장	보건 휴먼 서비스부(DHHS)의 국민의료보험과 저소득층을 위한 의료 보험
실업 보험	연방정부 실업 보험
사회 보장	퇴직 급여(Retirement Benefits): 65세 이상(62세 퇴직은 80% 급여) 장애 급여(Disability Benefits): 65세 이전의 질병, 재해 시
퇴역군인 지원	유족 급여(Survivors Benefits): 상이군경, 퇴역상이용사 지원(의료, 생활비, 교육비, 주거비, 사업비, 취업비 및 장례비 등)
공적 부조	65세 이상 맹인이나 장애인에 대한 보완적 소득보장(SSI), 아동부양급여(AFDC)

한편 미국의 20세기 후반의 사회복지 및 농업관련정책의 주요 내용은 다음과 같다.

1950년, 사회보장법 개정
1952년, 사회사업대학협의회 설립
1960년, 청소년비행 및 청소년범죄 통제법 제정
1963년, 정신박약아 시설, 지역사회 정신건강센터 설립법 제정
1964년, 경제기획법 및 식비부조법 제정
1965년, 사회보장법에 저소득자의 의료보조와 국민의료보장 추가 (Medicade와 Medivcare)
1966년, 마약남용자 재활법 제정
1967년, 사회보장법에 아동건강법 추가
1969년, 가족부조계획안 제의
1971년, 아동보호법 제정
1972년, 보완적 소득보장제도 도입
1973년, 재활법 제정
1975년, 아동조정서비스법 제정, 저국보건개발법 제정
1979년, 주택 및 교육예산의 대폭 삭감
1980년, 보건 · 교육 · 복지부(DHES)를 보건휴먼서비스부(DHHS)로 개칭
1982년, 연방정부의 의료보조 삭감, 실업수당 삭감
1990년, 장애인법 제정
2001년, 9.11테러로 뉴욕 쌍둥이빌딩 파괴
2002년, 1인당 GNP 35.891달러 기록

II. 미국의 계층격차

미국에서 소득의 집중문제는 20세기 전 · 후반을 비교해 볼 때 크게 개선된 것이 사실이다. 소득배분의 순위별 분포를 살펴보면, 1929년에는 소득 순위 상위 5%에 속하는 계층이 전체 소득의 30%를 차지

하였는데, 점차로 그 비율이 낮아져서 1980년에는 상위 5%에 속하는 계층이 전체 소득은 15.6%로 나타났다. 이와 반대로 최하위 20%에 속하는 계층이 1929년에는 전체 소득의 불과 3.5%를 차지하고 있었는데 점차 개선되어 1980년에는 5.2%로 나타났다.

미국의 국민 전체 가구 소득은 <표 7>에 나타난 바와 같이 2003년에 4만 3,318달러를 기록하였는데 인종별로는 아시아계 가구가 5만 5,699달러로 인종별 최고 소득을 기록했고, 백인가구 평균 소득은 4만 7,777달러를 기록했다. 그리고 라틴계 가구는 3만 2,997달러에 그쳤고, 흑인 가구는 가장 낮은 2만 9,645달러를 기록했다.

〈표 7〉 2003년 미국 인종별 가구 평균 소득

(단위: 미 달러)

구분	전체 평균	백인	흑인	라틴계	아시아계
평균소득	43,318	47,777	29,645	32,997	55,699

자료: 미 통계국

그러나 인구 중 빈곤층 비율은 <표 8>에 나타난 바와 같이 백인의 경우 11.2%에 불과하다. 이에 비해 라틴계의 빈곤층 비율은 29.4%, 흑인은 28.4%에 달해 백인대비 빈곤층 비율이 약 3배나 된다. 아시아계도 빈곤층 비율이 14.5%에 이른다.

흑인가정의 소득은 백인가정 소득의 약 60% 정도에 머무르고 있으며, 특히 불평등의 예로 지적되는 점은 소수인종의 백인과 동등한 교육수준을 가지고 있을 경우라도 소득이 낮다는 점이다. 즉 흑인들의 경우 같은 학력을 가진 백인들이 얻는 소득의 약 80%보다 낮고, 아시아계의 경우는 조금 높아서 백인소득의 90% 정도를 얻고 있다.

이것은 아시아계의 높은 대졸비율을 감안할 때 소득에 있어서 인종별 불평등도가 매우 높은 것으로 평가할 수 있다. 이 말은 주로 20세기 후반에 많이 이루어졌는데 이들은 성취동기가 상대적으로 매우 높고 교육수준 또한 높은 것이 과거 백인에 의해 강제로 이주하게 된 흑인들과 구별되는 점이라 하겠다.

〈표 8〉 미국의 인종 간 소득 격차 및 교육 격차

(단위: 미 달러)

구분	인구비율 (%)	가계소득 중간 값($)	인구 중 빈곤층 비율(%)	교육	
				고졸비율(%)	대졸비율(%)
백인	72.7	35,766	11.2	78	22
흑인	12.7	22,393	28.4	63	11
라틴계	8.9	22,860	29.4	50	9
아시아계	3.8	40,614	14.5	78	37

자료: 「인구비율」 1997, 「가계소득 및 빈곤층 비율」 1996, 「교육」 1997

그런데 보다 상세히 살펴보면, 모든 교육수준별로 흑백 간에 소득 격차를 보이고 있는데, 교육수준이 높은 층에서보다 낮은 층에서 소득의 격차가 크다. 흑백을 통틀어 교육수준이 낮을수록 소득 또한 낮은데, 이것은 인간자본이론(the human capital theory)이나 빈곤의 악순환으로 설명이 가능할 것이다. 그러나 흑인이기 때문에 더욱 가난한 현상은 질병, 노령, 무능, 직업기술 부족, 가족의 불안정, 실업이나 일반적 경제의 퇴행 등에 의한 것이기보다 인종차별의 결과로 보아야 할 것이다. 이와 같은 인종차별 문제야말로 오늘날 국제적인 강대국으로서의 위상에도 불구하고 널리 지적되는 미국의 치부인 것이다.

Ⅲ. 미국의 농업과 농업정책

미국은 1930년대 중반 이후 농가호수가 지속적으로 감소하였는데, 특히 1950년대에 가장 크게 감소하였다. 농가인구는 1960년의 8.7%에서 1987년에는 2.0%로 감소되었고, 지난 10여 년간 연간농산물판매액이 4만 달러 이하인 소농의 가구 수는 지속적으로 감소하여 왔다. 그 결과 연간농산물 판매액이 4~10만 달러 미만인 농가는 총 농가호수의 16%인 약 4만 호에 이르고, 이들의 총 판매액 점유율은 19%로서 평균농가소득은 1만 6천 달러 수준이다. 연간농산물판매액이 10만 달러를 상회하는 농가는 약 30만 호로 전체의 12%에 불과하나, 이들의 판매액은 전 농가의 약 70%를 차지하고 평균농가소득도 약 10만 달러에 달하여 전 미국 중위가구의 소득수준을 크게 상회한다. 그리고 호당 평균영농규모는 같은 기간에 약 120ha에서 약 190ha로 확대되었다.

1970년대에는 국제적인 식량부족과 높은 곡물가격에 힘입어 미국의 농산물수출액은 크게 증가하였다. 농업의 규모뿐만 아니라 기술에 있어서도 미국은 세계농업을 주도해 왔다. 그럼에도 불구하고 1980년대에 와서는 재정적자로 인한 고금리와 지가 하락, 국제적 곡물증산과 가격 하락으로 미국의 농업경영수지가 크게 악화되었다. 그 결과 농가부채가 1970년대 후반 이후부터 1980년대에 크게 증가하였다. 이와 같은 미국농업의 불황은 우루과이라운드에서 국경보호의 철폐와 농업보조의 감축을 강력하게 주장하는 배경이 되고 있다.

미국의 주요 농업정책은 1985년의 식량안정보장법(1986~1990년

적용)을 기본으로 하여 시행되었다. 이것은 1981년의 농업법을 근간으로 하고 있는데, 1985년 농업법의 개요는 다음과 같다.

① 소맥과 사료곡물에 대한 목적가격(부족불제도)의 2년 거치, 3년째부터 단계적 소폭 인하
② 론레이트(융자 및 매상 기준가격)의 단계적 대폭 인하
③ 재고 수준에 대응한 식부면적 감축계획 실시
④ 농가보유비축의 한도 설정
⑤ 수출촉진조치 확충
⑥ 토양보전계획

한편, 미국은 세계농산물시장의 최대수출국으로서 UR 협상에 이어 WTO 협상에서 자유무역을 강력히 주장해 오고 있다. 농산물수출지원을 위해서 수출증대프로그램(Export Enhancement Program)의 실시로 농가경제를 지원하고 있다. 또한 외국에 대하여는 각종 관세 · 비관세 장벽을 통하여 수입을 규제하고 있다. 예컨대 농산물에 대한 검역규정의 엄격한 적용, 원산지증명 강화, 과일에 대한 등급화 강화, 반덤핑 및 상관관세 등으로 수입을 조절하고 있다. 그러므로 미국의 이와 같은 자국농업보호조치에 대해 한국은 다음과 같은 방향으로 대응방안을 추진하여야 할 것이다.

첫째, WTO 체제 안에서 그리고 한미 간의 쌍무협상을 통하여 미국의 국경보호를 완화해야 하겠다.

둘째, 미국시장에 대한 정확한 정보를 축적하고 고부가가치의 수출상품을 개발해야겠다.

셋째, 미국 내 이미 상당한 기반을 구축한 한국교포를 연계한 판매망의 구축에 힘써야겠다.

제3절 러시아의 사회복지

사회주의국가인 러시아(현재의 독립국가연합)는 앞에서 고찰한 한국, 영국 또는 미국과 같은 자본주의국가들과는 이념과 각종 제도에서 큰 차이를 보이고 있다. 따라서 사회주의국가의 사회복지제도와 실태를 자본주의국가의 경우와 비교하려면 대표적인 사회주의국가인 러시아의 사회복지 발달과정과 실태를 고찰하는 것도 뜻이 있을 것이다.

서구에서 사회적 기본권의 형성에 매우 중요한 역할을 수행했던 자유주의 및 개인주의의 전통은 러시아의 경우별로 영향을 미치지 못했다. 실질적 의미는 어떻든지, 러시아에서 가부장적 복종에 대한 도전은 혁명적인 사회주의 운동의 평등사상으로부터 유래되었다. 1917년의 볼셰비키(Bolshevik: 다수파)혁명은 프롤레타리아 독재하의 사회적 평등원칙에 토대를 둔 새로운 사회질서를 창조하였다.

볼셰비키 국가는 경제적 안정에 대한 권리가 혁명의 가장 중요한 결실이며 소비에트 시민의 기본권이라고 선언하였다.

Ⅰ. 사회복지의 발달

1. 1917년 이전의 사회복지

17세기 후반과 18세기 초반에 빈민의 처리에 대한 서구와 러시아 국내의 중상주의 사상은 정부의 태도에 영향을 미치기 시작하였다. 러시아의 초기 공적 구호 사상에 있어서 획기적인 사건의 하나는 1682년의 황제의 비망록이다. 이 비망록의 정신은 당시 서구에 풍미하던 중상주의 사상을 그대로 반영한 것이다. 즉 건장한 걸인들은 수용해서 일을 시킬 것을 제안하였고, 고아는 특별한 수용시설을 설립하고 상업을 가르쳐 국가 발전에 기여하도록 해야 한다고 하였다. 게으름뱅이에게 일을 시키고 상업을 가르쳐서 많은 상품을 생산하여 수입대체를 가능하게 하자는 것이었다. 이와 같은 빈민구제 방법이 국가를 부흥시키고 외국으로부터 독립을 유지할 수 있다고 믿었으나 입법화되진 않았다.

빈민구제에 대한 공적 규제는 Pyotr 대제의 대에 이루어지기 시작하였다. 그는 모든 건장한 걸인을 도와준 사람은 벌금형에 처하고 재차 법을 어긴 걸인은 강제노동에 처하였다. 표트르(Pyotr) 대제는 최초로 빈민의 원조에 대한 책임자를 공적으로 밝혔다. 농촌에서는 영주와 지주가 일할 능력이 있는 사람에게 일자리를 주고 그렇지 못한 사람에게는 의식을 제공하는 의무를 졌다. 자유농민에게는 마을공동체에 대한 원조의무가 주어졌고 수도원은 선원과 군인구제의 책임을 지게 하였다.

1885년에서 1900년까지 러시아는 획기적인 경제발전을 이룩하였다. 20세기에 진입할 무렵에는 성장이 정체되었으나, 1907년에서 1914년까지 새로운 국면을 맞았다. 1915년까지는 인구의 약 75%가 농업에 종사하고 약 85%가 농촌에 거주하였다. 그럼에도 불구하고 임금노동자의 수도 괄목할 만큼 증가하여 1860년에 400만 명에서 1913년에 1,800만 명으로 증가하였다. 그들 가운데 310만 명은 공장과 광산의 노동자였고, 450만 명은 농업노동자였다.

산업화가 아직 나라를 크게 변화시키지는 못했으나 임금노동자의 사회적 보호 문제는 이미 대두되어 있었다. 제1차 세계대전 발발 시까지 보호의 정도는 제한된 수준에 머물렀으나 당시의 선도적 공업국가인 미국에 비하여 보다 광범위한 것이었다. 강한 자유의 전통을 가진 국가들의 경우보다 전제정치하의 독일과 마찬가지로 제정러시아에서 근로자의 보호 상태가 보다 양호하였다. 러시아에서 산업화가 시작될 즈음에도 농민은 토지를 소유하고 있는 영주에게 복종하고 있었지만 황제를 절대권자로서 또한 보호자로서 우러렀다. 러시아의 전 역사에 걸쳐 농민은 영주에 대한 그들의 불만을 개선해 줄 것을 황제에게 호소하였다. 그들의 호소는 대부분 실패하였고 주로 보복을 당하였으나, 그와 같은 관습은 황제가 백성의 아버지라는 이미지를 유지시켰다.

한편, 1917년 공산주의혁명 이전의 사회복지 관련 주요 내용을 연대별로 정리해 보면 다음과 같다.

1682년, 빈민에 대한 황제의 비망록 발표
1861년, 농노제도 폐지로 봉건제도 폐지

1864년, 젬스트보(Zemstvo) 설립
1866년, 공장노동자에 대한 의료법령 공포
1886년, 노동법 제정
1892년, 광산노동자에게 의료급여 확대 적용
1903년, 산업재해에 관한 법 제정
1908년, 초등교육법 제정
1912년, 보건 및 재해법 제정, 레닌의 사회보험원칙 제안
1914년, 볼셰비키 법안 제정

2. 혁명 이후 고도산업화 시기의 사회복지

1917년 11월 7일의 볼셰비키 혁명으로 출범한 소비에트 정부는 그 지도자인 Lenin을 수반으로 지명하였다. 소비에트는 모든 토지를 국유로 선언하고 공장, 은행, 철도 등 모든 경제 분야를 국유화하였다. 볼셰비키는 노동자, 농민을 대상으로 매우 광범위한 사회복지정책을 발표하였다. 볼셰비키의 공약은 1912년 레닌이 제시한 원칙에 따라 1914년에 볼셰비키 법안으로 제정된 것이다. 그리고 혁명 후 5일 만에 볼셰비키 정부가 발표한 새로운 사회보험 프로그램 또한 레닌의 원칙을 그대로 따른 것으로 다음과 같다.

① 모든 노동자 및 도시와 농촌의 빈민을 포함한다.
② 소득상실에 관한 모든 위험을 포함한다.
③ 모든 비용은 사용자가 부담한다.
④ 실업 및 장애급여는 적어도 과거의 봉급과 동등하게 한다.
⑤ 보험행정은 피보험자가 주관한다.

그러나 공약된 사회복지와 혁명 후의 경제사정 사이에는 큰 격차가 있었고, 따라서 그와 같은 사회복지프로그램은 구호에 그쳤을 뿐이다.

1918년에 러시아는 제1차 세계대전의 소용돌이에 빠지게 되었고, 1920년에는 흉작으로 식량사정이 크게 악화되었다. 내우외환에 직면한 레닌은 사회혁명당과 멘셰비키의 맹렬한 반대를 무릅쓰고 전시공산주의(War Communism)정책을 실시하였다. 전시공산주의정책으로 농민으로부터 식량을 강제 징수하여 기아에 허덕이는 도시민에게 공급하였다. 경제파탄과 사회혼란으로 파업과 데모가 심해졌는데, 이와 같은 문제를 해결하기 위하여 볼셰비키 정부는 이미 1918년의 볼셰비키 헌법에 따라 노동을 의무화하고 파업을 불법화한 노동규율과 엄격한 국가통제를 더욱 강화하였다.

1924년에 레닌의 사후에 권력투쟁에서 Stalin이 정권을 잡자 1928년 이후 중공업의 집중육성을 통한 고도산업화를 추진하고 농업의 집단농장(sovkhoz)화와 국영농장(kolkhoz)화를 추진하였다. 또한 1930년에는 노동자의 직장선택권을 박탈하였다. 그의 치하에서 약 2천만 명 이상이 기아와 중노동으로 죽어 갔다. 1932~1933년 사이에 외화획득을 위한 다량의 곡물수출은 1,100만 명 이상을 아사시켰으며, 또 다른 1,200만 명이 1930년대에 강제노동수용소에서 죽어 갔다. 또한 1941년 6월 22일에 독일군의 침공을 받아 4년간의 치열한 전쟁 끝에 격퇴는 하였으나, 유럽에 인접한 지역의 전쟁피해는 극심하였고 수많은 사람이 그 전투에서 죽어 갔다.

한편, 볼셰비키 혁명 이후 20세기 전반까지의 사회복지 관련 주요 내용을 열거하면 다음과 같다.

1917년, 볼셰비키 정부, 사회보험 프로그램 발표
1918년, 전시공산주의 정책 수립, 토지 및 주택에 관한 법·교육법령 공포
1920년, 전시공산주의 정책 포기
1921년, 신경제정책 채택, 주택법령 제정
1922년, 노동법 제정
1928년, 노동연금제도 수립, 주택건축에 관한 법령 제정
1929년, 제1차 5개년계획 출범
1930년, 노동력규제조치 및 실업급여폐지령
1931년, 지역중심에서 직업중심으로 사회보험 전환
1933년, 사회보험의 행정책임을 노동조합에 위임
1937년, 노령연금을 육체노동자에서 정신노동자에게까지 확대
1938년, 노동규율 및 체벌규정 강화
1943년, 의무교육연령을 8세에서 7세로 조정
1948년, 복지수혜자격요건을 노동경력 8년으로 강화

3. 20세기 후반의 사회복지

스탈린 사후 1956년 2월의 제20차 소비에트 공산당대회에서 Khrushchyov는 스탈린이 소비에트 시민들에게 강조했던 가혹한 삶에 대하여 격렬한 공격을 퍼부었다. 흐루시초프는 보다 적절한 사회보장 프로그램을 포함한 중요한 개혁을 주장하였다.

1956년 이전의 연금제도는 노동자의 대부분에게 매월 150루블(R)을 지급했다. 그것은 1932년에 설정된 상한선으로 그동안 임금과 물가가 1932년보다 훨씬 상승되었기 때문에 매우 부적절한 것이었다. 수개월간의 토론 과정을 거쳐 새로운 연금법이 같은 해 10월 1일에 발효되었다. 그리고 1964년에는 집단농장의 농민에 대하여도 연금이 적용되었다. 흐루시초프의 실각 2년 후인 1968년 1월에는 중노동자,

남녀 간, 일반노동자, 북극 및 그 유사지방의 노동자, 대가족의 어머니, 맹인 등에 대한 노령연금 적용연령과 근무경력에 대한 기준이 차등화되었다.

한편, 20세기 후반의 사회복지 관련 주요 내용을 연대별로 정리해 보면 다음과 같다.

1955년, 노동경력 12년으로 복지수혜자격요건 강화
1956년, 흐루시초프 개혁연금법 제정
1964년, 집단농장 농민에게도 연금제도 적용, 대도시에서 개인주택 건축 금지
1977년, 국민보건 보호체계의 증진을 위한 조치령 발표

II. 러시아의 사회복지이념과 경제

1. 사회복지의 이념

사회복지에 영향을 미치는 국토, 인구, 정치이념과 정치적 상황, 경제수준, 사회적 특성 등의 환경변수 가운데는 일반적으로 정치이념과 사회·경제적 측면이 용의 산물이 중요시된다. 따라서 러시아의 사회복지체제는 바로 사회복지 환경변수 간의 상호이다.

Rimlinger는 러시아의 사회보장제도의 이념을 다음과 같이 요약하고 있는데, 다른 어떤 자본주의 국가에서와 마찬가지로 표방하거나 지향하는 이념과 현실과의 괴리가 존재함을 부인할 수 없다.

① 포괄적 사회보장은 사회주의사회의 통합적 사회복지의 한 부분이다.
② 사회보장은 국가의 선물인 동시에 시민의 기본권이다.
③ 사회보장은 노동의무의 당연한 결과, 즉 노동의 보상이 아니라 의무의 충성스런 이행에 따른 보상이다.
④ 사회보장의 목적은 노동자들의 소득을 유지하고 물질적 · 문화적 수준을 향상시키는 데 있다.
⑤ 노동에 대한 능력과 열의에 대한 영향을 통하여 직 · 간접으로 노동자들의 생활수준에 영향을 미친다.

앞에서 살펴본 러시아사회복지의 사회보장, 보건서비스, 교육서비스 및 주택서비스 등의 영역별 특징을 법적 배경과 함께 요약해 보면 <표 9>와 같다.

〈표 9〉 러시아의 사회복지체제

구분	특징	비고
사회보장 (Social Security Benefits)	1. 노동권(The right to work) 2. 휴양권(The right to rest and leisure) 3. 생활 및 건강권(The right to maintenance in old age and in case of sickness or loss of capacity to work)	헌법 제118~120조 및 1944년의 최고회의 법령
보건서비스 (Health Service)	1. 모든 국민을 대상 2. 국가에 의한 단일의 통일적 서비스 체계 3. 무료서비스	헌법 제120조
교육서비스 (Education Service)	1. 보편적(universal)이고 의무적인 초등교육 2. 대학교육에 이르기까지의 국비제도 3. 고유 언어 사용 4. 현장기술교육	헌법 제121조
주택서비스 (Service for Dwelling-house)	1. 모든 주택은 국가소유 2. 모든 국민에 귀속 3. 무료제공	헌법 제6조

한편, 러시아 헌법 제125조에는 (a) 언론의 자유 (b) 출판의 자유 (c) 집회의 자유 (d) 시가행진과 데모의 자유가 보장되어 있다. 그러나 이와 같은 자유를 포함한 헌법상의 사회복지는 그 일상적인 국민생활 실태를 지표로 평가되어야 할 것이다.

2. 경제정책

러시아는 제1차 5개년계획(1931~1935)에서 제12차 5개년계획(1986~1990)에 이르기까지 중공업 중심의 공업화 정책으로 미국에 버금가는 군사대국으로 성장하였다. 천혜의 자원과 강력한 계획경제체제를 바탕으로 한 러시아의 공업생산고는 전 세계 공업생산고의 20%에 달한다. 그러나 이것은 양적인 기준일 뿐 일상의 국민생활에 직결되는 가전제품, 의복, 식품 등의 생산에 있어서는 양과 질 모두가 선진자본주의국가와 비교도 되지 않는다.

1957년부터 흐루시초프에 의해 시행된 기획관리기구의 지방분권화나 1956년에 Brezhnev에 의한 이윤제도 도입도 1950년대 후반 이후의 침체된 경제를 개선하기 위한 것이었다. 그 후로도 수차의 경제개혁이 있었으나 국가경제운용의 비효율성은 별로 개선되지 않았다.

러시아경제의 비효율성은 비용의식이 없는 생산, 소비수요와 결부되지 않는 투자, 계획달성의 강제와 양적 지표, 서비스부문의 간과 등 사회주의 계획경제의 문제에서 기인한 것이다. 요컨대 비효율적 경영과 노동규율의 난맥상, 기술혁신의 낙후, 전근대적인 유통체제 등이 주요 원인으로 지적된다. 근본적으로는 이 모든 것이 생산수단의 사회화로 인한 주인의식의 상실과 열심히 일해도 삶의 질이 개선되지 않는 결핍의 일반화로 설명될 수 있을 것이다.

Gorbachyov에 의해 추진된 개혁과 개방 및 민주화에 의한 신경제정책도 이와 같은 러시아경제의 효율성을 제고하기 위한 노력의 일환인 것이다. 고르바초프의 시장경제정책은 농업생산물의 자유판매를 허용했던 레닌의 신경제정책의 기조를 계승 · 발전시킨 것이다.

이와 같은 러시아의 신경제정책은 시장경제 도입에 따른 물가고와 실업률의 증가 및 사회보장의 축소 문제에 더하여 급진파와 보수파의 갈등 및 군부의 동향 등 산적한 문제를 안고 있다. 그와 같은 문제의 해결에는 상당한 시간을 필요로 하는데 그 과정에서 사회적 갈등도 상당히 증폭될 것이다. 모든 사람이 평등한 사회주의 국가의 건설이라는 혁명이념에도 불구하고 소수 엘리트 지배계층과 다수의 피지배계층 사이에 존재해 온 각종 사회복지서비스의 격차를 해소하는 것은 거의 불가능한 일이다. 또한 생산에 대한 인센티브 없이는 저생산의 악순환에서 벗어날 수 없으므로 규범적 사회주의 복지모형과 현실과는 항상 괴리가 존재하게 되는 것을 유념해야 할 것이다.

Ⅲ. 러시아의 집단농장

러시아는 미국의 약 2.5배에 달하는 22,402,976㎢의 영토를 보유하였다. 1984년 현재의 인구는 273,80만 명으로 인구밀도는 12명/㎢이며 연평균 인구증가율도 0.9%에 불과하다. 1인당 GNP는 1984년에 7,400

달러를 기록하였으며, 1979~1983년의 연평균성장률은 1.0%를 기록하였다. 2003년 현재 독립국가연합의 인구는 러시아의 경우보다 약 50% 감소한 14,489만 명이고 면적 또한 크게 감소한 1,707만㎢이며 1인당 GNP는 2,603달러이다.

교육은 11년간의 의무교육을 실시하고 있는데 취학률이 90% 이상이고, 1979년의 9~49세 연령층의 문자해득률은 99.8%에 달하였다.

농경지는 초지를 포함하여 국토의 약 27%에 달하였는데, 농업생산은 길고 추운 겨울과 짧은 여름의 기후로 인한 제약을 받았다. 주요 작물로는 밀, 보리, 귀리, 호밀, 옥수수 등의 곡물과 감자 및 사탕무, 아마인, 해바라기씨, 목화, 아마섬유 등을 생산하였다. 그리고 주요 가축으로는 소, 돼지, 면양 등을 사육하고 있다.

원래 공산주의혁명 이후 사유제도가 폐지되었으나 농장의 집단화는 1928년 이후 스탈린에 의해 강력히 추진되었다. 그 결과 러시아의 농업생산은 주로 집단농장과 국영농장에서 이루어지게 되었다. 그러나 양질의 농산물은 30~60%가 소규모의 자류지에서 생산 되었다.

1976년 현재 평균경지면적이 약 6,475ha에 달하는 약 2만 8천 개의 집단 농장과 평균경지면적이 약 19,100ha에 달하는 약 1만 8천 개의 국영농장을 보유하고 있었다. 이에 비하여 1979년 집단농장노동자의 자류지 합계는 3,860,000ha, 국영농장노동자의 자류지 합계는 3,700,000ha 이었다. 그리고 이들 자류지의 합계는 러시아 전체 농지의 1.7%에 불과하였다. 그러나 이들 자류지는 전체 식육 · 우유 · 계란의 30%, 감자의 60%, 과실의 50% 이상을 생산하고, 1981년 1월 현재 가축 전체의 20%를 사육하고 있었다.

러시아는 그 광활한 경지규모에도 불구하고 만성적인 식량부족을 겪어 왔다. 러시아의 식량부족은 때로 홍수나 냉해 때문이기도 하지만 그보다 사회주의 시스템으로 인한 저생산성에 기인된다. 그것은 대규모 집단농장 또는 국영농장의 낮은 생산성과 소규모 자류지의 높은 생산성, 그리고 러시아 내륙의 농촌에 산적한 농산물과 대도시의 식품품귀현상 등이 밑받침해 주고 있다. 또한 최근에 러시아 정부가 추진해 온 자본주의 시장원리의 도입과 한국으로부터의 차관 도입 등이 바로 그와 같은 문제점을 해결하고자 하는 노력이었음은 주지의 사실이다.

한편, 브레즈네프 이후 국민생활 향상을 위한 농업의 역할을 보다 중요시하게 되었는데, 1980년대 러시아의 주요 농업정책의 방향은 다음과 같다.

1) 식량계획

농장에서 소매점까지의 여러 활동의 기획 · 융자 · 관리를 조정하기 위한 종합농공복합체의 점진적 확립을 지향하는 것으로 생산성 증대와 유통감모의 방지에 초점을 두었다.

2) 정부 및 당의 재편성

식량계획을 효율적으로 추진하기 위한 정부 및 당기구의 신설 또는 통폐합을 실시하였다. 이를 통하여 직책(job description)을 보다 명확히 하고 행정의 집중과 조정의 개선을 중요시하게 되었다. 예컨대 과실야채성, 화학비료성이 신설되고 임야 관계의 두 성이 하나로 통폐합되어 당중앙 위에 농업기관부국이 신설되었다.

3) 농업정책

러시아의 최근 농업정책에는 다음과 같은 시책이 반영되어 있다.

① 비흑토지대에서의 농업발전 우선
② 고능률 농기계(특히 축산용, 비료생산용)에 의한 농업의 재조정
③ 비흑토지대나 중앙아시아 여러 공화국의 건조지에서의 광범위한 기계화, 관개망이나 토재개량 추진
④ 농장운영자에 대한 장려조치 확대

한편 러시아의 농업과 미국의 농업을 비교해 보는 것도 러시아의 농업을 이해하는 데 도움이 될 것이다. 경지면적이 미국에 비하여 45%나 더 넓은 러시아지만 해빙기가 짧은 기상조건과 사회주의체제하의 러시아 농업을 미국의 경우와 비교하는 데는 다소 무리가 따른다. 그러나 양국 농업생산의 여러 차이점 가운데 상당부분은 자본주의와 사회주의 생산체제의 특성에서 기인된 것으로 보아 비교의 의미를 부여할 수 있는 것이다. 러시아의 집단농장과 국영농장은 그 평균규모에 있어서 미국의 약 280만 개 농장의 평균규모에 비하여 각각 약 40배와 약 120배 정도에 달한다. 이와 같은 러시아의 농장경영은 미국의 공사(corporations)와 유사하다.

그리고 국민총생산에서의 농업은 러시아와 미국이 각각 22%와 3.5%를 점하고 있으나, 농업에 대한 자본투자의 절대규모는 미국이 훨씬 앞서고 있다. 그것은 최근에 와서야 농업에 비교적 깊은 관심을 기울이게 된 러시아의 산업정책이 빚은 결과이기도 하다. 구체적으로

는 열등한 작물과 가축품종, 살충제와 제초제의 부족, 농기계 · 기구의 부품 부족, 그리고 1,400만 가구를 거느리고 있는 집단농장의 통제 곤란 등의 산적한 문제들이 생산성을 떨어뜨리는 요인들이었다.

보다 근본적으로는 상대적으로 작은 경제규모에도 불구하고 계속된 미국과 대등한 군비투자가 발전의 걸림돌이 되어 왔다. 지난 1960~1976년 사이의 생산성 향상은 러시아가 약 50%를 기록하여 미국의 약 20%를 크게 상회하고 있으나, 양국의 농업 사이에는 양과 질에서 아직도 상당한 격차가 있다. 러시아는 상대적으로 돼지, 면양 및 염소를 많이 사육하고 있으나 미국의 경우는 적다. 그리고 러시아에서는 대부분의 소가 우유생산과 고기생산을 함께하기 때문에 육질 또한 떨어지며 산유능력도 미국의 경우에 못 미친다. 농업기술에서도 러시아는 미국에 훨씬 뒤져 있는데, 러시아농업은 전형적인 개발도상국의 농업 수준으로 농업에 대한 인력의 투입이 많고 기계화 수준 및 화학비료의 사용 수준이 낮기 때문이다.

PART 6

경제적 복지

오늘날 사회복지의 초점은 삶의 기회(life chance)에 있다. 지역 및 계층 간 격차문제에 있어서 기회의 균등에 관심을 갖게 되는 것이다. 이와 같은 관점에서 우리나라의 지역 및 계층 간 격차문제를 먼저 살펴보고 이어서 경제적 복지, 보건 및 의료, 교육, 주거 · 교통 및 문화생활, 자연환경 및 사회 환경 등 영역별 사회복지를 살펴보기로 한다.

제1절 지역 및 계층 격차

Ⅰ. 지역집중의 문제

삶의 질에 있어서 개인 간의 격차는 기회가 균등하게 주어진 경우,

개인의 능력과 근면의 차이에 따른 것이고 이것은 생산성 향상의 유인으로서 자본주의의 장점이기도 하다. 지역 간에도 각 지역의 여건에 따라 발전의 양상이 달라지는 게 당연하지만 한 나라 안에서 여건이 유사한 지역 간에는 삶의 질이 균형을 유지해야 한다는 것이 사회복지에 있어서 하나의 명제라 하겠다. 그러나 산업화에 따라 인구가 집중되면서 도시에는 과밀문제가 농촌에는 과소문제가 대두된다. 또한 인구의 집중분산에 따라 주민의 삶의 질과 삶의 기회에도 지역 간 격차가 나타난다.

1960년대 이래의 공업화와 수출주도형 경제개발 정책은 지난 40여년간의 고도성장을 이룩한 반면, 농민에게는 상대적인 불이익을 가져왔다. 지역집중에 따른 이와 같은 문제는 비단 도농 간에만 존재하는 것이 아니다. 농촌지역 내부에서도 그 중심권에 인구, 자본 및 각종 시설의 집중이 이루어진다. 여러 가지 시설의 도시집중은 정치, 경제, 사회, 문화 등 여러 측면의 많은 이점이 따른다.

경제적 측면만 보더라도 인구, 자본 및 문화시설이 도시나 농촌의 중심권에 집중되면 지역집중으로 사회간접자본의 절감과 고용의 증대 및 인구 대비 투자효율을 높이는 결과 국민총생산이 증대되는 이익의 집적이 가능하다. 그러나 과소 · 과밀 지역 간 그리고 같은 지역 안에서도 혁신자와 지체자 사이에 격차 발생의 가능성이 높아지게 된다.

서울과 같은 대도시의 다양하고 풍부한 취업기회와 양질의 서비스 등 집적의 이익은 인구 유인의 원인과 결과로서 반복된다. 도시의 인구 흡인(pulling) 현상에 반하여 농촌에서는 빈약한 산업기반과 취업기회, 부실한 교육여건과 낮은 진학률, 중앙집권체제와 정책결정에서의 소외 등이 상승이동(upward mobility)의 기회가 상대적으로 제한되기 때문에 인구의 압출(pushing)현상이 나타난다. 특히 서울에 인구가 집중되는 이유는 국민들의 전통적인 수도지향적 가치관, 풍부한 고용기회, 선택할 직업의 다양성, 생활의 편리, 행정 · 금융 · 유통 · 정보 등 중추관리기능의 집중, 고등교육기관의 편재와 질적 수준 차이 등, 역사 · 문화 · 정치 · 경제 · 사회 및 심리적 요인 등이 복합적으로 작용하고 있기 때문이다. 그러므로 인구문제로 인한 부의 집적효과는 물론 안보적 차원에서도 심각한 상태에 직면해 있다. 그 밖에도 대도시지역으로의 인구 및 산업집중으로 중소도시의 성장저해 및 지역 간 불균형, 도시 서비스 공급의 비용 체증, 고령화로 인한 농업생산성의 저하, 지역개발에 필요한 청 · 장년 인력의 부족 등 많은 문제를 수반하고 있다.

산업화와 도시화 과정에서 계층적인 지위결정에 생득의 귀속적 지위(ascribed status)가 미치는 중요성은 현저히 감소하였다. 그러나 수십년 동안의 경인 및 동남공업벨트 중심의 불균형성장정책과 특정지역 및 특정집단에 편중된 인사의 역기능적 계층화는 최근에 와서 우려되고 있는 지역감정 유발의 한 요인이 되기도 한다. 그것은 사회이동(social mobility)이 주로 업적(achievement)의 기준에 의해 이루어지는 개방적 사회(open society)임에도 불구하고, 낙후지역의 주민이나 소외계층의 시각에서 볼 때 계층의 상층은 귀속적 지위에 따른 파워 엘리트의 순환(the circulation of power elite)으로 비치기 때문이다.

II. 지역집중의 개관

경인 및 동남공업벨트를 중심으로 한 거점개발방식은 1960년대 이래 우리나라 경제의 고도성장을 가능하게 하였다. 그러나 서울과 부산을 양극으로 한 인구, 경제, 교육, 서비스 등 각종 기능의 편재로 이들 도시는 최적의 수용능력을 훨씬 상회하게 되었다. 특히 수도권에는 인구와 산업이 편중된 반면, 그 외의 농촌지역은 과소현상을 보이게 되었다. 그 결과 대도시에서는 주택난, 교통난, 상수도 부족, 하수처리문제, 교육시설의 부족, 빈민지구의 증대 등 각종 도시문제를 야기했고 농촌지역에는 이촌향도에 따른 인구의 격감, 농업노동력의 부족, 배우자 문제, 과소지역의 공동화 문제 등 각종 농촌문제가 대두되었다. 이와 같은 대도시의 인구 집중, 지역 간 산업의 편재 및 주요시설의 도농 간 편재 현상은 항상 논란의 대상이 되어 왔다.

<표 10>에 의하면 서울과 부산, 두 대도시의 인구집중도는 1970년의 23.6%에서 1980년에는 30.2%로 증가했으며, 2000년에 다소 낮아졌으나 29.3%에 달하고 있다. 이와 같은 대도시로의 인구집중은 농촌의 지속적인 인구 감소와 표리의 관계에 있는데, 농촌의 각종 시설 또한 인구가 최소인구요구치(threshold population)에 미달함으로써 문을 닫는 사례가 속출하고 있다.

〈표 10〉 2대 도시의 인구 집중도

(단위: 천 명)

구분	1970	1980	1990	2000
서울	5,540	8,367	10,613	9,895
부산	1,880	3,160	3,798	3,663
계(A)	7,420	11,527	14,411	13,558
전국(B)	31,434	38,124	43,411	46,136
A/B(%)	23.6	30.2	33.1	29.3

자료: 통계청 「한국의 사회지표」 각 연도를 재구성

지역별 고용분포도 2차 산업과 3차 산업의 50% 정도를 수도권이 점하고 있어 취업기회의 지역 간 격차가 매우 현저하다. 또한 주요 생활환경의 도농 간 격차도 도로포장, 전화보급, 상 · 하수도 보급 등에 있어서 농촌지역의 낙후는 매우 심각하다.

도시 간의 격차도 서울과 지방도시 사이에 매우 현저하게 나타난다. 지방도시와 비교한 서울의 중추관리기능 독점 현황은 중앙공무원, 기업체 수, 국제교역, 교육, 정보, 유통, 금융 및 인구 등 모든 지표에 있어서 다른 4대 도시의 합계보다 크고 모든 지방도시가 서울을 정점으로 방사상의 종속관계에 있다. 지방 대도시들의 경우 각 세력권 내의 중소도시와의 기능적 연계성이 매우 취약한 것 또한 사실이다.

한편, 1991년 상반기부터 실시된 지방자치와 더불어 재정의 지역 격차도 주요 문제로 대두하게 되었다. 지방자치단체별 예산규모, 인구 1인당 예산규모 및 지방세 부담액 등에 있어서 지역별 격차가 크기 때문이다.

이와 같이 행정구역 간의 재정규모와 주민의 부담은 대체로 인구의 규모와 밀접한 관계가 있다. 즉 인구의 격차는 예산규모의 격차로 나타나거나 1인당 부담하는 세액의 증감을 초래하게 된다.

지방자금의 대도시집중 또한 지역격차를 심화시키는 한 요인인데, 은행의 지방점포들은 대부분 만성적으로 서울에 자금을 공급하고 있다. 그러나 이에 반하여 지역사회에서 창출된 자본을 지역사회에 배분하는 신용협동조합이나 새마을금고는 지역격차의 완화에 상대적으로 더 기여하는 것으로 평가할 수 있겠다.

한편 국가균형발전을 표방하고 추진한 행정복합도시는 보다 장기적인 안목으로 신중히 결정했어야 했다. 영국의 런던도 국토의 중심은 아니고 일본의 도쿄 또한 내륙의 중심이 아님에도 천도를 수십 년 연구한 일본도 아직 그대로 있다. 또한 한국은 남북이 통일될 경우 파주 교하지방 등에 대한 새로운 입지분석도 이루어져야 하기 때문이다.

Ⅲ. 사회이동과 계층의식

지금까지 산업화와 도시화에 따른 집중의 결과로서 지역격차를 살펴보았다. 이어서 지역 및 계층과 관련된 사회이동의 문제점을 살펴보기로 한다.

각 자료의 출신지역별 분포는 때로 지역감정의 문제로 대두되기도 한다. 제5공화국 각료 87명의 출신지역별 분포를 살펴보면 경북 출신이 21명으로 전체의 24%나 차지하고 있었다. 그런데 최근의 지역분포를 살펴보면 타 지역 출신의 비중이 두드러진다.

또한 정부투자기관 임직원의 출생지와 주요 경력에 대한 조사를 통하여도 귀속적 지위에 따른 사회이동의 문제에 접하게 된다.

재벌들의 사돈관계를 살펴보아도 사회적 신분이동의 한 단면을 엿볼 수 있다. 재벌 아들의 장인과 딸의 시아버지의 전 · 현 직업을 살펴보면 재벌가의 정 · 관계 인사 등 상류층과의 계급내혼이 이루어지고 있는 것이 발견된다. 그런데 어느 사회에서나 발견되는 이와 같은 현상이 지속되면 경제적 의미의 상류층이 사회 · 문화적으로 배타성을 지닌 주관적 차원에서의 상류계급을 형성하고 사회적 신분이동이 차단되는 경직된 사회가 될 우려가 있다. 굳이 사돈관계를 예로 들지 않더라도 오늘날 사회문제로 대두된 농촌청년의 결혼문제 또한 같은 맥락에서 사회적 이동의 어려움을 반증하는 것으로 볼 수 있다.

한편, 제3공화국 이후 제5공화국까지 군 출신 각료의 현황을 살펴보면 전체 각료 465명 가운데 33.3%에 달하는 155명이 군 출신이다. 제3공화국의 42.4%나 제4공화국의 31.7%에 비하여 제5공화국의 경우는 24.5%로 군 출신 각료의 비율이 상당히 낮아졌다. 그러나 1977년 이후 제5공화국에 이르기까지 사관특채, 군 출신 외교관 및 국영기업체 임직원으로 군 출신자의 대거 진출은 최근에 한동안 많은 논란의 대상이 되어 왔다. 수많은 정부투자기관 임직원의 소위 '낙하산' 인사는 아직도 근절되지 않고 종종 비전문가의 자질 문제로 사회적 비판과 해당기관 내부의 갈등을 야기하고 있다. 이와 같은 지역 간, 계층 간의 격차와 삶의 기회문제는 지방자치 및 영역별 자치를 통하여 점차 완화시켜야 하겠다. 지방자치와 영역별 자치를 통하여 상향식 개발 패러다임이 정착되면 1960년대 이래 하향식 개발로 파생된 문제는 자연 사라지게 될 것이다. 그러나 지역 간 자원의 격차와 지방자치단체에 대한 중앙정부의 통제력의 약화는 자원의 낭비와 비효율

등 또 다른 문제를 야기할 소지도 크다.

한편, 위에서 고찰한 문제점에도 불구하고 우리 국민의 사회적 이동에 대한 태도 및 주관적 계층의식은 매우 바람직한 것으로 판단된다. 사회적 이동에 대한 태도는 <표 11>에서 보는 바와 같이 세대간 이동 및 세대 내 이동 모두 학력이 높을수록 가능성이 높은 것으로 나타났으며, 시부와 군부 사이에 큰 차이를 보이고 있지 않다. 이와 같이 사회적 이동에 대한 긍정적 태도가 높게 나타난 것은 지난 반세기 동안 우리 주변에서 성공사례들을 수없이 보아온 데서 크게 영향받은 때문일 것으로 판단된다.

〈표 11〉 사회적 이동에 대한 태도

(단위: %)

구분		가능성 높다	보통	가능성 낮다	모르겠다
세대간 이동	전국	41.2	36.6	11.2	11.0
	시부	41.0	37.7	11.7	9.6
	군부	42.0	32.3	9.2	16.5
	초졸 이하	36.0	31.4	9.3	23.3
	중졸	27.8	37.3	12.4	12.5
	고졸	42.0	38.1	11.6	8.3
	대졸 이상	46.7	38.6	11.4	3.2
세대내 이동	전국	21.7	42.0	25.6	10.8
	2시부	20.7	43.0	26.6	9.2
	군부	25.5	36.4	21.0	16.9
	초졸 이하	19.0	33.6	22.4	25.6
	중졸	16.9	40.8	22.8	13.5
	고졸	20.3	44.4	27.9	7.3
	대졸 이상	29.7	46.1	22.3	1.9

자료: 통계청「사회통계조사실태」1997

주관적 계층의식은 <표 12>에 나타난 바와 같이 중산층 이상이 전국적으로 약 56%, 시부는 55%로 군부의 52.7%보다 높게 나타났다. 또한 학력이 높을수록 중산층 이상에 응답한 비율이 높게 나타났다.

〈표 12〉 주관적 계층의식(1997)

(단위: %)

구분		상	중	하	계
지역별	전국	1.1	54.9	44.0	100.0
	시부	1.1	55.8	43.1	100.0
	군부	1.1	51.6	47.4	100.0
학력별	국졸 이하	0.5	35.2	64.3	100.0
	중졸	0.6	43.3	56.0	100.0
	고졸	0.6	56.5	42.9	100.0
	대졸 이상	2.6	77.8	19.6	100.0

자료: 통계청 「사회통계조사실태」 1997

제2절 경제적 복지

삶의 질은 많은 부분이 경제에 따라 좌우된다. 따라서 지역 간의 삶의 질 평가에 경제지표가 큰 비중을 차지한다. 농촌주민의 삶의 질은 도농 간 소득의 비교로도 가늠하게 되는데, 그것은 소득의 향상이 밑받침되지 않는 삶의 질 개선이 있을 수 없으며, 지역 간 · 계층 간 균형이 수반되지 않는 복지란 상상할 수 없기 때문이다.

Ⅰ. 도농 간의 소득비교

1970년에는 농가소득이 도시근로자소득의 75.6%에 불과하였으나, 1970년대 중반에는 111%로 크게 향상되었다. 1980년대 초에는 95.9%로 농가소득이 상대적으로 감소하였고 1980년대 중반에 다시 112.8%로 향상되었으나, 1980년대 말에는 97.7%로 반전되고 최근에는 매우 악화되어 2000년에는 80.6%에서 2003년에는 76.2%로 격차가 확대되었다.

이와 같은 농가경제의 악화는 농민의 영세한 토지규모와 상대적으로 불리한 취업기회 등의 요소에 따른 것으로 판단된다. 또한 농가구입가격지수 등 특히 농촌임요금의 높은 상승으로도 어느 정도 이해할 수 있을 것이다. 최근의 어려운 농업경영을 소득계층별 소득분포 및 소득집중도를 살펴보면 <표 13>과 같다.

먼저 시부와 민부 간의 월소득 계층별 가구 백분비 분포를 살펴보면 고소득계층에는 시부가, 저소득계층에는 군부가 상대적으로 높았다. 1988년의 경우 월 200만 원 이상의 고소득가구는 시부가 3.9%를 기록한 반면, 군부는 0.7%에 불과하였다.

소득 10분위별 소득분포 및 소득집중도를 살펴보면 군부가 상대적으로 더 고른 분포를 보이고 있다. 즉 1985년의 소득집중도가 시부는 0.3694인 데 비하여 군부의 경우는 0.2969로 도농 간에 큰 차이를 보이고 있다. 1988년의 경우는 시부와 군부가 각각 0.3496 및 0.2895를 기록하여 도농이 모두 개선된 것으로 나타났다. 그러나 소득이 밑받침되지 않은 경우에 소득집중도의 향상만으로는 큰 의미를 부여할 수 없을 것이다. 다시 말해서 농가소득이 상대적으로 낮은 상태에서 균형된 농가의 소득분포는 큰 의미를 갖지 못한다는 뜻이다.

〈표 13〉 소득 10분위별 소득분포 및 소득집중도

(단위: %)

구분		전국	시부	군부
1985	1분위	2.59	2.26	3.18
	2분위	4.37	4.05	4.91
	3분위	5.48	5.21	6.04
	4분위	6.47	6.16	7.05
	5분위	7.57	7.25	8.12
	6분위	8.73	8.48	9.32
	7분위	10.10	9.92	10.55
	8분위	11.97	11.94	12.28
	9분위	15.10	15.33	14.96
	10분위	27.62	29.40	23.59
	소득집중도	0.345	0.376	0.300
2000	1분위	2.17	2.29	1.98
	2분위	4.05	4.13	3.99
	3분위	5.37	5.42	5.42
	4분위	6.61	6.60	6.80
	5분위	7.70	7.66	8.06
	6분위	8.94	8.87	9.45
	7분위	10.40	10.29	11.04
	8분위	12.20	12.08	12.90
	9분위	14.96	14.76	15.60
	10분위	27.59	27.89	24.75
	소득집중도	0.352	0.350	0.358

자료: 통계청 「한국의 사회지표」 각 연도

II. 소농과 빈곤문제

소농과 빈곤 및 농지소유문제는 서로 밀접하게 연관되어 있어 따로 분리해서 논의할 수 없다. 그것은 농촌공업화의 진전과 3차 산업의 발달로 농외소득기회가 높아진 오늘날에도 토지는 농가경제에서 차지하는 비중이 매우 크고, 소농의 경우 빈곤이 주로 영세한 토지소유에서 비롯된 것이기 때문이다. 또한 후생경제학의 초점은 분배의 형평과 빈곤에 있기 때문에 소농의 빈곤에 대하여 토지문제와 함께 살펴보기로 한다.

1. 빈곤의 개념

빈곤은 경제적 복지와 표리의 관계라 할 수 있는 생활력의 부족으로 풀이된다. 일반적으로 1인당 소득을 지표로 삼으며 절대빈곤(absolute poverty)의 지표로는 건강의 유지에 필요한 최저영양소 요구량이 사용된다. 이에 비하여 평균소득의 50% 이하 또는 소득순위에서 하위 40% 이하는 상대적 빈곤(relative poverty)으로 규정하기도 한다.

빈곤의 원인에 대한 인식은 점차 개인의 책임 강조에서 사회적 책임을 강조하는 경향으로 발전하여 왔다. 그런데 빈곤의 원인을 빈곤 그 자체로만 보면 빈곤의 악순환(vicious cycle)을 타파하지 못하는 순환논리에서 벗어나기 어렵다.

DiNitto와 Dye에 의하면 마르크스주의자나 비마르크스주의자 모두 빈곤을 지배계급에 의한 착취의 한 형태로 정의해 왔다고 하는데, 빈곤이 미국의 중 · 상류계층을 위한 많은 유익한 기능을 수행하고 있다고 하였다. 그리고 빈민은 다른 사람들이 원치 않는 불결한 노동을 수행하고, 유복한 사람들이 다른 일에 종사할 수 있게 하고, 복지와 법률 분야에 다양한 직종을 창출하고, 낡고, 저질인 상품을 구매하며, 나태하다고 비난받으며, 부유한 사람들을 위한 예술을 창조하고, 중 · 상류층으로 하여금 그 신분을 지속하게 하고 도시재개발의 부담을 감수하게 하는 등 빈곤의 역할과 빈곤이 지속되는 이유를 열거하였다.

한편 이은진은 우리나라 농촌빈곤의 원인을 노동력과 토지 등 생산수단의 부족으로 파악하고, 빈곤의 일정한 몫은 상호부조로, 나머지 몫은 정치 · 경제 · 문화의 모든 면에서 동등한 기회를 줌으로써 해결이 가능하다고 보았다.

2. 영농규모의 영세성

우리나라 농업은 영세한 경지가 작은 구획으로 분산되어 있어 기계화와 윤작체계 도입 및 토지개량에 장애요인이 되고 있다. 또한 초지를 포함하여 경지의 이용률이 낮고 토지관리비용이 많다는 제약을 받고 있다. 이와 같은 분할지적 영세규모는 신규투자에 의한 확대재생산을 어렵게 할 뿐만 아니라 영세소농이나 소작농으로 하여금 가계비에 미달되는 열악한 상황에 처하게 한다.

사회복지의 관점에서 볼 때 이와 같은 빈농의 문제에 대한 개선이 이루어지지 않고서는 국부의 고도성장이나 많은 종교기관의 성장에도 별다른 의미를 부여하기 어렵다. 먼저 경영규모별 농가구성의 변화를 살펴보면 총 농가호수의 지속적인 감소에도 불구하고 농가의 호당 평균경지면적은 별로 증가하지 않았다.

영세소농의 이농은 성공적인 농가의 경지규모 확대와 동시에 이루어질 때 바람직한 현상으로 볼 수 있다. 그런데 호당 경지규모를 살펴보면 그와 같은 확신을 갖기 어렵게 된다. 그것은 농촌인구의 감소가 청장년층을 중심으로 농가 구성원 일부의 이농에 의한 경우 부모세대 또는 조부모세대의 상당수가 농촌에 남아 있기 때문이다.

지금까지 우리 경제는 IMF 이후 경기가 많이 회복되었다 하지만, 계속 실업자가 속출하면서 늘어나고 있고, 나라 살림이 어렵다고 아우성을 치고 있다. 이러한 상황에서 정부는 농민들에 대해 낡은 방식으로 대처하고 있고, 일반 국민들도 농촌 사람들은 밥만 먹고 살면 되고, 농촌에는 노인들만 사니 노인당이나 경로당만 있으면 농촌복지가 다 되는 것 아니냐는 사람들까지 있어 왔다. 이런 우리 현실에서 농촌복지에 대한 절망감이 앞서고, 제대로 된 대안 하나 없는 농촌사회복지정책의 부재가 더욱 안타깝게 여겨진다.

농어촌발전특별조치법, 경로연금실시, 의료보험실시, 국민연금실시, 농업 · 농촌기본법제정, 기초생활보장법……. 그러나 법과 제도만으로 농민복지가 이루어지는 것은 아니다. 직접적인 서비스가 되도록 끊임없는 노력이 다각적으로 필요하며, 그 행위 주체는 농민인 것이다.

PART 7

보건 의료 교육복지

제1절 보건 및 의료

1960년대 이후 경제성장에 힘입어 국민의 영양상태가 개선되고 전염성 질병의 발생률이 감소함에 따라 국민의 기대여명(life expectancy)도 현저히 개선되어 최근에는 이른바 선진국형 노인문제에 직면하고 있다. 그러나 농촌지역은 아직도 의료시설까지의 접근소요시간과 의료서비스의 질에 있어서 많은 개선의 여지를 가지고 있다.

우리나라의 보건 및 의료 복지는 해방 후 발전을 거듭하여 왔다. 의료보험이 1977년 공무원 및 사립학교 교직원 의료보험법이 제정되어 실시되어 왔다. 1988년에는 농어촌지역 의료보험이 실시되고, 1989년에는 마침내 전 국민을 대상으로 실시하게 되었다.

Ⅰ. 의료자원의 지역분포와 의료 자원 이용

의료자원의 지역별 분포를 살펴보면 <표 14>에 나타난 바와 같은데 농촌의 인구비율을 감안하여도 의료자원의 지역분포가 매우 불균형한 상태에 있다. 그런데 수준별 의료시설과 의료 인력을 지역별로 살펴보면 도농 간의 양적 격차 못지않게 질적 격차도 매우 크게 나타나고 있다. 즉 종합병원의, 병상 수의 과반수가 4대 도시에 집중되어 있다. 그리고 의료 인력의 경우도 도시집중현상을 보이고 있는데 의사와 치과의사와 간호사가 4대 도시에 집중되어 있다. 인구 10만 명당 의료 인력의 수와 특히 전문의 분포의 지역격차가 매우 심각한 상태에 있다. 치과의사의 경우도 마찬가지다.

한편 의료자원의 지역격차는 도농 간에만 존재하는 것이 아니다. 농어촌의 지역 간에도 그 변이가 크게 나타나고 있어서 진료권역별로는 의료수요를 자급하기 어려운 지역도 적지 않다.

〈표 14〉 도농 간의 의료 기관 현황

구분		전국(A)	농 · 어촌 지역	
			현황(B)	점유도(B/A)
의료기관	종합병원	283	18	6.4%
	병원	944	174	18.4%
	의원	41,693	3,819	9.2%
	총계	42,920	4,011	9.3%
병상 수		295,823	34,109	11.5%
의료인력	의사	62,915	6,950	11.0%
	간호사	99,609	13,112	13.2%
응급의료	지역응급의료센터	107	3	2.8%
	지역응급의료기관	252	49	19%

자료: 2002년 12월 보건복지부

농촌지역에서도 전문성이 높은 의료 인력의 지역 간 변이가 매우 크다. 이와 같은 의료자원의 지역집중현상은 당연히 의료시설에 접근하는 소요시간의 지역격차를 유발하게 된다. 이 같은 의료 인력의 지역집중현상은 그 원인과 수준이 주로 인구의 집중 정도에 기인한다. 의료 인력의 지역집중 요인으로서 생활환경 요인, 의료 환경 요인, 경제적 요인 및 인구요인 등을 제시할 수 있는데, 이들 요인들은 결국 도시화에 따른 인구집중의 종속변인인 것이다.

전국 평균 병상당 인구수는 2002년 현재 207명인데, 6대 도시의 경우 서울 266명, 부산 166명, 대구 202명, 인천 282명, 광주 155명, 울산 184명 등으로 나타났다. 그 외의 도별 병상당 인구수는 경남이 136명으로 가장 양호하고 제주가 288명으로 가장 열악한 것으로 나타나 지역 간 편차가 심하다. 한방의료 기관의 이용자 경우 도시와 농촌 간, 교육수준별, 소득수준별로는 차이가 없으나 성별, 연령별로는 차이가 있다. 한국보건사회 장 · 노년층이 상대적으로 한방병원 이용률이 더 높게 나타났다.

주민 1인당 의료시설의 연간 방문횟수를 지역별로 살펴보면 보건소의 경우는 농촌주민의 방문횟수가 다소 높고, 병 · 의원 등의 경우에는 도시주민의 방문횟수가 높다.

산전진찰률과 평균횟수를 살펴보면 지역별 · 교육 정도별로 큰 차이를 보인다. 산전진찰률과 평균횟수가 꾸준히 향상되어 왔는데 농촌지역의 산전진찰률이나 평균횟수는 전국의 국졸과 중졸의 중간 정도 수치로 나타났고, 도시지역의 경우는 고졸 정도의 수치로 나타났다. 다시 말해서 도시화 수준이 높을수록 임산부의 산전진찰률과 평균횟수가 상대적으로 더 높다는 사실을 보여 주는 것이다.

의료시설의 지역별 이용률은 이환율, 의료보장 여부, 경제수준과 교육수준 등의 요인에 따라 상이하게 나타날 것이다. 그런데 의료비 지출은 이환율을 독립변수로 하고 의료보장, 경제수준, 교육수준 등을 매개변수로 하는 종속변수로 볼 수 있다.

II. 국민의 건강과 농촌의 보건현황

1. 지역사회와 영양

국민의 건강에 대한 개인의 평가를 살펴보면 1980년대 후반 이후 1990년대 말까지 다소 나빠진 것으로 보인다. 통계청의 「사회 통계조사보고서」에 의하면 매우 건강하다고 생각하는 국민이 1986년의 8.9%에서 1999년에 6.1%, 건강이 매우 나쁘다고 생각하는 국민은 같은 기간 2.1%에서 2.7%로 다소 증가하였다. 이 같은 현상은 농촌지역 주민과 60세 이상에서 더 두드러지게 나타났다.

그리고 건강을 위한 관리방법에도 지역별 연령계층별로 1999년을 기준으로 차이를 보이고 있다. 도시와 농촌에서 건강을 위해 아무것도 하지 않는 비율이 각각 43.4%와 56.6%에 달하고 운동을 하는 비율은 각각 23.3%와 14.2%, 식사조절을 하는 비율은 각각 16.1%와 12.7%로 나타났다. 이것이 도시와 농촌간의 건강 차이는 무관하지 않은 것이다. 그리고 연령별로 젊은 층이 건강에 대해 더 합리적인 집중 노력을 하고 있는 것으로 나타났는데 이것은 교육 수준과 소득 수준의 향상 결과로 볼 수 있다.

2. 농촌의 질병 요인

농촌지역은 농촌의 자연환경 및 농작업의 특성, 농촌주민의 사회경제적 특성과 의료시설에 있어서의 지역격차 등 여러 요인에 따른 보건환경을 갖고 있다. 따라서 농촌주민이 직면하는 질병의 위험도 상당부분 이들 요인으로부터 기인한다. 따라서 농촌은 도시의 경우와는 상이한 보건 · 의료 대책이 요구된다.

농촌의 특성에 따른 질병의 위험을 요인별로 열거해 보면 다음과 같다.

1) 자연환경 요인

① 풍토병, 디스토마 등 기생충 감염
② 수인성 질병이나 뇌염 및 유행성 출혈열

2) 농작업 요인

① 농기계 사고를 포함한 작업 중의 외상
② 농약, 비료 등에의 중독

3) 사회경제적 요인

① 빈곤에서 오는 영양장애

② 건강, 의료수칙 경시에서 오는 질병

4) 지역격차 요인

① 의료 인력의 부족에서 오는 부실한 서비스
② 의료시설가지의 접근소요시간에 따른 위험

위에서 열거한 내용 가운데 지역격차에 대하여는 후에 상술하겠지만 농기계 사고와 농약중독에 의한 인명피해도 심각한 상태에 있다.

Ⅲ. 의료전달체계와 보험료문제

1. 의료전달체계

1977년 7월부터 5백 명 이상의 직장을 대상으로 실시된 우리나라의 의료보험제도는 1979년 1월부터 공무원 및 사립학교 교직원, 1988년 1월에는 농어촌주민, 그리고 1989년 7월부터는 도시지역 자영자에게까지 확대 실시되어 전 국민이 혜택을 받게 되었다. 이어서 1989년 10월부터는 약국도 의료보험의 적용범위에 포함되어 국민의료체계에 큰 진전을 보게 되었다. 이에 따라 모든 의료보험대상자는 진찰, 수술, 치료, 약제, 치료재료, 분만, 장제비 등에 대한 혜택을 받게 되었다. 그리고 그동안 마음대로 병·의원을 선택하여 진료를 받던 국민의 의료관행은 단계적인 의료전달체계로 체계화되었다.

전국의 진료기관을 구분하여 단계별로 의료기관을 이용하도록 하였는데 규정된 진료절차를 따르지 않고는 의료보험의 혜택을 받을 수 없다. 즉 환자는 거주지가 속해 있는 중 진료권의 병·의원에서 1차 진료를 받은 다음, 치료가 안 되어 2차 진료를 받으려면 1차 진료기관의 의사가 발행한 진료의견서를 받아야 한다. 그러나 응급환자는 이와 같은 전달체계의 제약을 받지 않는다. 또한 가정의학, 재활의학, 안과, 이비인후과, 치과 등의 진료과목은 1차 외래환자에게도 보험혜택이 주어진다.

2. 농어촌의 원격 의료망과 보험료문제

농어촌지역 주민들은 의료보험의 실시에도 불구하고 앞에서 고찰한 바와 같이 의료시설의 도시편재에 따른 여러 가지 불편을 겪고 있다. 그러나 이와 같은 문제는 앞으로 원격의료망의 도입으로 어느 정도 해소시킬 수 있을 것이다. 즉 지방 보건의료원에서 X선 사진을 종합병원으로 전송하여 진찰을 받는 원격의료진단통신을 이용하면 재택진료체제가 가능해지기 때문이다.

이와 같은 혁신적 원격의료망은 이미 한국통신에 의해 1990년부터 서울대학교병원과 연천보건의료원, 경북대학교병원과 울진보건의료원, 한림대학교 춘천성심병원과 화천보건의료원의 시범운영으로 추진되었다. 진단통신체제는 전화선에 화상전송용 단말기인 의료용 사진전송전화기(MD photophone)와 개인용 컴퓨터를 연결하여 환자의 X선사진이나 초음파진단 결과 등 영상정보를 전송하는 장치로 수신자

측인 종합병원에서도 같은 장비로 수신하게 된다. 이에 따라 환자가 추가로 부담하는 비용은 통신료에 한정되므로 이와 같은 원격의료망이 전국적으로 확대되면 의료에 있어서의 지역격차는 상당히 개선될 것이다.

한편, 전 국민을 대상으로 의료보험제도를 확대시킨 것은 분명 의료복지사회로의 진입을 뜻하지만 앞으로 개선해야 할 문제점들이 대두되고 있다. 예컨대 지역조합원과 직장조합원의 보험료문제로 지역에 따라, 특히 인구규모가 작은 지역에서는 조합의 유지가 어려운 실정이다. 또한 봉급생활자가 아닌 경우에는 보험료 산정의 어려움도 따르고 있다. 그리고 현재의 의료보험은 보험급부 비급여대상이 많고, 보험적용 기간이 제한되어 만성질환자의 진료비 부담이 어려운 점 등에 대한 개선이 요구되고 있다.

제2절 교육

1882년 평민에 대한 입학의 허용과 1948년의 의무교육제 실시는 계층 간의 교육격차를 해소하는 데 크게 기여하였다. 그러나 인구집중에 따른 교육시설의 도시집중은 오늘날 대도시의 과밀학급문제와 농촌의 과소학급문제 등과 아울러 교육기회의 지역격차를 매우 심각한 수준에 이르게 하였다. 이와 같은 교육의 지역격차는 비단 도농 간에만 문제가 되는 것이 아님은 서울에서도 강북과 강남의 차이, 농촌에서도 군청소재지와 주변지역의 차이로 보아 자명하다.

최근에는 계층 간의 교육격차가 더욱 심각한 사회문제로 인식되고 있는데, 그것은 도시근로자가구의 과다한 교육비지출이 가계를 크게 압박하고 농가의 교육비지출이 농가부채의 큰 요인이 되고 있기 때문이다. 농가의 교육문제는 고등교육기관의 도시편재에 따른 결과이기도 한데 도농 간의 불균등한 교육기회, 교육과정, 교육효과로 대별되는 교육격차가 도시학교로의 전학을 유발하고 이에 따라 간접교육비 또한 증대될 것은 자명한 사실이다. 그러므로 이와 같은 지역 간의 교육격차에 대하여 교육환경, 교육결과 및 교육과 농가경제 등의 순으로 살펴보는데 요컨대 교육의 문제는 총체적으로 교육정책이 별로 성공적이지 못하다는 반증이라 할 수 있으며 하향 평준화된 학교교육도 근본적인 원인 가운데 하나라 하겠다.

Ⅰ. 교육환경

1. 학생의 생활 정도

입지전적인 인물의 사례로 가난한 집안의 학생이 상대적으로 공부를 더 잘할 수 있다고 일반화하는 것을 흔히 볼 수 있다. 그런 김병성(1985)의 연구 결과에 나타난 바와 같이 학생의 평균생활 정도는 학교급에 따른 차이가 거의 없으며 초등학교와 중학교의 경우만 지역 간에 의의 있는 차이가 있다. 즉 학생의 평균생활 정도는 일반적으로

서울과 도시의 학교가 농촌의 학교보다 높다. 초등학교와 중학교의 성적 상 · 하인 학교 간에도 학생의 평균생활 정도에 유의차가 나타났는데, 성적이 '상'인 학교는 '하'인 학교보다 중상층과 중층의 비율이 훨씬 높다. 반면에 성적이 '하'인 학교는 중하층과 하층의 비율이 높다. 집 주변의 분위기, 방과 후 학습시간, 부모의 학습지도와 검토, 부모와의 대화 정도, 부모의 학교공부중시도 등 학생의 가정학습환경 또한 학교 급 및 지역에 따라 유의차를 보이는데 농촌보다는 도시, 도시보다는 서울 학교의 평균이 높다.

2. 학교와 지역사회

소재지별 학교의 학구적 풍토는 일반적으로 도시학교의 경우가 서울이나 농촌학교의 경우보다 높은 것으로 평가되고 있다. 주로 고등학교에서 학구적 기대, 학업성적관심도, 교장의 평가에 대한 교사의 지각 등의 변인에 그와 같은 경향이 나타난다.

학교에 대한 학부모의 관여 정도와 지역사회의 지원 정도는 학교 급이 높을수록 높고 소재지별로는 도시학교의 경우보다 높다. 그것은 서울의 경우는 학교와 지역사회의 관계가 소원하고 농촌은 도시보다 지역사회의 자원이 빈약하기 때문인 것으로 지적되고 있다.

II. 교육결과

1. 학력편차

일반적으로 도농 간의 교육격차에서 관심의 초점은 학력격차에 모인다. 농촌의 학력이 도시보다 훨씬 뒤떨어지고 학교 간의 격차는 농촌지역이 더 크다. 이와 같이 학력의 지역 격차는 도농 사이에서만 문제되고 있는 것이 아니라, 농촌 내부에서 또한 큰 과제로 대두되고 있으므로 이의 해소 노력이 절실하다 하겠다.

최근의 각종 매스컴을 통해 사회문제로 대두된 지역별 학력 격차는 1974년에 고교평준화 제도를 도입하며 표방했던 과외퇴치와 학교 간 격차 해소목표를 전혀 이루지 못한 것을 반증하고 있다. 이것은 교육과정평가원의 도농 간 국어과목성취도 비교로도 입증되는데 <표 15>와 같이 농촌지역 학생의 학업성취도가 상대적으로 낮을 뿐만 아니라 고학년으로 올라갈수록 그 같은 현상이 심화되고 있다.

〈표 15〉 도농 간 국어과목 학업성취도 비교

	초등학교 6학년	중학교 3학년	고등학교 1학년
서울시	2.08	2.03	2.11
광역시	2.15	2.12	2.18
중 · 소 도시	2.13	2.06	2.14
읍 · 면 지역	2.00	1.88	1.85

※ 변환점수 사용: 과목 간 상이한 난이도와 변별도를 동일한 수준으로 전환(3점 미만)
자료: 「2001. 11 한국교육과정평가원 표집(1%) 결과」, 이동필 외(2004)

한편 최근의 대학입시에서 수학능력고사와 고교내신의 변별력이 떨어지고 있다. 그 결과 명문대학들이 심층 면접과 논술시험을 부과하고 대입수험생들이 과외에 의존하는 사교육비가 크게 증가하여 이의 해결이 시급한 문제가 되고 있다. 또한 조기 유학생의 증가와 외화유출도 또 다른 문제로 대두되고 있다.

이와 같은 문제는 다양한 교육 수요에 부응할 수 있게 선택의 폭을 넓혀 주는 것도 하나의 대안이 될 것이다. 이를 위해서도 건전한 사립학교들이 건학이념에 따라 자율적인 교육을 할 수 있도록 학생선발을 포함한 학교운영의 자율권을 보장해 주어야 할 것이다.

2. 진학률

학생의 상급학교 진학률은 학생의 학습능력과 가정의 경제수준을 가장 중요한 변인으로 하고 아울러 학교의 학구적 풍토, 교육자원의 조직과 운영, 학교에 대한 행 · 재정지원, 학교와 지역사회의 관계 등 모든 관련변인의 투입-산출의 결과라 하겠다. 진학률은 도농의 모든 지역에서 전반적으로 향상하고 있는데, 상급학교의 경우 지역 간에 진학률의 격차가 아직도 크게 나타나고 있다. 도농 간의 교육여건과 각급 학교 진학률을 살펴보면 중학교 진학률은 지역별로 모두 거의 100%에 이르고, 고교진학률도 모두 90% 내외를 기록하고 있다. 그러나 대학진학률을 살펴보면 <표 16>과 같이 도시에서는 100% 내외에 달하고 있는 반면, 농촌에서는 85% 정도에 불과하여 도농 간 교육기회균등화를 위한 노력이 더욱 요구되고 있다.

〈표 16〉 학교 및 교육 여건의 도농 간 비교

구분		대학진학률 (%)		고교교원당 학생 수(인)		1인당 도서관 장서 수(권)		도서관 이용도	
		1995	2002	1995	2002	1995	2002	1995	2002
전국		100.0 (54.2)	100.0 (80.6)	100.0 (22.1)	100.0 (15.3)	100.0 (0.34)	100.0 (0.67)	100.0 (0.98)	100.0 (1.73)
도시	평균	102.0	101.6	103.7	103.0	100.2	96.6	104.9	102.6
	대도시	96.3	100.6	111.4	106.6	117.5	102.8	114.7	93.1
	중소도시	110.1	102.7	94.7	99.2	77.8	89.7	92.3	113.3
농촌(군)		84.1 (45.5)	85.7 (69.1)	76.9 (17.0)	75.3 (11.5)	98.7 (0.34)	129.1 (0.86)	63.3 (0.62)	77.8 (1.35)

※ 도서관은 공공도서관 기준이며, 도서관 이용도는 [연간 도서관 이용자수÷주민등록인구]를 의미함. 전국 평균(=100.0)을 기준으로 하며, ( ) 내는 해당지역의 직접적인 수준을 나타냄.
자료: 이동필 외(2004).

이와 같은 진학률의 차이는 앞에서 살펴본 학생의 생활 정도 및 교육환경의 저역별 격차 때문이기도 하지만 한편으로 <표 17>과 같은 지역 간 기대교육 수준의 차이와도 무관하지 않은 것이다.

〈표 17〉 학생의 기대교육수준

(단위:%)

	계	고교 이하	전문대	대학교	대학원 이상
전국	100	4.0	12.8	61.3	21.9
시부	100	3.3	12.0	61.4	23.3
군부	100	8.3	17.8	60.8	13.1

자료: 통계청 「사회통계조사보고서」 2000

교육기회 미충족 사유를 살펴보면 <표 18>과 같이 주로 경제적 형편을 들고 있다. 지역별로는 농촌지역의 미충족자 비율이 82.1%로 도시지역의 73.6%보다 훨씬 높게 나타났다. 그리고 그 사유도 경제적 사유가 농촌지역이 더 높다.

〈표 18〉 교육기회 미충족 사유

	미충족 사유	경제적 형편	학교가 멀어서	실험 실패	부모의 사고방식	집단 돌봄	질병, 신체장애	기타
전구	75.5	47.9	0.9	9.4	4.4	0.8	0.8	1.6
시부	73.6	46.3	0.9	10.4	9.2	4.4	0.7	1.7
군부	82.1	53.5	1.2	6.1	14.4	4.6	1.0	1.3

자료: 통계청 「사회통계조사보고서」 2000

Ⅲ. 교육과 가계소득

농가의 교육비 지출은 지난 10여 년 사이에 크게 증대되었다. 농가소득도 지속적으로 증가하여 왔으나 교육비의 증가율이 상대적으로 더 크고 가계비 가운데 차지하는 비중 또한 지속적으로 증대되어 교육비에 의한 농가경제의 악화는 교육비의 비율이 상대적으로 더 높은 영세소농의 경우 더욱 심각한 문제가 되고 있다.

「사회통계조사보고서」에 의하면 교육비 부담에 대한 인심이 도시 농촌 모두 1996년에 비하여 2000년의 경우 부담된다는 비율이 높아졌다. 이와 반대로 부담 안 된다는 비율은 같은 기간 도시에서는 다소 낮아지고 농촌에서는 다소 높아졌다. 그런데 <표 19>에 나타난 바와 같이 도시지역의 부담요인은 각종 과외비 58.5%로 가장 높고 농촌 지역의 경우는 44.4%로 훨씬 낮게 나타났다. 이것은 농촌 주민의 소득이 높아서가 아니다. 오히려 낮은 소득 수준으로 과외수요가 적은 한편 각종 사교육의 단가가 농촌 지역이 상대적으로 저렴하기 때문이라 하겠다.

〈표 19〉 교육비 부담에 대한 인식 및 부담요인

(단위: %)

	교육비 부담에 대한 인식		부담 요인				
	부담 안 됨	부담됨	학교납입금	각종 과외비	교재비	유학비	잡부금 및 기타
전국	8.2	72.5	37.9	56.0	1.7	2.5	1.9
동부	7.2	73.5	36.6	58.5	1.6	1.8	1.5
읍면부	12.8	68.0	43.6	44.4	2.4	5.8	3.8

자료: 통계청「사회통계조사보고서」2000

그것도 도시근로자 가구의 월평균소득이 1996년의 2,152,687원에서 2000년에 2,792,400원으로 증가한 데 비하여 농가의 경우 같은 기간 1,941,472원에서 2,039,552원으로 소폭 증가에 그친 것을 보아 자명한 일이다.

1. 우리농업의 현실인식

1) 농업노동력의 급격한 감소

1960~70년대를 거치면서 급속히 진전되어 온 한국사회의 산업화는 농촌의 인구구조, 가족형태, 농가경제, 사회집단, 영농형태 등 농촌사회 전반에 걸쳐 커다란 사회변동을 가져오게 만든 주된 원인이 되었다.

산업화와 도시화로 인한 농업노동력의 유출이 심해짐에 따라 농촌의 노동력은 노령화와 여성화가 심화되어 있다.

2) 농가부채, 그리고 경영악화

농산물 수입은 늘어나고 있는 가운데 농산물 소비는 줄고 경영비는 증가하고 있기 때문에 농업인들의 생산활동이 위축되고 있다. 부채문제로 생산이 감소되고 소득이 감소되는 악순환이 거듭될 경우, 농업의 저성장이 전체 경제에 미치는 영향이 매우 클 것이다.

3) 재해로 인한 피해 급증

엘니뇨와 라니냐 등으로 인해 매년 냉해, 가뭄, 홍수 등 자연재해가 갈수록 더 자주 발생하고 있으며, 올해만 봐도 엄청난 수해로 농민들이 영농을 포기해야 할 만큼 치명적인 피해를 입었다.

4) 농산물 수입개방

농산물 시장개방의 정도가 크면 클수록 농업경제의 침체와 농촌공동화는 가속화될 것이며, 국가 전체의 실업 증대와 이농 등에 따른 사회경제문제도 더욱 커질 것이다. 따라서 농산물 시장을 점진적 개방시키기 위해 협상력을 강화함과 동시에 시장개방의 충격이 농업과 국민경제에 미치는 영향을 최소화하도록 전 국민과 정부가 지혜를 모아야 할 것이다.

PART
8

주거 교통 환경복지

제1절 주거 · 교통 및 문화생활

오늘날 주거 · 교통 · 문화생활 등은 과학기술의 발달과 경제성장에 힘입어 양적으로나 질적으로나 괄목할 만한 성장을 기록하고 있다. 그리고 편리함이란 과거와 비교할 바가 못 된다. 그럼에도 불구하고 논란의 대상이 되는 것은 누리는 것이 높은 기대치에 부응하지 못하기 때문이다. 또한 개발의 이익이 계층 간에 고루 미치지 못하기 때문이기도 하다.

Ⅰ. 주택문제

만성적인 주택부족문제의 해소를 위한 공공부문 및 민간부문의 지속적인 주택건설사업에도 불구하고 주택보급률은 거의 매년 감소되었다. <표 20>에 나타난 바와 같이 주택 수는 매년 지속적으로 증가하여 2000년 현재 전국의 주택 수는 11,472천 호에 달한다. 그러나 주택보급률은 1965년의 81.3%에서 96.2%로 개선되었다.

주택문제는 인구가 집중된 도시지역에서 더욱 심각하다.

〈표 20〉 주택보급

연도	주택 수 (천 호)	주택보급률 (%)	연간 주택건설 수 (천 호)	공공	민간
1990	9,570	86.0	619	228	351
2000	11,472	96.2	433	140	293

자료: 건설부 「건설교통통계편람」

2000년 건평별 주택 수를 살펴보면 <표 21>에서와 같이 39평 이상의 큰 평수의 주택은 도시지역이 상대적으로 더 많이 보유하고 있다. 그러나 최빈수는 도시와 농촌의 경우 모두 19~20평 미만의 중소형평으로 나타났다.

〈표 21〉 건평별 주택

(단위: 천 가구, %)

	시부	군부	계
계	8,123	2.836	10,959
99평 이상	1.0	0.2	0.8
69~99평 미만	2.0	0.3	1.6
49~69평 미만	4.5	1.6	3.7
39~49평 미만	5.9	2.4	5.0
29~39평 미만	9.4	12.6	10.2
19~29평 미만	33.9	42.8	36.2

	시부	군부	계
14~19평 미만	29.3	28.8	29.2
9~14평 미만	11.5	9.8	11.0
7~9평 미만	2.2	1.2	1.9
평 미만	0.3	0.4	0.4

자료: 통계청 「사회통계조사보고서」 2000

앞에서도 언급하였듯이 지역 간 격차는 농촌 내부에서도 나타나는데, 일반적으로 읍부와 면부의 주택보급률을 비교해 보아도 농촌의 지역 간 격차가 작지 않은 사실을 발견할 수 있다. 이것은 농촌의 중심권보다 배후지의 인구감소가 더 큰 사실로 자명해진다. 즉 농촌 내부에서도 면지역의 인구감소가 더 크고 그 결과 주택 보급률이 상대적으로 높게 나타나는 것이다.

그러나 주택의 질에 있어서는 농촌이 여러 측면에서 상대적으로 뒤떨어진 것을 알 수 있다. 도농 간 주택의 건평 수뿐만 아니라 각종 부대시설의 질적인 면에서 격차가 있다. 도농 간 주택의 부대시설을 비교해 보면 시부의 입식 부엌, 수세식 화장실 및 온수목욕시설의 보급률 그리고 가정에서 사용하는 연료와 난방방법에 있어서도 도농 간 격차가 발견된다. 지금까지 살펴본 바를 종합하여 보면 도시에서는 주택보급률이, 농촌에서는 주택 및 부대시설의 질이 주생활의 주요 과제라는 사실을 확인하게 된다.

그리고 주생활의 질을 가늠할 수 있는 또 하나의 지표로서 <표 22>의 주거비 지출률을 들 수 있다. 연도별 주거비 비율은 일정하지는 않지만 대체로 증대되어 왔으며 이 같은 경향은 도농 간에 공통적이다. 또한 도시가구의 주거비 비율이 농가의 주거비 비율보다 다소 높게 나타난다. 도시가구의 주거비 및 주거비 비율이 상대적으로 더 높은 것은 앞에서 살펴본 바와 같이 주택의 규모와 부대시설의 차이 외에도 난방용 연료와 각종 부대시설의 유지비의 차이 때문이다.

주거비의 연도별 변화를 살펴보면 1970년에 도시와 농촌의 경우 각각 20,448원과 8,675원에서 2000년에 각각 1,399,000원과 1,231,000원으로 거의 700%가 인상되었다. 따라서 삶의 질 향상은 이 같은 지출과 화폐의 구매력 등을 종합 판단해야 할 것이다.

〈표 22〉 주거비 지출

연도	도시가구		농가		B/A(%)
	연간주거비 (A)	주거비 비율(%)	연간주거비 (B)	주거비 비율(%)	
1970	20,448	6.6	8,675	4.2	42.4
1975	53,568	7.7	42,847	7.0	80.0
1980	206,652	9.5	143,895	6.7	69.6
1985	373,272	9.8	358,612	7.6	96.1
1990	843,000	10.2	645,000	7.8	76.5
1995	1,289,000	8.5	1,187,000	8.0	92.0
2000	1,399,000	7.1	1,231,000	6.8	88.0

자료: 통계청 「도시가계연보」 각 연도.

지역별로 주택에 대한 만족도를 보아도 농촌의 주택이 상대적으로 더 열악한 상태임을 알 수 있다. 지역별로 본 주택에 대한 만족도 및 불만이유는 <표 23>과 같다.

〈표 23〉 주택에 대한 만족도

구분	계	매우만족	약간만족	보통	약간불만	매우불만
전국	100	9.2	18.5	37.8	26.3	8.1
시부	100	7.6	17.7	38.8	27.7	8.2
군부	100	15.4	22.0	33.9	21.2	7.5

통계청 「사회통계조사보고서」 2001.

전국적으로 '매우 만족'과 '약간 만족'으로 응답한 비율은 27.7%인 데 비하여 '약간 불만'과 '매우 불만'으로 응답한 비율이 34.4%로 6.7%나 더 높게 나타났다. 불만의 이유는 주택의 협소, 부대시설의 미흡, 주택의 노후가 높은 비율을 보였다. 지역별로는 불만의 비율이 도시보다 농촌지역이 더 낮게 나타났는데 이것은 농촌 주민의 눈높이가 그만큼 낮은 때문인 것으로 판단된다.

한편, 주택마련방법 및 마련기간을 살펴보면 대부분이 저축으로 주택을 마련하는데, 그 다음으로는 상속, 부모 · 친척 보조, 융자 및 사채의 순이다. 지역별로 살펴보면 상속의 경우 시부에서는 18.7%인 데 비하여 군부에서는 48.7%로 나타났다. 또한 부모 · 친척 보조도 시부의 15.3%에 비하여 군부가 23.3%로 더 높게 나타났다. 이와 같은 현상은 앞에서 살펴본 주택보급률이 농촌지역에서 훨씬 높은 사실 이외에도 도농 간의 주택가격의 격차 및 친족집단 사이의 사회적 보호와 정서적 지지가 농촌지역에서 더욱 강한 점 등으로 설명이 가능할 것이다. 그리고 대부분은 결혼 이후에 주택을 마련하게 되는데, 약 20%는 결혼 전에도 이미 주택을 마련하지만 약 20%는 결혼 10~14년 후에야 마련한다.

주택문제는 국가적인 과제로 대두된 지 오래지만 선진국과 비교하여도 지나치게 호화스런 주택이 난립하는 것은 주택정책을 통하여 바로잡아 나가야 하겠다.

1. 2009년의 아파트 가격 상승 원인은 공급 부족

2009년에 들어와서 수도권의 아파트 값과 전세 값이 다시 상승하기 시작했는데, 여러 가지 원인이 있겠지만, 가장 큰 원인은 노무현 정부의 규제 정책으로 공급을 금지시켰기 때문에 일어난 현상이다. 2006년에 아파트 착공이 가장 적었는데, 이는 2009년 입주물량을 보면 알 수 있다. 아래의 표는 2005~2009년 사이의 아파트 입주 물량이다. 입주물량이 2009년(2006년 착공한 물량)이 가장 적은 것을 알 수 있다.

△ 2005년 13만 2,352가구 △ 2006년 15만 4,327가구
△ 2007년 14만 3,606가구 △ 2008년 14만 3,158가구
△ 2009년 11만 511가구

전 세계적인 경기 불황에도 대한민국 수도권은 그리 내리지 않고, 오히려 꿋꿋하게 오르는 이유가 이것 때문이다. 혹자는 미국은 엄청나게 폭락하는데도 한국만 폭락하지 않는다고 이야기하는데, 그 이유가 바로 주택 공급의 부족 때문이다.

미국은 2006년 전후로 200만 호가 넘는(보통 100만~150만이 적정) 과잉공급이 있었지만, 우리나라는 이런 과잉공급이 없었고, 오히려 공급 부족이 있었다. 만약 2006년 전후로 미국처럼 우리나라도 주택이 과잉공급이 되었더라면, 2008~2009년 폭락을 맞이했을 것이다. 다행히 10월부터 아파트 값과 전세 값이 안정되고 있다. 이 또한 2009년 10월부터 늘어나는 아파트 입주물량과 관련이 있다.

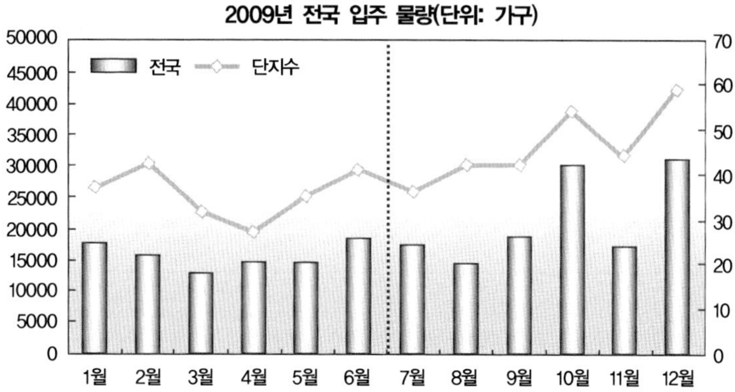

〈그림 1〉 2009년 전국 입주 물량

이 그림을 보면 10월부터 아파트 공급이 늘어나고 있다. 이 여파로 이사철이 시작되는 10월임에도 불구하고 전세 값이 안정되고 있다.

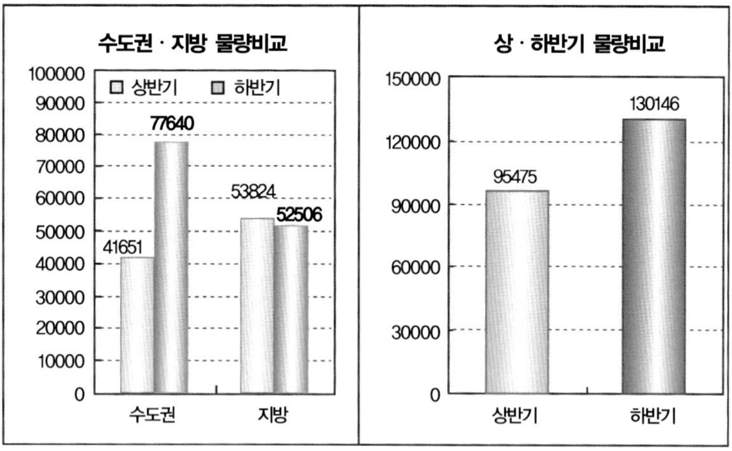

〈그림 2〉 수도권과 지방의 물량 비교

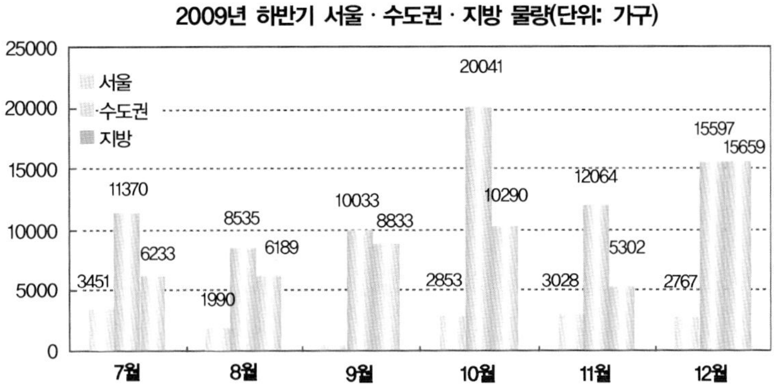

〈그림 3〉 2009년 하반기 물량

이 그림을 보면 특히 수도권은 하반기에 입주물량이 치우쳐져 있다. 지난 5, 6, 7, 8월은 이사철이 아님에도 불구하고 전세 값이 오른 이유를 설명하라면, 이와 같이 상반기 입주물량 부족과 뉴타운 이주 수요가 겹쳐졌기 때문이다.

10월 달이 이사철임에도 불구하고 안정을 보이는 이유는 10월 달의 입주 물량이 많기 때문이다. 그림을 보면 10월~12월 사이에 비교적 입주물량이 풍부하기 때문에 전세 값이 비교적 안정될 것으로 보인다.

2. 중장기적인 아파트 가격

향후 몇 년간은 금리나 입주물량으로 인한 일희일비는 있겠지만, 장기적으로 아파트 가격이 내릴 것이다.

최근 아파트 경기가 좋아지면서, 그동안 미루어 두었던 2기 신도시 물량들이 본격적으로 분양되고, 더욱이 보금자리 주택이란 명목으로

그린벨트에까지 아파트를 짓고 있다. 2009년 하반기에만 수도권 아파트 공급량이 10만 호가 넘는다. 이 물량이 2012년 입주되기 시작하면 분명 수도권 아파트 값과 전세 값이 동시에 떨어진다.

그러는 사이에 점차 매년 새로운 아파트 수요자는 줄어들고 결국 아파트 가격은 일본처럼 장기적으로 하락할 것이다.

아래의 표는 우리나라 30세 이상(주택이 필요한 사람)의 인구이다. 1990년대에서 2005년까지 연간 62만 명 이상 늘어났지만, 2010년에는 50만 명대, 2010년에는 30만 명대로 절반까지 떨어지고 있다.

〈표 24〉 인구와 인구증가

연도	인구(만 명)	증가 인구(만 명)
2000	2,505	+62.6
2005	2,817	+62.5
2010	3,073	+53.1
2015	3,294	+33.3

개인적인 생각으로는 이명박 정부하에서 아파트 값이 크게 오르지도 않겠지만, 크게 내리지도 않을 것이다. 2가지 경우 모두 정부에 부담을 주기 때문이다. 하지만 건설 경기를 부양시키기 위해 가능한 수단을 모두 동원해서 아파트를 건설할 것이다. 이런 물량은 이명박 정부가 끝나가는 2012년 말부터 본격적으로 입주가 되고, 2013년부터는 장기적인 하락이 시작될 것이다.

2013년은 부동산 시장에서 여러 가지 변곡점이 되는 사건이 있는 해이다. 대략 간추려 보면 다음과 같다.

△ 2기 신도시의 본격적인 입주가 시작된다.

△ 뉴타운이 본격적인 입주가 시작된다(멸실보다 입주가 많은 시점).

△ 그린벨트 내에 개발되는 보금자리 주택의 입주가 시작된다.

△ 10개의 혁신도시와 세종시의 입주가 시작된다(180개의 공기업 이주).

△ 수많은 고층 건물들의 입주가 시작된다. 예를 들어 현재 여의도에서 공사 중인 파크원 빌딩(연면적 64만㎡)과 국제금융센터 빌딩(51만㎡)이 완공되면, 63빌딩(16만 6천㎡) 7채가 지어지는 효과가 있다(서울 오피스 공실률이 25%에 육박).

△ 100층이 넘는 초고층 빌딩들의 완공이 시작되면서 현대판 바벨탑의 저주가 시작될 가능성이 있다(2013년에 5채 완공).

△ 주택의 실수요자인 30세 이상의 인구가 크게 감소하기 시작하는 시점이다.

△ 결혼적령기 남녀의 성비 불균형으로, 결혼 건수 감소가 본격화된다. 결혼 건수가 줄어들면 그만큼 주택 수요도 줄어든다.

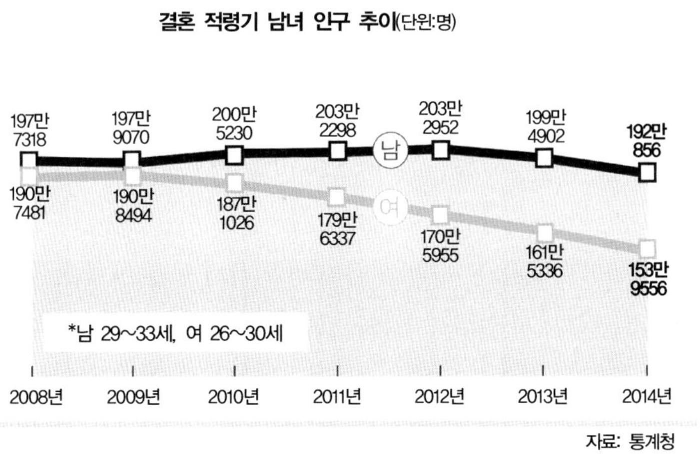

〈그림 4〉 결혼 적령기 남녀 인구 추이

3. 보금자리 주택

보금자리 주택이란 국가 또는 지방자치단체, 한국토지주택공사, 지방공사가 국가 또는 지방자치단체의 재정이나 국민주택기금을 지원받아 건설 또는 매입하여 공급하는 다음 어느 하나에 해당하는 주택이다.

주택의 유형으로는 단독주택, 공공주택(주택용, 5층 이상 주택), 다가구주택(3층 이하로 19세대 이하 주택), 다세대주택(소유권이 따로 있을 수 있고 4층 이하인 주택), 연립주택(5층 이상의 공동주택), 원룸주택(층수, 규모 및 소유자의 구분 없이 다가구, 다세대주택에 해당), 전원주택(자연풍광과 환경을 갖춘 곳, 건축법상 분류로는 단독주택에 해당) 등이 있다.

보급률 현황은 전국 주택 보급률이 2008년 말 국토해양부의 자료를 보면 109.9%를 기록한다. 특히 아파트가 차지하는 비율은 약 55%를 차지하고 있으며, 수도권 지역은 이보다 높은 60%를 차지하고 있다. 수도권 주택 보급률은 전국 보급률보다 낮은 약 95%이다.

주택난의 원인은 '1인 가구'가 76만 8,457곳으로 전체의 22.4%, 2인 이상 혈연가구는 76.0%, 비혈연 5인 이상 가구는 5만 2,420곳으로 1.5%로 나타났다.

따라서 도시 집중 문제, 저출산, 고령화 사회 등을 함께 논의해 봐야 할 시간이다. 결국은 사회복지 정책을 수정해야 하는 어려움에 봉착하는 결과를 초래하고 있다. 현재보다는 내일이, 내일보다는 먼 훗날이 우리의 삶이 보람되고 아름답기를 바라는 여망은 누구나 같을 것이다.

II. 주거환경 및 교통

주거환경에 대한 평가는 생활권의 편익시설과 그에 대한 접근성에 따라 좌우되며, 거주지 선택도 취업 및 그에 대한 접근성에 크게 좌우된다.

주거지역에 대한 불만이유를 살펴보면 <표 25>와 같다. 편익시설에 만족하고 있는 경우는 전국적으로 31.1%이다. 시부는 39.2%, 군부는 16.0%가 '만족한다'고 응답하여 지역별로 큰 차이를 보이고 있다. 불만이유로서는 전국적으로 의료시설이용불편, 시장이용불편, 학교가 멀다 등의 순으로 높게 나타났는데 도농 간에 같은 경향을 보이고 있다. 특히 군부의 경우 편익시설에 대한 불만의 비율이 상대적으로 더 높은 것은 편익시설에 대한 접근성이 그만큼 낙후되어 있기 때문이다.

그런데 지역별 출근 · 통학 시 교통수단과 소요시간을 살펴보면 대체로 군부가 시부보다 다소 높다. 그러나 90분 이상 소요되는 경우는 시부의 비율이 상대적으로 더 높은 경우도 많다.

〈표 25〉 거주지역에 대한 불만이유

구분	교육 여건이 안 좋음	교통 사정이 안 좋음	주변 환경이 안 좋음	공해 때문	편익 시설이 멀어	범죄 발생	주변 시설 부족	물가가 비싸서	기타
전국	6.7	22.6	13.5	16.1	16.7	1.8	17.4	2.7	2.5
시부	5.7	22.2	14.7	17.6	13.4	2.0	19.7	2.6	2.1
군부	12.2	25.1	6.5	8.1	35.0	0.6	5.0	2.9	4.6

자료: 통계청 「사회통계조사보고서」 2001

Ⅲ. 문화 및 여가생활

제3의 물결 시대에 진입하면서 문화 및 여가생활의 수요가 크게 증대하고 있다. 이른바 여가문명시대가 도래하고 있는 것이다.

문화 및 여가활동의 실태를 파악하기 위하여 먼저 문화시설소요가구 비유를 살펴보면 모든 품목에 있어서 도농 간에 큰 격차를 보이고 있다. 도농 간 보급의 격차가 거의 없는 품목은 TV라 하겠다.

그리고 독서인구 비율에서도 도시의 경우가 상대적으로 더 높다. 일반서적과 교양서적은 보유율이나 독서인구 비율에 있어서 도농 간 큰 차이를 보이지 않고 있으나, 평균보유량이나 평균독서량에 있어서는 도농 간 큰 차이를 보이고 있다.

문화시설 이용현황을 살펴보면 잡지와 신문구독의 경우와 마찬가지로 시부와 대졸 이상의 문화시설이용률이 높은 경향을 보이고 있다. 음악관, 연극관, 영화관, 박물관, 미술관 등의 입장률이 모두 도시가 농촌보다 훨씬 높게 나타났다. 대체로 지역별 격차보다 교육 정도별 격차가 훨씬 크다. 즉 대졸 이상은 국졸 이하보다 3배 정도의 이용률을 기록하고 있다. 이것은 결국 도시주민이나 사회경제적 지위가 높은 계층에서 문화향유의 기회가 높은 사실을 보여 주는 것이라 하겠다. 한편, 여가활용방법을 살펴보면 <표 26>과 같다.

<표 26> 여가활용방법

구분	계	감상 · 관람	TV시청	창작적 취미오락	잡기 및 승부놀이	스포츠 및 여행	수면 및 가사잡일	기타
계	100.0	8.0	41.2	3.2	3.4	11.4	29.5	3.3
남	100.0	7.6	39.6	3.1	6.2	16.7	24.0	2.9
여	100.0	8.4	42.8	3.3	0.7	6.4	34.6	3.7
국졸 이하	100.0	1.1	42.9	0.9	3.1	3.5	45.5	3.2
중졸	100.0	5.9	45.9	2.8	3.4	8.9	29.6	3.4
고졸	100.0	10.9	41.5	3.8	3.8	13.5	23.5	3.1
대졸 이상	100.0	13.5	31.7	5.6	2.7	21.3	21.0	4.2

자료: 통계청 「2000 사회통계조사보고서」

전국적으로 수면 및 가사잡일로 여가를 보내는 비율이 44.0%로 가장 높게 나타났는데 농촌이 도시보다 훨씬 높게 나타났다. 지역별로 살펴보면 수면 및 가사잡일을 제외한 모든 항목에서 도시가 앞서고 있다.

여가활용방법은 여가활용비 지출률이나 여가활용에 대한 만족도 및 여가생활에 대한 불만요인 등과 무관하지 않을 것이다.

1980년대 이후 통틀어 <표 27>과 같이 여가활용비 지출률은 지속적으로 증대되어 왔다. 이와 같은 경향은 도농 간에 공통적으로 나타나고 있는데 도시가구의 여가활용비 지출률이 상대적으로 높다. 연도별 및 지역별로 비교해 볼 때, 1990년에 도시가구의 교양오락비의 비율은 4.7%에서 1995년에 5.3%로, 2000년에 다시 5.2% 변화하였으나 2000년을 정점으로 다시 저하되고 있다. 농가의 경우 같은 기간 0.7%에서 0.9%로 다시 0.7%로 큰 변화를 보이지 않고 있다.

여가활용에 대한 만족도를 살펴보면 도농을 막론하고 만족도가 매우 낮은 것을 알 수 있다.

〈표 27〉 가구당 여가활용비 지출률

(단위: 원, %)

연도	도시 가구			농가		
	총지출비 (A)	교양오락비 (B)	B/A(%)	총지출비 (C)	교양오락비 (D)	D/C(%)
1980	2,151,288	39,420	1.8	2,138,323	35,755	1.7
1990	8,227,944	386,412	4.7	8,227,213	54,515	0.7
2000	19,587,576	1,013,772	5.2	18,003,433	131,264	0.7
2001	21,145,488	1,039,800	4.9	18,457,501	135,873	0.7
2002	22,017,744	1,040,460	4.7	17,858,245	138,179	0.8

자료: 통계청 「도시가계조사연보」 각 연도, 「농가경제통계」 각 연도

한편 여가활용에 대한 만족과 불만족은 <표 28>에 나타난 바와 같이 전체적으로 만족의 경우에 비하여 불만의 경우가 높게 나타나고 있다. 지역별로는 농촌의 경우 만족도가 상대적으로 다소 낮게 나타났다. 여가생활에 대한 불만요인 가운데는 경제적 부담과 시간부족의 순으로 높은 비율을 보인다.

지금까지 문화시설 이용현황, 여가활용방법, 여가활용비지출률, 여가활용만족도 등을 살펴보았다. 이를 통하여 우리 국민의 문화 및 여가생활은 경제적 부담과 시간부족 그리고 여가활용방법 등에서 그 질이 아직 미흡한 수준에 있다고 하겠다. 1980년대 이후 생활체육(sports for all)의 대중화가 이루어지고 있으나 아직 지도자, 시설, 프로그램 등에서 미흡한 것도 사실이다. 특히 농촌의 경우 더욱 그러하다. 따라서 건전한 문화 및 여가활동이 생활화되고 지역 간 균형을 이루기 위해서는 지방문화의 전승 · 발전과 생활체육의 진흥이 이루어져야 하겠다.

〈표 28〉 여가활용 만족 여부 및 불만족 이유(2000)

(단위: %)

	계	만족	불 만족	경제적 부담	시간 부족	교통 혼잡	여가시설 부족	여가정 보부족	취미 없음	건강 체력부족	기타
전국	100.0	31.6	68.4	35.9	16.8	3.6	2.2	1.3	3.8	4.5	0.4
동부	100.0	29.8	70.2	37.1	17.1	4.1	2.0	1.5	4.0	4.1	0.4
읍면부	100.0	38.4	61.6	31.2	15.6	2.0	2.8	0.7	3.0	5.8	0.4
남자	100.0	32.2	67.8	34.5	18.4	4.2	2.3	1.2	3.4	3.5	0.2
여자	100.0	30.9	69.1	37.2	15.2	3.1	2.0	1.4	4.2	5.4	0.5

자료: 통계청 「2000 사회통계조사보고서」

제2절 자연환경 및 사회 환경

Ⅰ. 자연환경

1. 환경문제

환경문제는 오늘날 인류의 앞날을 위협하는 가장 심각한 문제의 하나로 대두되고 있다. 산림파괴에 의한 사막화, 대기오염과 산성비에 의한 자연생태계의 파괴, 온실효과와 기상이변, 그리고 중금속에 의한 수질오염 등을 예로 들 수 있다.

이와 같이 환경문제의 지구적 확산을 살펴보면 다음과 같다(http://myhome.naver.com/lkt012/geography/geog10－3.htm).

1) 사막화 현상과 열대림 파괴

사막화 현상은 사막 주변과 초원 지역에서 가뭄이나 지나친 토지 개발로 목축지나 농경지가 토질이 나빠지면서 사막과 같이 변하는 현상인데 사막화의 원인은 다음과 같다.

① 가뭄: 자연적 현상과 인간의 생산 활동에 의한 지구 온난화 현상으로 강수량 감소
② 인구압: 인구 부양을 위한 지나친 농경지 · 목축지의 개발과 바람에 의한 토양 침식, 빗물에 의한 표토 손실 및 홍수 발생
③ 삼림 남벌: 홍수 및 토양 침식으로 수분을 저장하지 못함

한편, 사막화의 지속으로 사막이 확대되고 있는데 그 원인과 지역은 다음과 같다.

① 원인: 정착 농업에 따른 목초지, 농토의 지나친 확장, 인간에 의한 자연 식생의 제거, 토양 침식의 증대
② 사막화 지역: 남부 아프리카, 사헬 지대(사하라 사막 남부의 반건조 지역), 중국, 파키스탄, 오스트레일리아 등으로 지구 표면의 약 1/3에 해당
③ 사막화의 영향: 농업 생산성 하락, 식생 · 표토 · 토양의 감소

과거 30년 동안 브라질, 인도네시아 등 열대 지방에서 삼림의 약 40%가 사라졌는데 이와 같은 열대림 감소와 지구 생태계 파괴의 원

인과 전망은 다음과 같다.

① 원인: 목재 소비량의 증가, 경지 조성을 위한 삼림 파괴
② 문제점: 현 추세로 가면 2100년경 모든 삼림 소멸 가능성

2) 오존층 파괴와 지구 온난화

(1) 오존층 파괴

고도 15~35㎞ 상공에서 산소가 자외선을 흡수하면서 오존이 생성되어 모여 있는 오존층이 파괴되고 있는데 오존층의 역할과 파괴의 영향은 다음과 같다.

① 오존층의 역할: 태양의 자외선으로부터 생물체 보호
② 오존층 파괴 물질: 염화플루오린화탄소(프레온가스-냉각제, 세정제, 냉매제 등의 이용)
③ 오존층 파괴의 영향: 피부암 환자 증가, 자외선에 의한 실명, 식물 고사

(2) 온실 효과와 지구 온난화

대기 중의 이산화탄소와 산화질소, 메탄가스가 지구방출열을 흡수해 지구의 평균 기온이 상승하는 온실효과의 원인과 지구온난화현상을 살펴보면 다음과 같다.

① 열대림이 불타면서 이산화탄소 등 배출
② 온실 효과 가스: 이산화탄소, 산화질소, 메탄가스 등이 지구가

방출하는 열을 흡수하여 기온을 상승시킴

③ 온실 효과에 의한 기온 상승으로 빙하가 녹아 해수면이 상승하고 기상 이변이 잦아지며, 사막화가 촉진되는 지구 온난화 진행으로 지구의 평균 기온이 100년 전보다 약 0.6℃ 상승

3) 해양 오염의 확산

(1) 바다의 기능과 생태계

지구 표면의 약 70%, 지구상 물의 97% 차지하는 바다의 기능과 해양생태계를 살펴보면 다음과 같다.

① 바다의 기능

바다는 각종 자원의 제공과 교통로 역할을 하고 여름에 열을 방출하고 겨울에 열을 흡수하여 지구의 기후를 조절하고, 적도 부근의 열을 흡수하여, 극지방으로 전달하여 전 지구적인 기온을 조절

② 해양 생태계

전 세계 생물의 약 90%가 서식하며 대부분이 해안가 수심이 얕은 곳에 서식하는데 특히 플랑크톤은 먹이 사슬의 기초로 이산화탄소를 흡수하고 산소 방출

(2) 해양 오염의 원인과 영향

주로 해안선 근처가 오염지역인데 그 원인과 영향을 살펴보면 다음과 같다.

① 오염의 원인

육지에서 생성된 비료 · 살충제 · 제초제, 농경지 · 잔디밭의 농약 등 오염 물질이 바다로 유입되고 공장 폐기물에 포함된 독성 중금속은 인체에 큰 피해를 줌. 또한 유조선의 기름 유출은 바다 오염, 해양 생물에 피해, 어업과 양식업에 큰 타격, 해양 생물을 잡아먹는 다른 생물 오염

② 오염의 영향: 해양 생태계 파괴

2. 식량자원과 환경

농협중앙회가 1996년 10월 16일 '세계식량의 날'을 맞아 개최한 「식량안보 국제포럼」에서의 발표한 Gary Gardner는 「21세기 세계자원의 위기」가 다음과 같이 식량과잉에서 식량부족시대로 전환될 것으로 전망하고 그 원인을 주로 환경문제에서 찾고 있다.

1) 식량과잉시대에서 식량부족의 시대로 전환

오늘날 식량의 공급과잉 시대가 이미 끝났다는 사실이 명백한 증거를 통해 뒷받침되고 있다. '50년부터 '84년까지 꾸준한 상승세를 유지하였던 1인당 식량생산량은 '84년을 기점으로 60년대와 70년대는 물론 80년대의 대부분에 있어서도 식량의 전 세계적인 공급과잉은 일반적인 것으로 받아들여졌다. 과거 수십 년 동안 공급과잉 상태를 주도하였던 생산량의 폭발적인 증가추세는 80년대 중반 이후 둔화되어 왔으며, 90년대에 들어서는 그러한 둔화세가 더욱 두드러지게 나타났다.

인류의 역사를 보면 이처럼 심각한 생산량 감소현상은 식량에 대한 수요가 큰 폭으로 증가하기에 앞서 마치 전주곡처럼 나타나고 있다. 앞으로 25년 후면 농민들은 현재보다 약 39% 증가한 79억 인류의 식량을 책임져야 할 것이다.

전 세계적인 식량수요의 증가추세와 생산량 감소추세에 직면하고 있는 인류에게 농업자원을 보전해야 할 필요성은 그 어느 때보다도 더욱 절실하다. 그러나 대부분의 지역에서는 농업자원이 아직까지도 당연하게 주어지는 것으로 여기고 있다. 그 결과 미래의 식량생산을 위하여 양질의 토지와 수자원을 확보하려는 노력은 거의 이루어지지 않고 있다. 인류는 식량공급을 위한 기초자원을 소홀하게 관리함으로써 다음 세기에 곧 도래할 식량수요의 폭발적 증가세에 관한 대응책을 스스로 제한시키고 있다.

2) 도시팽창으로 인한 토지의 손실

지난 수천 년의 기간 동안 도시화가 많은 농지를 잠식하면서도 큰 부작용 없이 진행되어 왔다. 그러나 오늘날에는 농지확장의 가능성이 거의 없기 때문에, 농지 손실은 국가적 식량생산에 큰 타격을 주고 있다.

작물경작지 손실의 중요성은 역사적 관점에서 파악해야 잘 이해할 수 있다. 인류가 농경생활을 시작한 이래 수천 년 동안의 확장기간이 지난 후 세계 곡물재배면적(전체 농경지 면적)은 '81년 정점을 이루었으나 이후 감소국면으로 접어들었다.

도시화의 거센 물결과 산업 활동에 기인한 경지잠식 압력은 어느 정도의 경지손실을 불가피하게 만든다. 그러나 경지잠식의 실제적 가능성은 지자체나 중앙정부가 어떠한 개발정책을 선택하느냐에 의하여 좌우된다고 볼 수 있다. 아시아에 있어서 최근에 나타난 두 가지 경향은 필요 이상의 농경지를 잠식한 개발정책 선택의 잘못된 사례들을 보여 준다.

첫 번째는 개인소유 자동차를 위주로 교통체계를 세우려고 한다는 점이다. 버스의 경우 승용차보다 단위 도로 면적당 4배가량 많은 인원을 수송한다. 지하철의 경우 토지효율성을 9배 정도 높일 수 있다. 그럼에도 불구하고 아시아의 많은 국가들은 여전히 승용차 위주의 교통정책을 고집하고 있다.

두 번째로 레크리에이션 활동도 토지의 희생이 수반되는 도시화 작용의 또 다른 측면이다. 아시아에서도 골프는 매우 인기 있는 여가활동으로서 문제는 매우 토지 집약적이라는 데 있다. '89년~'94년 동안 태국에서는 160개의 골프코스가 새롭게 만들어졌다. 11일 만에 1개씩 생겨난 셈이다. 골프장의 규모는 160ha에서 320ha까지 다양하지만, 전체 골프코스는 1만 7천~3만 4천ha에 이르는 농경지를 잠식했으며, 이는 25만 명 정도의 태국 인구를 먹여 살릴 수 있는 수준이다.

세 번째로 도시화는 다음 세기에 들어서도 활발하게 진행될 전망이다. 개도국에 있어서 도시 거주자 1인당 토지점유면적은 0.05ha에 불과할 것으로 추산되며, 향후 2010년까지 약 5천만ha의 토지가 도시화의 확산에 소요될 것이다. 이러한 토지의 상당부분은 농경지의 잠식을 통하여 그 개발이 이루어질 것이다. 전반적으로 농경지의 확대 가능성이 거의 없는 것으로 여겨지는 남부 아시아의 경우를 예로 들자면, '95년~2010년 동안 도시인구는 약 42천만 명으로 늘어날 전망이며, 이는 도시면적이 약 2천 1백만ha로 증가될 것임을 암시하고 있다. 이미 과밀화된 상태에서 이러한 규모의 도시팽창이 이루어지려면 대규모의 농지잠식이 불가피해질 수밖에 없다.

전 세계 인구의 5분의 1 이상이 살고 있는 중국의 지속적인 도시화는 특히 두드러질 것으로 예상된다. 중국의 건설부 차관은 중국이 오는 2010년까지 600개의 신도시를 새로이 건설하겠다는 주장을 피력하였는데, 이는 이미 633개에 이르고 있는 기존 도시 수를 거의 2배 수준으로 증가시키겠다는 의미이다.

3) 토지의 저급화

세계 어느 곳에서나 경작지에 대해 가장 큰 위협이 되고 있는 것은 불도저가 아니라 눈에 잘 보이지는 않지만 토지의 저급화라고 할 수 있다. 많은 경작지가 침식, 조밀화, 오염, 염화(鹽化) 또는 침수되었으며, 이러한 현상은 오늘날까지 지속되고 있다.

토지 저급화 현상의 대부분은 외형상 잘 나타나지 않기 때문에, 농업에 대한 위협은 통상적으로 과소평가되고 있다. 3,800년 전 수메르 문명에서부터 9세기 마야문명에 이르기까지 문명세계의 붕괴는 상당 부분 양질의 농지 상실에 기이하였는데, 이러한 관점에서 토양의 중요성을 짐작할 수 있다.

가장 나쁜 사례는 토지 저급화가 실제로 토지 생산성을 감축시킨 경우이다. 원상태로 회복할 수 없거나, 생산성을 회복하기 위해 경사지를 계단화하는 것과 같은 기술공학적 작업이 필요한 것으로 정의되는 '심각하게 저급화'된 토양은 약 8천 6백만ha로 캐나다 경작지의

2배가 넘는 면적이다. 평균 단수를 적용할 경우 이 면적은 세계 인구의 13%에 식량을 공급할 수 있는 수준이다. 이와 같이 '심각한 저급화'가 일어난 토지규모는 증가하고 있는 실정이다. '45년과 '90년 사이에는 연간 2백만ha 수준이었으나 오늘날에는 5백만~천만ha 수준인 것으로 추정되고 있다.

열대산림의 개간은 한계 농지 생성의 또 다른 형태이다. 브라질은 '96년 9월에 당초 발표했던 것보다 더 많은 양의 아마존 산림이 훼손되었다고 수정 발표한 바 있다. 열대 토양은 비옥도가 낮고, 통상 20~25년 정도의 긴 휴경기간을 가져야만 성공적으로 경작할 수 있으나, 토지가 부족하기 때문에 충분한 휴경기간 전에 경작하는 것이 현실이다. 아프리카와 동남아시아의 열대지역은 필요 휴경기간이 수십년인 것으로 나타났는데 겨우 몇 년간만 놀리고 있는 실정이다.

토지 저급화의 다른 형태인 염화(鹽化) 현상은 침식보다는 대상면적이 훨씬 작다. 그러나 염화는 가장 생산성이 높은 경작지인 관개지에서만 나타나는 현상이므로 염화로 인한 폐해는 더욱 크다고 할 수 있다. 염화는 전 세계 관개지의 20% 정도에서 발생하고 있는 것으로 추정되며, 매년 약 150~250만ha의 농지를 생산성이 없도록 만들어 버린다. 일단 염화피해를 입은 토지는 생산을 하더라도 생산성이 매우 빈약하게 된다. 예를 들면 중앙아시아의 국가들이 염화로 인해 목화 생산량이 크게 감소하는 피해를 입었다. 세계 식량사정이 어려워짐에 따라 어느 지역도 예외가 되지 못하고 있다.

4) 수자원 부족

전 세계 경작지 중 관개지의 비중은 16%에 불과하지만, 세계 식량의 40%를 공급하고 있다. 60년대 중반에서 80년대 중반 사이 세계 식량 생산 증가의 절반 이상이 60년대와 70년대에 있어서 관개지의 지속적인 증가에 기인한 것이다. 그러나 농업용수 공급이 고갈되고 또한 다른 부문에 전용되어 관개지의 증가보다 감소되는 부분이 많아지고 있는 실정이다.

FAO에 따르면 세계의 관개면적은 '93년을 정점으로 하여 그동안 매년 증가하던 추세에서 전환하여 감소하고 있다. 관개지 증가율이 '72년에서 '75년 사이에는 2.3%였으나 '82년에서 '92년 사이에는 1%로 감소되었다. 이와 같은 관개지의 명확한 감소추세에도 불구하고 FAO와 여타 기관의 세계 식량생산에 대한 공식 추정치들은 앞으로도 관개지가 지속적으로 증가할 것이라는 가정을 유지하고 있다.

그러나 1인당 관개면적의 하향 추세를 반전시키기는 어려울 것이다. 먼저 지적할 것은 앞으로 수자원 부족 현상은 공통적인 현상이 될 것이라는 전망이다. 연간 1인당 물 확보량이 1,700㎥ 이하일 경우 '수자원 부족 상태'로 정의되는데 이에 해당하는 국가들의 숫자는 '95년 44개국에서 2025년에는 59개로 증가할 것으로 예상된다. 그 근거로는 이들 나라에서의 인구가 '95년 7억 4천만 명에서 2025년에는 13억 명으로 늘어날 것으로 전망되기 때문이다.

II. 사회 환경

인간이 자초하는 환경의 황폐화는 비단 자연환경에만 국한된 것이 아니다. 인류의 역사 이래 지속되어 온 각종 종교와 교육에도 불구하고 오늘날 인간사회에 조성된 사회 환경의 황폐 또한 인류의 앞날을 어둡게 하고 있다. 부정부패하거나 무능한 정권에서 기인하는 정치경제의 파국이나 전쟁에 대한 대량살육 또는 인신매매나 강력범에 의한 가정파괴 등이 인류의 오늘과 내일을 어둡게 하는 요인들이다.

1. 범죄의 발생

오늘날 각종 범죄의 발생은 날로 증대되고 있으며 범죄발생은 지역에 따라 큰 차이를 보이고 있다. 주요 범죄의 피해를 당한 적이 있는 가구는 시부의 경우가 군부의 경우보다 거의 두 배를 기록하고 있다. 강도, 절도, 소매치기 등에 있어서는 시부의 발생률이 상대적으로 훨씬 높은 데 비하여 폭행, 상해, 신체피해는 군부의 경우가 다소 높은 비율을 보이고 있다.

범죄에 대한 두려움의 정도를 지역별, 성별, 교육 정도별, 연령계층별로 살펴보면 <표 29>와 같다.

〈표 29〉 범죄에 대한 두려움

(단위: %)

구분	1991			2001		
	느낌	보통	느끼지 못함	느낌	보통	느끼지 못함
전구	57.6	19.9	22.5	56.6	26.1	17.3
시부	46.9	24.4	28.6	60.0	26.4	13.6
군부	67.2	15.9	16.9	42.9	25.3	31.9
남자	64.2	19.8	16.0	48.2	30.3	21.5
여자	38.6	20.2	41.2	64.4	22.2	13.3

자료: 통계청 「사회통계보고서」

전국적으로 약 50.9%가 범죄에 대한 두려움을 느끼고 있다. 지역별로는 시부가 57.2%, 성별로는 여자가, 교육 정도별로는 교육수준이 높을수록, 연령계층별로는 30대의 범죄피해에 대한 두려움이 상대적으로 더 큰 것으로 나타났다. 지역별, 교육 정도별로 나타난 경향으로 볼 때 도시화의 수준이 높고 사회경제적 지위가 높은 경우가 범죄피해에 대한 두려움이 상대적으로 더 크게 나타난다. 다시 말해서 범죄피해에 대한 두려움의 정도는 어떤 환경에서 무엇을 소유하고 있느냐에 따라 상이하게 나타난다고 하겠다.

야간에 혼자 걷는 것에 대한 두려움도 범죄에 대한 두려움 때문이라 하겠는데 <표 30>은 도농 간, 남녀 간 야간보행에 대한 안전도를 보여 주고 있다. 아직까지는 농촌지역이 상대적으로 안전한 것으로 나타났으며 성별로는 여성이 더 불안감을 갖고 있는 것으로 나타났다.

〈표 30〉 야간보행에 대한 안전도

(단위: %)

구분	없다	있다	혼자 걷기 두려운 이유			
			가로등이 없어서	우범지역이므로	인적이 드물어서	기타
전국	51.4	48.6	32.4	11.9	54.0	1.7
동부	49.0	51.0	30.3	13.2	54.7	1.8
읍면부	60.9	39.1	43.7	4.8	50.1	1.4
남자	62.2	37.8	33.2	13.4	51.9	1.5
여자	41.2	58.8	31.9	11.0	55.2	1.8

자료: 통계청 「사회통계조사보고서」 2001

2. 준법수준

준법수준에 대한 자기평가와 타인평가를 지역별, 학력별로 <표 31>을 살펴보면 '지킨다'고 응답한 비율이 전체적으로 자기평가가 타인평가보다 2배 이상 높다. 즉 '지킨다'고 응답한 자기평가 비율은 59.3%인 데 비하여, 타인평가의 경우는 29.4%에 불과하다. 그리고 법을 '안 지킨다'고 응답한 경우는 이와 반대의 경향을 보이고 있다.

지역별로 볼 때 준법수준에 대한 자기평가 비율은 시부가, 타인평가 비율은 군부가 다소 높게 나타났다. 그리고 학력별로 볼 때 자기평가 비율은 대졸 이상이, 타인평가는 국졸 이하가 더 높다.

종합적으로 볼 때 도시주민과 고학력자가 농촌주민이나 저학력자에 비하여 자신은 법을 잘 지키지만 다른 사람이 안 지킨다고 생각하는 비율이 더 높은 사실을 발견할 수 있다.

〈표 31〉 준법수준

(단위: %)

구분	타인평가		자기평가		자기 자신이 법을 지키지 않는 이유			
	지킨다	안 지킨다	지킨다	안 지킨다	손해 볼 것 같아서	다른 사람도 안 지키니까	귀찮아서	기타
전국	22.6	28.0	58.0	3.7	20.8	26.6	48.1	4.5
동부	21.9	28.7	58.5	3.8	21.5	25.3	48.9	4.3
읍면부	25.2	25.2	55.9	3.1	17.7	32.9	44.4	5.0
남자	22.1	29.4	57.0	4.3	24.2	24.6	46.8	4.4
여자	23.1	26.7	59.0	3.1	16.5	29.2	49.8	4.5

자료: 통계청 「사회통계조사보고서」 2001

환경오염이나 각종 범죄로 인한 사회 환경의 황폐는 비단 도시에만 국한된 문제가 아니다. 육지로부터 유입되는 각종 폐수로 인하여 바다가 오염되는 가운데 양식어장이 황폐해 가고 도서지방의 양식장은 해적선의 약탈에 시달리기도 한다.

이와 같은 환경의 황폐화는 사회의 부정부패와도 무관한 것이 아니라 하겠다. 국제투명성 기구에서 매년 국가별 부패지수와 격년으로 뇌물지수를 발표하고 있다. 이들 지표는 국가의 발전 정도와 사회 환경을 가늠하는 잣대가 되고 있는데 2004년 한국의 부패지수는 102개국 중 40위였으며 뇌물지수는 21개국 중 18위를 기록하였다. 따라서 반부패운동이 좀 더 강화되지 않고는 선진국으로 발전하기가 쉽지 않을 것이다.

최근 우리 사회에는 수천 명의 조직폭력배가 사채놀이에서 벤처까지 경영하며 활개를 치고 있는 것으로 알려져 있다. 또한 '민주화'에 편승하여 폭행 · 폭언을 일삼는 작태나, 각종 부조리로 축재한 졸부들의 과소비풍조도 사회 환경의 황폐화를 가속화시키고 있다. 이와 같이 황폐화되는 사회 환경에서 집단 괴롭힘을 일삼는 학생들의 일탈 행동과 수없이 강도, 강간, 살인을 일삼는 강력범들은 우리의 앞날을 어둡게 하고 있다. 물론 이와 같은 황폐된 사회 환경의 흐름 속에도 수많은 '빛과 소금'이 우리와 함께하고 있지만, 망국적인 이 사회의 흐름이 자정작용의 기능을 아직 상실하지 않았는지 심히 우려된다. 따라서 종교와 교육의 인간교육, 평생교육의 관점에서 상담자(helper)로서의 역할이 더욱 중요시되고 있다.

3. 농업인의 의식구조

1) 농촌생활 수준의 향상 여부

현재의 농촌생활 수준을 어떻게 생각하느냐에 대한 농업인들의 평가를 연도별로 살펴보면, '좋아졌다(매우 좋아졌다, 약간 좋아졌다 포함)'는 응답이 '93년 50.3%로부터 시작해 '96년까지 50%대를 유지하였고, 이후 '97년에는 외환위기를 맞으면서 40.6%로 떨어진 후 '98년에는 26.8%까지 하락하였다. 경기가 다시 회복된 '99년도에 31.4%로 소폭 상승했으나, 2000년도에 농업경영 여건이 악화되면서 15.1%로 전년의 절반 수준에 그쳐 '93년 이후 향상되었다는 응답률이 최저치를 기록하였다

5년 후 농촌생활이 도시와 비교해서 어떻겠느냐는 질문에는 1.8%의 응답자만이 '도시보다 살기 좋은 곳이 될 것'이라고 답하였고, 13.4%는 '도시만큼 살게 될 것'으로 전망했으며, 84.8%의 응답자는 '도시보다 살기 어려운 곳이 될 것'이라고 전망해 미래 농촌생활에

대해 어두운 전망을 하고 있는 농업인이 긍정적인 전망보다 압도적으로 많았다.

2) 농사 만족도 및 농업관

농업인들이 농업에 종사하며 어느 정도 만족감을 갖고 있는지 조사한 결과를 연도별로 살펴보면, '93년 UR협상이 타결된 직후 실시된 조사에서 '만족한다(매우 만족 포함)'는 응답이 9.9%로 최저치를 기록한 후 해가 갈수록 변동은 있으나 조금씩 만족도가 상승해 1차 농어촌구조개선사업이 마무리된 '98년 29.1%의 비율로 최고조에 달했다가 '99년 21.4%로 떨어졌다. 이후 2000년에는 다시 '만족한다'는 응답자가 전년의 절반가량인 10%대로(12.6%) 떨어짐으로써 최저치를 기록하였다. 이와 함께 '불만이다(매우 불만 포함)'라고 응답한 비율은 2000년도에 48.6%에 달해 농업인 절반 정도는 농업에 종사하는 것에 대해 불만족해하고 있는 것으로 나타났고, 38.8%의 농업인은 농업에 종사하는 것에 대해 '그저 그렇다'는 애매한 태도를 보이고 있는 것으로 조사되었다. 하지만, 국가 경제에서 농업이 차지하는 비중에 대해서는 '국가 경제에서 중요하다(매우 중요 포함)'고 생각하는 농업인이 82.8%로 대다수를 차지해 농업의 기본 가치에 대한 인식은 크게 변하지 않고 있는 것으로 나타났다.

PART 9

아동과 여성복지

사회복지의 대상은 사회구성원 전원이라 할 수 있다. 모든 사회구성원이 인간다운 삶을 누리는 것이 사회복지의 궁극적 목표이기 때문이다. 그러나 사회구성원 가운데 생활사를 해결하는 능력이 상대적으로 취약한 아동, 여성, 노인, 장애인 등에게 우선적으로 관심의 초점이 주어져야 할 것이다.

제1절 아동과 사회복지

아동복지란 아동과 복지의 합성어이다. 아동복지는 단지 빈곤, 방치, 유기, 질병, 결함 등을 지닌 아동 혹은 환경에 적응하지 못하는 비행아동들에게만 관심을 두는 것이 아니다. 아동복지란 모든 아동이 신체적 · 지적 · 정서적 발달에 있어서 안전하고 행복하도록 위험으로부터 지키고 보호하기 위하여 공사의 모든 기관에서 실시하는 사회적 · 경제적 · 보건적인 모든 활동인 것이다.

박송규(1988)도 아동복지란 특수한 장애를 지닌 아동은 물론 모든 아동들이 가족 및 사회의 일원으로서 신체 및 정신적으로 건전하게 성장 · 발달할 수 있도록 지역사회나 사회복지 분야의 공사단체나 기관들이 협력하여 아동의 복지에 필요한 사업을 계획하여 실천에 옮기는 모든 조직적인 활동으로 정의하였다.

아동복지는 아동의 신체적 · 정신적 욕구가 충족된 상태를 의미한다. 이는 또한 아동복지의 목표가 되는데 전통적으로 사회복지활동을 사회복지 자체로 보아 왔기 때문에 앞에서 인용한 정의들이 아동복지의 개념으로 통용되고 있는 것이다.

우리나라에서는 예로부터 부락 공동으로 고아나 기아를 보호하여 왔다. 서구에서는 고아나 기아에 대한 보호가 교회의 자선에서 유래되었는데, 어린이들은 성인과 다른 형태의 보호를 필요로 한다는 인식이 최근에 와서야 이루어졌다.

Ⅰ. 아동복지의 대상

아동은 심신이 모두 성장과정에 있는 미성숙한 인간을 말한다. 아동은 일반적으로 연령에 의하여 규정되고 있는데 학자와 전문분야에 따라 발달 단계와 연령범위가 서로 상이하게 제시되기도 한다. 심신이 모두 성숙한 성인으로 성장하는 데는 자연환경과 문화적 배경 및 개인의 자질과 양육 상태에 따라 상이하기는 하지만 대체로 20년 정도가 소요된다.

좁은 의미에서의 아동복지는 결손가정의 아동, 미혼모 태생의 아동, 법적 보호자가 없는 아동, 빈곤한 아동, 학대받는 아동, 학교 중퇴자 및 심신장애인 등을 대상으로 하지만 넓은 의미에서는 다음과 같이 구분되는 모든 아동이 그 대상이 된다.

1. 아동의 연령구분

1) 심리학 분야

Hurlock은 아동 전기(2～6세) · 아동 후기(6～12세) · 청년기(12～18세)로, Gesell은 유아기(1～6세) · 아동기(7～11세) · 청년기(12～24세)로 구분하였다.

2) 의학 및 아동학 분야

Cole은 유아기(0～6세) · 아동기(6～12세) · 사춘기(12～15세) · 청년 중기(15～18세) · 청년 후기(18～24세)로 구분하였고, M. C. McHale, J. McHale 및 Streatfeild는 태아기(출생 전) · 신생아기(0～4주) · 유아기(0～1세) · 학령 전기(1～5세) · 학령기(소녀 6～9세, 소년 6～11세) · 소년기(소녀 10～11세, 소년 12～13세) · 청소년기(소녀 12～17세, 소년 14～19세)로 구분하였다.

3) 법학 분야

- 아동복지법: 18세 미만을 아동으로 규정
- 민법: 20세 미만을 미성년으로 규정
- 형법: 14세 미만을 미성년으로 규정
- 소년법: 20세 미만을 소년으로 규정
- 근로기준법: 13세 이하를 연소자, 18세 이하를 소년으로 규정
- 생활보호법: 18세 미만을 아동으로 규정

2. 아동인구

1975년을 기준으로 생의 단계별 세계의 인구구조를 살펴보면 유아기(0~5세) 인구가 15.7%, 학동기(6~13세) 인구가 18.1%, 청소년기(14~19세) 인구가 12.1%, 청년기(20~29세) 인구가 16.1%, 장년기(30~59세) 인구가 29.4%, 노년기(60세 이상) 인구가 8.6%로 구성되어 있다. 후진국의 경우 높은 출산율로 아동인구의 비율이 상대적으로 더 높게 나타난다(Mc Hale 외, 1979).

선 · 후진 지역별로 아동인구의 비율을 살펴보면 <표 32>에 나타난 바와 같이 후진국이 상대적으로 더 높은데 2000년의 경우도 마찬가지다. 즉 총인구 대비 15세 미만 아동인구의 비율은 32%인데 후진지역은 34%, 선진지역은 22%로 후진지역의 아동인구 비율이 선진국 대비 50%나 더 높다.

〈표 32〉 선 · 후진 지역의 15세 미만 인구비율

(단위: 백만 명)

구분	1975			2000		
	15세 미만 인구(A)	총인구(B)	A/B(%)	15세 미만 인구(A)	총인구(B)	A/B(%)
선진지역	281	1,129	25	302	1,353	22
후진지역	1,158	2,892	40	1,628	4,766	34
총인구	1,439	4,042	36	1,930	6,119	32

자료: McHale 외, 1979.

한국의 경우 1960년 이후 15세 미만 아동의 인구와 2030년까지의 전망을 살펴보면 <표 33>과 같다.

〈표 33〉 한국의 15세 미만 아동 인구

(단위: 천 명)

연도	총인구	0~14세(%)	연도	총인구	0~14세(%)
1960	25,012	10,588(42.3)	2000	47,275	10,233(21.6)
1970	32,241	13,709(42.5)	2010	50,618	10,080(19.9)
1980	38,124	12,951(34.0)	2020	52,358	9,013(17.2)
1990	42,869	10,974(25.6)	2030	52,744	8,448(16.0)

자료: 통계청 「장래인구추계」 1996. 12. ( ) 속은 구성비

총인구에 대한 15세 미만 아동인구의 상대적 비율은 앞으로도 매우 큰 폭으로 감소될 것으로 추정된다. 이것은 그동안의 인구교육 결과이기도 하다. 그러나 이것은 경제성장의 영향으로 세계 각국의 기대여명이 증가하여 상대적 비율이 감소한 것이지 아동인구의 절대수는 그 점유율의 감소보다는 그 폭이 좁다.

우리나라의 경우에는 아동복지의 대상이 되는 아동인구가 인구의 연령 계층별 구성비에서뿐만 아니라 그 절대 수 자체도 최근에 감소

추세를 보이고 있다. 1960년 이후 아동인구는 계속 줄어 전체 인구의 41%인 1,562만 1천여명이었으나 1997년 27.7%인 1,276만 1천여 명이 되었고 2020년에는 21%인 1,098만 명으로 감소될 것으로 전망된다.

II. 아동복지의 발달

19세기까지 아동은 종족보존의 수단으로만 여겨졌으며 때로 매매의 대상이 되기도 하였다. 아동복지 또한 자선사업의 범주를 크게 벗어나지 못하였다.

1. 아동권리에 대한 제네바 선언

아동이 하나의 인간으로서 사회적 기본권을 보장받게 된 것은 주로 20세기에 와서이다. 1924년에 국제연맹이 '아동권리에 대한 제네바 선언'을 선포하였는데, 그 내용은 다음과 같다.

① 아동이 물질적으로나 도덕적 및 정신적으로 정상적으로 성장하도록 도와주어야 한다.
② 굶주린 아동에게는 먹을 것을, 병든 아동에게는 의료혜택을, 장애가 있는 아동에게는 도움을, 부적응 아동에게는 감화를 주고 고아나 기아는 수용하여야 한다.
③ 아동은 어려움에 처했을 때 맨 먼저 구해져야 한다.

④ 아동에게는 사회보장적인 조치를 취해 주어야 하며 때가 되면 생계를 세울 수 있게 훈련되어야 하며 착취되어서는 안 된다.
⑤ 아동은 자신의 재능을 가지고 동포에게 봉사한다는 자각을 갖도록 육성되어야 한다.
⑥ 아동은 인종 · 국적 · 신앙에도 불구하고 보호되어야 한다.
⑦ 아동은 그 가족의 전체성을 존중하여 보호되어야 한다.

2. 국제연합의 아동의 권리선언

1959년 국제연합은 다시 전문과 10개조로 된 '아동의 권리선언'을 통하여 "인류가 어린이에게 최상의 것을 줄 의무가 있다"라고 세계아동복지의 개선을 촉구하였는데, 세계아동의 권리선언은 세계 각국을 대상으로 아동을 권리주체로서 인정할 것을 피력하고 있으며, 지금까지 세계의 아동복지 사상의 보급에 많은 영향을 끼쳤다.

이 선언의 제5조에서는 신체적 · 정신적 · 사회적 장애가 있는 아동에게는 특별한 보호가 가해져야 한다고 선언하였는데, 1971년에는 '정신박약아를 위한 권리'도 선언함으로써 모든 아동이 인간다운 생활을 할 권리를 가지고 있음을 밝혔다. 그 전문과 본문의 각 조항을 각각 살펴보면 다음과 같다.

그 후 세계 각국이 아동헌장을 제정하여 아동복지에 많은 관심을 기울이게 되었는데, 우리나라에서도 1957년에 '어린이헌장'을 선포한 바 있다.

국제연합 아동 권리선언

전문

유엔의 모든 국민들은 유엔 헌장을 통하여 인간의 기본적 권리와 개인의 존엄성 및 가치에 대한 그들의 신념을 재확인하고 더욱 큰 자유 속에서 사회적 진보와 생활수준의 향상을 가져올 것을 결심하였으며, 유엔은 또한 그 세계인권 선언을 통하여 인간은 누구나 그 선언에서 규정된 바와 같이 인종 · 피부색 · 성별 · 언어 · 종교 · 정치적 또는 기타의 견해, 그가 속하는 국가나 사회 · 재산 · 가문, 그 밖의 신분상 차이 등에 의하여 차별받음이 없이 모두 동등한 권리와 자유를 누릴 권리가 있음을 선언하였으며, 아동은 아직도 심신이 미성숙하기 때문에 그의 출생 전과 후에 걸쳐 적당한 법률상 보호를 포함하는 특별한 보호와 양호를 필요로 하는 것이며 이런 특별한 보호의 필요성은 1924년도 아동의 권리에 관한 제네바 선언에서도 언급되었고 세계인권선언에서도 언급되었고 그 밖에 아동복지에 관계있는 특수기관 또는 국제기관들의 규약에서도 인정된 바 있으며, 인류는 그가 가진 최선의 것을 아동에게 베풀 의무를 가졌으므로, 유엔 총회는 아동이 행복한 아동으로 자라나며, 그 자신의 선과 사회의 선을 위하여 여기에 규정된 권리와 자유를 즐길 수 있게 할 것을 목적으로 하고 또한 양친 · 개인으로서의 남녀 · 민간단체 · 지방행정기관 또는 중앙정부에 대하여 다음에 규정한 제 원칙에 따라서 정식법률로 또는 기타의 적극적인 수단으로 이 모든 권리를 인정하고 또한 준수할 것을 요구하기 위하여 이에 이 아동의 권리선언을 선포한다.

1959년 11월 20일

제1조 아동은 이 선언에서 규정한 모든 권리를 갖는다. 모든 아동은 예외 없이 자신 또는 가족이 속해 있는 인종 · 피부색 · 언어 · 성별 · 종교 · 정치적 또는 다른 견해 · 소속 국가 및 사회 · 재산 · 가문, 그 밖의 신분 등으로 인하여 구분 또는 차별받음이 없이 이 모든 권리를 갖는다.

제2조 아동은 제 법률 또는 다른 방법에 의하여 신체적 · 지능적 · 도덕적 · 정신적 및 사회적으로 건강하고 정상적인 방법에 의하여, 그리고 자유와 존엄성이 있는 조건하에서 자라날 수 있도록 특별한 보호를 받아야 하며, 또한 그러한 기회와 시설이 제공되어야 한다. 이 목적을 위한 활동에 있어서 최선의 고려는 아동자신의 이익에다 두어야 한다.

제3조 아동은 자신의 출생 시부터 이름과 국적이 주어져야 한다.

제4조 아동은 사회보장적인 혜택을 받아야 한다. 그는 건강하게 자라날 권리가 있으며 이 목적을 달성하기 위하여 아동 그 자신과 그의 모친에게 특별한 양호와 보호를 주어야 하며 이 보호는 적당한 산전 · 산후의 보호를 포함한다. 아동들은 적당한 영양 · 주택 · 레크리에이션 및 의료의 봉사를 받을 권리가 있다.

제5조 신체적 · 정신적 또는 사회적으로 장애가 있는 아동은 자신의 특정한 조건 때문에 요구되는 특별한 치료교육 및 양호가 가해져야 한다.

제6조 아동은 그의 인간성의 충분하고 조화된 발육을 위하여 사랑과 이해를 필요로 한다. 그는 가능한 한 그의 양친의 양호와 책임하에서 자라날 권리가 있으며, 여하한 경우에라도 애정

어린 양육과 도덕적 분위기와 또한 물질적인 안정 속에서 자라날 권리가 있으며 특별한 경우를 제외하고는 유년시기의 아동은 결코 그의 모친으로부터 분리되어서는 안 된다. 사회와 공공기관은 가족이 없는 아동들과 적당한 보호를 받을 수 없는 아동들에 대해 각별한 양호의 손을 뻗칠 의무가 있다. 국가 또는 기타 기관은 어린 자녀들이 있는 식구 많은 가족에 대하여 어떠한 부조금을 지급하는 일은 장려할 만한 일이다.

제7조 아동은 최소한도 초등교육의 교육을 무료 및 의무적으로 받을 권리가 있다. 그는 또한 일반적인 교양을 증진하는 교육을 받을 권리가 있으며 그로 말미암아 그가 기회균등의 원칙에 입각하여 그의 능력과 그의 개인적인 판단력을 발전시켜 사회의 유익한 일원이 될 수 있게 하여야 한다. 아동에 대한 교육지도책임을 진 사람은 늘 아동에 대한 최선의 이익을 항상 그의 지도원리로 하여야 하며 자녀들에 대한 책임은 누구보다도 먼저 양친에게 있다. 아동들에게는 놀이와 레크리에이션을 위한 충분한 기회가 주어져야 하며 그 놀이와 레크리에이션은 교육과 똑같은 목적으로 지도된 것이라야 하며 사회와 공공기관은 아동들이 이 권리를 향유하도록 최선을 다하여야 한다.

제8조 아동은 어떠한 경우에서든지 우선적인 보호와 구호를 받아야 한다.

제9조 아동은 모든 형태의 방임과 학대 및 착취로부터 보호되어야 한다. 그는 어떠한 형태로든지 매매의 대상이 되어서는 안

된다.

아동은 적당한 최저연령에 달하기 전에 고용되어서는 안 되며, 또한 어떠한 직업이나 고용관계를 막론하고 그의 건강과 교육을 해하거나 그의 신체적 · 정신적 혹은 도덕적 발전에 영향을 주는 일에 종사하는 일이 생기거나 또는 그런 일을 허용하는 일이 있어서는 안 된다.

제10조 아동은 인종적 · 종교적 또는 어떠한 차별대우를 가져오는 행습으로부터 보호되어야 한다. 그는 인간과 인간 사이의 이해와 인내와 우정, 그리고 평화와 고귀하고 아름다운 인류우애의 정신과 또한 그의 정력과 재능이 그의 동포인 인류에 대한 봉사를 위하여 바쳐야 한다는 충분한 자각 속에서 육성되어야 한다.

3. 정신박약아를 위한 권리선언

유엔이 채택한 세계적인 인권선언, 즉 모든 인간 가족은 어떠한 종류의 인간이든 동등한 인간으로서의 존엄과 자유를 가졌다는 선언과 역시 유엔이 채택한 아동의 권리선언, 즉 육체적 · 정신적 · 사회적 장애를 받은 아동은 특별한 조치와 교육과 보호를 받을 권리가 있다는 선언에 입각하여 정신박약아 국제연맹은 다음과 같이 정신박약아의 일반적 및 특수한 권리를 선포한다.

제1조 정신박약아는 국민으로서 일반 시민과 동등한 기본적 권리

를 가진다.

제2조 정신박약아는 그 상태가 아무리 심하다 할지라도 그의 능력과 가능성을 최대한도로 발전시킬 수 있도록 적절한 의학적 조치와 교육, 훈련, 직업 보도 등 삶을 위한 도움을 받을 권리가 있다.

제3조 정신박약아는 안정된 경제생활을 보장받을 권리가 있다. 또한 생산적이며 뜻있는 직업에 종사할 권리가 있다.

제4조 정신박약아는 가족들과 함께 살 권리가 있다. 또한 모든 사회생활에 참가하며 여가를 즐길 수 있는 조치가 마련되어야 한다. 만일 시설에서의 양호가 필요한 자라며 그 시설은 최대한도로 가정적 분위기가 조성되어야 한다.

제5조 정신박약아는 행복을 위해 협조할 개인적인 보호자를 가질 권리가 있다. 그러나 직접 정신박약아 교육에 종사하는 사람은 이런 보호자가 되어서는 안 된다.

제6조 정신박약아는 비난과 멸시와 소외당해서는 안 될 권리가 있다. 만일 고소를 당한다면 그의 특수한 상태를 충분히 인정하여 공정한 재판을 받게 해야 한다.

제7조 정신박약아의 수준과 상황에 따라 어떤 아동은 권리들을 문자 그대로 적용시킬 수 없는 경우가 있을 것이다. 이들을 위해서는 이 권리의 내용이 적절히 수행되어야 한다. 이런 권리의 수행이나 포기를 위해서는 그의 사회적 능력에 대한 전문가의 평가를 정규적으로 받아야 하고 법률가의 자문을 받아야 할 것이다.

(UN 총회 결의 2858, 1971. 12. 20)

아동의 권리에 관한 제네바 선언 이후, 세계 각국은 제각기 어린이 헌장을 만들어 아동애호사상을 고취시키기에 힘썼다. 미국은 1930년에, 일본은 1951년에 각각 자국의 어린이헌장을 선포하였다.

이와 같은 국제적인 노력에도 불구하고 특히 개발도상국에 있어서 아동복지는 큰 진전을 이루지 못하였다. 이에 따라 국제연합은 1979년을 '세계 아동의 해'로 선포하였다. 그리고 그 정신을 이어받아 1990년에는 각국의 정상들이 국제연합에 모여 "어린이에게 미래를 돌려주기"로 결의하였다.

그들은 1990년대 10년 동안 어린이를 기아, 질병, 무지로부터 구출하기로 하였다.

4. 우리나라의 소년운동

우리나라에서 현대적인 아동복지의 발달은 서구 선진국에 비하여 다소 늦게 시작되었다. 그러나 일제하에서도 방정환 선생을 중심으로 한 조선소년운동협회가 국제연맹의 제네바 선언보다 1년 전인 1923년에 조직되었고 같은 해 5월 1일에 첫 어린이날 행사가 이루어진 것은 획기적인 사실이다. 당시 기념식에서 발표된 소년운동의 선언문을 소개하면 다음과 같다.

1) 소년운동의 선언(세 가지 조건)

본 소년운동협회는 이 어린이날의 첫 기념되는 5월 1일인 오늘에 있어, 고요히 생각하고 굳이 결심한 나머지 감히 아래와 같은 세 조건의 표방을 소리쳐 전하며, 이에 대한 천하 형제의 심심한 주의와 공명과 또는 협동 실행이 있기를 바라는 바이다.

① 어린이를 종래의 윤리적 압박으로부터 해방하여 그들에게 완전한 인격적 예우를 허하게 하라.
② 어린이를 재래의 경제적 압박으로부터 해방하여 만 14세 이하의 그들에 대한 무상 또는 유상의 노동을 폐하게 하라.
③ 어린이 그들이 고요히 배우고, 즐거이 놀기에 족할 각양의 가정 또는 사회적 시설을 행하게 하라.

계해년 5월 1일 소년운동협회

소년운동협회의 어린이 해방운동이 갖는 역사적 의의에도 불구하고 일제하에서의 아동복지는 근본적으로 개선을 크게 기대할 수 없었다.

광복 후에도 6 · 25의 전화 속에서 양산된 고아들에 대한 시설보호사업에서 크게 벗어날 수가 없었다. 1950년 2월에 후생시설 설치 기준이 제정되었는데 6 · 25로 시설보호사업이 급증하게 되었다. 6 · 25 후의 어린이 구호 사업에는 국내외의 각종 단체가 크게 공헌한 것은 주지의 사실이다. 1957년 5월 5일에 대한민국 어린이헌장이 제정되고, 1961년에는 아동복리법이 제정되어 우리나라 아동복지에 큰 관심과 노력을 기울이게 되었다.

1957년에 선포된 어린이헌장은 다음과 같다.

2) 대한민국 어린이 헌장

어린이는 나라와 겨레의 앞날을 이어나갈 새사람이므로, 그들의 몸과 마음을 귀히 여겨 아름답고 씩씩하게 자라도록 힘써야 한다.

① 어린이는 인간으로서 존중하여야 하며, 사회의 한 사람으로서 올바르게 키워야 한다.
② 어린이는 튼튼하게 낳아 가정과 사회에서 참된 애정으로 교육하여야 한다.
③ 어린이에게는 마음껏 놀고 공부할 수 있는 시설과 환경을 마련해 주어야 한다.
④ 어린이는 공부나 일이 몸과 마음에 짐이 되지 않아야 한다.
⑤ 어린이는 위험할 땐 먼저 구출되어야 한다.
⑥ 어린이는 어떠한 경우에라도 악용의 대상이 되어서는 안 된다.
⑦ 굶주린 어린이는 먹여야 한다. 병든 어린이는 치료해 주어야 하고, 신체와 정신에 결함이 있는 어린이는 도와주어야 한다. 불량아는 교화하여야 하고, 고아와 부랑아는 구호하여야 한다.
⑧ 어린이는 자연과 예술을 사랑하고 과학을 탐구하며, 도의를 존중하도록 이끌어야 한다.
⑨ 어린이는 좋은 국민으로서 인류의 자유와 평화와 문화 발전에 공헌할 수 있도록 키워야 한다.

또한 1973년 2월 8일에는 모자보건법이 제정되어 "모성의 생명과 건강을 보호하고 건전한 자녀의 출산과 양육을 도모함으로써 국민의 보건향상에 기여"하게 되었다. 특히 1981년 4월 13일에 아동복리법을 아동복지법으로 개정하면서 대상아동을 요보호아동뿐만 아니라 일반 아동까지 확대하게 되었다.

Ⅲ. 아동복지와 청소년 문제

오늘날 아동복지에서 가장 큰 문제는 청소년의 빈곤과 일탈행동을 들 수 있고, 이것은 우리 사회가 해결하여야 할 과제로 대두되어 있다. 또한 성장과정에서 가정의 안정과 영양소의 충분한 공급 그리고 청소년의 성보호 등이 아동복지의 주요 관심사가 아닐 수 없다. 이와 같은 관점에서 먼저 청소년의 고민과 청소년범죄 등에 대하여 살펴보기로 한다.

1. 청소년의 고민

청소년이 고민하는 문제는 통계청의 1998년 및 2002년의 조사연도별로 <표 34>와 같이 나타났다. 1998년의 경우 청소년의 고민 가운데 학업문제가 가장 큰 비중을 차지하고 다음으로 가정환경 및 신체·용모·건강이 큰 비중을 차지하고 있는데 도시와 농촌, 남자와 여자 간에 큰 차이가 없었다.

그런데 2002년의 경우는 청소년이 고민하는 문제의 비중이 1998년 대비 상당한 차이를 보이고 있다. 즉 가장 비중이 큰 고민은 학업문제이지만 그 다음으로 신체 · 용모 · 건강의 비중이 가정환경의 비중보다 높게 나타났다. 그리고 이와 같은 경향은 도시에서, 여자가 상대적으로 더 높게 나타났다.

〈표 34〉 청소년이 고민하는 문제

(단위: %)

	1998	동부	읍면부	남자	여자	2002	동부	읍면부	남자	여자
계	100.0	100.0	100.0	100.0	100.0	100.0	100.0	100.0	100.0	100.0
신체 · 용모 · 건강	15.0	15.7	11.9	14.9	15.0	16.8	17.2	15.2	16.7	17.0
가정환경	18.8	19.4	16.4	19.0	18.7	12.5	12.6	12.2	12.6	12.4
용돈	2.6	2.5	2.8	2.6	2.5	3.8	3.7	4.1	3.7	3.8
학업	39.7	40.0	38.4	39.6	39.8	38.8	39.4	36.0	37.8	39.7
직업	5.9	5.3	8.8	6.7	5.3	6.6	6.3	7.9	7.1	6.1
친구우정	2.5	2.4	2.5	2.4	2.5	2.6	2.5	3.2	2.6	2.7
이성교제	4.9	4.9	4.8	5.1	4.7	6.2	6.1	6.3	6.6	5.7
학교폭력	7.1	7.2	6.6	7.1	7.1	3.4	3.2	4.3	3.3	3.5
기타	3.6	2.5	7.8	2.7	4.4	9.3	9.0	10.9	9.5	9.1

통계청, 「사회통계조사보고서」
1) 1998년에는 "모르겠다" 포함
2) 2002년에는 "흡연 · 음주 · 인터넷 중독, 고민 없음" 포함

2. 청소년범죄

국가와 사회의 미래가 청소년에게 달려 있기 때문에 건전한 청소년의 육성은 동서고금을 통틀어 매우 중요시해 왔다. 이 같은 관점에서 청소년의 범죄 문제는 기성세대의 범죄 문제보다 더욱 심각하게 우려하기도 한다.

<표 35>는 절도, 살인, 강도, 강간 및 폭행 · 상해 등 주요 범죄자

에 대한 연도별 소년범죄자의 비율을 나타낸 것이다. 대체로 주요 범죄의 소년범죄자 비율이 낮아지고 있으나, 살인과 강간 등의 주요 범죄에 있어서는 소년범죄자 비율이 최근에 높게 증가세를 보이고 있다. 이것은 <표 35>에 나타난 바와 같은 청소년의 음란 · 폭력성 간행물 접촉과도 무관하지 않으리라 판단된다.

한편, 주 5일제수업 시대에 평생 교육적 차원에서 건전청소년 육성 프로그램 개발과 이를 지원하는 시스템의 정착이 더욱 요구된다 하겠다.

〈표 35〉 소년범죄자 비율

(In persons, %)

연도	주요 범죄				
	절도	살인	강도	강간	폭행 · 상해
1992	50.1	11.8	46.3	19.9	3.5
1993	47.9	12.0	48.1	23.2	3.3
1994	53.0	8.5	53.1	11.3	3.4
1995	55.3	8.5	51.5	11.1	3.9
1996	56.8	6.5	46.4	10.6	4.3
1997	56.8	6.8	47.8	9.6	4.6
1998	53.0	5.3	45.0	9.1	4.2
1999	45.8	4.9	42.5	8.2	3.7
2000	45.9	3.9	37.4	8.0	3.7
2001	40.2	4.4	32.4	6.4	3.3
2002	38.0	5.6	27.9	10.5	2.9

자료: 대검찰청 「범죄분석」

Ⅳ. 아동복지의 전제와 원리

1. 아동복지의 전제

아동복지의 목표는 아동의 욕구충족, 다시 말해서 발달과업에 따라 아동의 자아를 실현하도록 하는 것이다. 이를 위해서는 유형, 무형의 각종 지원을 필요로 한다.

아동복지의 기본적 전제는 시각에 따라 다소 차이를 보이고 있는데, 장인협(1984)은 『사회사업사전(Encyclopedia of Social Work)』과 Fredericksen 및 Key 등의 견해를 종합하여 아동복지의 전제를 다음과 같이 제시하고 있다.

1) 안정된 가정생활

가정은 모든 아동의 성격형성과 사회화의 기본이 되므로 아동에게 있어서 안정된 가정생활이 되도록 하여야 한다. 그리고 부모의 사망, 이혼, 신체적 · 정신적 질환이나 방임, 유기, 학대 등의 경우에는 가정을 대리할 수 있는 대리보호적 제도나 서비스가 고려되어야 하겠다.

2) 적절한 가족의 수입과 주거

아동의 건전한 성장발달을 위해서는 안정된 가정생활에 필수적인 최저한도의 물질적 욕구, 즉 의식주 문제가 해결되어야 한다. 따라서 일차적으로 충분한 경제부조제도가 보완되어 빈곤의 악순환을 제거할 때 아동복지의 모든 프로그램이 효율화될 것이다.

3) 영양, 보건 및 의료보호

아동의 영양, 보건 및 의료보호는 아동의 건전한 성장과 발달에 기본이 된다.

4) 교육기회

"모든 국민은 균등하게 교육을 받을 권리가 있다. 적어도 초등교육은 의무적이며 무상으로 한다"라고 헌법 제16조에 명시하고 있듯이 모든 아동에게 교육의 기회를 부여해 주는 것이 국가의 의무이며 책임임을 인정하는 것이다.

5) 노동

모든 아동은 연소노동과 유해노동에서 보호되어야 함은 아동복지의 기본전제인 것이다.

6) 여가와 오락생활

오락 활동은 아동의 건전한 성장 발달에 크게 기여할 뿐만 아니라 또 다른 한편으로는 불량화나 비행과 매우 밀접한 관계를 맺는 기회도 제공하게 된다. 따라서 건전한 유희나 오락 프로그램을 적극 개발하여야 할 뿐 아니라 시설 및 지도자를 위한 대책도 수립해야 할 것이다.

7) 특수보호

아동들 중에는 특수한 문제나 욕구를 지니고 있어서 특수한 법적·사회적 보호를 요하는 아동들이 있다. 이들에게는 특수한 보호와 치료의 기회를 부여해 주어야 한다.

2. 아동복지사업의 제 원칙

위에서 고찰한 아동복지의 전제와 더불어 아동복지사업의 주요 원칙은 다음과 같다.

① 가급적 어린이를 가정에서 이탈하지 않도록 도와주자.
② 가급적 조기에 도와주자.

한편, 장인협(1984)은 『아동복지론』에서 아동복지사업의 제 원칙으로서 권리와 책임 원칙, 보편성과 선택성 원칙, 통합성 원칙 및 전문성 원칙을 제시하였다.

1) 권리와 책임원칙

아동의 건전한 성장과 발달을 위해서는 아동, 부모 및 사회의 삼자간에 각각의 권리와 책임이 확립되어야 하겠다.

(1) 아동의 권리와 책임

아동은 권리와 함께 책임도 지니고 있다. 저들은 성인의 정당한 기대나 합리적 요망을 받아들여야 하며, 개인의 책임감을 발전시켜야 하며, 자신의 발전에 도움이 되는 기회를 적극 활용하는 책임의식을 명백히 해야 할 것이다.

(2) 부모의 권리와 책임

아동에 대한 일차 권리와 책임은 부모에게 주어지는 것이다.

(3) 사회의 권리와 책임

사회는 사회생활에 필요한 질서 유지와 아동의 복지 증진을 위한 권리와 책임을 가지고 있다.

2) 보편성과 선택성 원칙

아동보호 · 육성대책에는 보편성과 선택성의 원칙이 함께 적용되어야 하겠다. 보편성이라 함은 거시적이며 총괄적이며 기회균등적인데 비해, 선택성이란 보충적이며 종별적이며 열등처우적인 요소가 많은 것을 뜻한다.

3) 통합성의 원칙

아동도 하나의 전체성을 띤 인간이므로 이들에게 관련되는 대책적 원칙들을 상호 보완하여 적용하여야 하겠다. 모든 아동에게는 안정된 가정생활, 경제적 안정, 교육, 보건, 노동, 오락 및 특수보호 등에 대한 프로그램이나 서비스가 총체적으로 제공되어야 하는 것이다.

4) 전문성 원칙

아동의 요구, 사고 및 행동문제에 관해서는 전문적 지식이나 기술이 요청되므로 이들을 위한 전문기구와 아울러 전문적 인력이 요구되고 있다.

제2절 여성과 사회복지

일반적으로 사회복지는 빈민, 고아 및 무의탁노인이나 장애인을 돕는 일로 인식되는데 이에 못지않게 여성 또한 사회복지의 주요 대상이 된다. 그 이유는 오늘날 대부분 개발도상국의 여성이 가정과 직장 등 사회의 모든 분야에서 유형 · 무형의 성차별을 받고 있고, 정도의 차이는 있으나 선진국에서조차 여성은 성차별의 질곡 속에서 살고 있기 때문이다.

지구상의 거의 모든 나라에서 인간의 평등을 헌법으로 보장하고 있는데도 현실적으로 성차별이 존재하고 있는 까닭은 어디로부터 연유하는가? 그것은 인간이 태초에 평등하게 창조되었음에도 긴 역사가 가부장권의 문화로 계속되어 왔기 때문이다. 따라서 여성복지는 그와 같은 성차별의 역사와 오늘날의 성차별문제로서 법적 지위 및 취업차별, 그리고 모자가정의 빈곤문제 및 여성의 과로 등에 관심의 초점을 모으게 된다.

Ⅰ. 성차별의 역사와 여성의 법적 지위 강화

1. 성차별의 역사

성차별은 어제오늘의 문제가 아닌 것이 고대의 법률에서 발견되는 남녀 간의 차별에서도 입증된다. Nice(1965)에 의하면 Isin의 왕이었던 Lipit－ista에 의한 B.C. 2207년의 Lipit－istar법은 같은 잘못에 대한 처벌에 다음과 같이 성별로 차별을 두고 있다.

제1조 아버지 보고 "당신은 내 아버지가 아니오"라고 하는 아들은 삭발하여 노예표지를 하고 팔아 버릴 수 있다.
제2조 어머니 보고 "당신은 내 어머니가 아니오"라고 하는 아들은 머리의 반을 삭발하여 시내를 돌게 하고 집에서 추방한다.
제3조 아들에게 "너는 내 자식이 아니다"고 하는 아버지는 집을 몰수한다.
제4조 아들에게 "너는 내 자식이 아니다"고 하는 어머니는 집과 가구를 몰수한다.
제5조 남편에게 "당신은 내 남편이 아니오"라고 증오하는 아내를 강에다 던진다.
제6조 아내에게 "당신은 내 아내가 아니오"라고 하는 남편은 1/2maneh(용량단위)에 해당하는 은을 지불해야 한다.

이와 같은 성차별뿐만 아니라 동서고금을 통하여 일반적인 성차별은 사회생활에서의 제약과 일부다처제도인 것으로 판단된다. 봉건사회에서는 말할 것도 없거니와 오늘날에도 법적으로는 일부다처를 금지하고 있는 국가에서도 오랜 관습이나 종교제도에 의해 일부다처가 온존하고 있다.

우리나라의 경우 고려 중기에 가부장권에 의한 여성의 억압은 절정에 달했다. 조선시대로 넘어오면서 가부장제 지배체제는 유교 이데올로기에 의해 더욱 강화되었다. 일제 식민체제하에서 여성은 철저한 노동착취의 대상은 물론 일종의 성적 폭력의 대상이 되었다.

민주화된 오늘날에도 산업화는 여성을 상품화하여 남녀평등의 법적 보장에도 불구하고 여성의 지위를 크게 향상시키지 못하고 있다. 오늘날 만연되어 가고 있는 인신매매와 성폭행의 대상으로서 여성의 보호는 오히려 과거 어느 때보다도 더욱 절실한 문제인 것이다.

2. 여성의 법적 지위 강화

1991년 1월 1일부터 시행된 개정가족법(민법 중 친족상속편)은 종래의 가족법에 비하여 여성의 법적 지위를 상당히 개선시켰다. 이에 따라 전통적인 부부간의 불평등한 수직적인 관계가 평등한 수평적 관계로 바뀌게 되었다.

1) 친족의 범위

종래의 가족법에서는 친족의 범위를 부계와 모계 및 부계와 처계에 따라 차별하여 왔다. 이와 같은 가부장적 전통은 남녀평등의 원칙에 반하는 것이다. 이와 같은 친족의 범위가 합리적으로 개선되어 혈족은 부계나 모계 모두 8촌 이내로 축소되었다. 그리고 배우자가 사망하여 살아 있는 배우자가 재혼할 경우는 전 배우자 혈육과의 인척관계가 모두 소멸하게 된다.

2) 계모자 및 적모서자의 관계

전통적으로 부는 자기의 혈족이 아닌 처의 소생자녀와의 사이에는 입양이 아닌 어떤 경우라도 계부자 관계가 발생하지 않는 데 반해서 후처나 적처는 본인의 의사에 반하여 법적 모자관계가 당연히 발생하였다. 이에 따라 친권, 부양, 상속을 비롯한 신분적 권리 · 의무관계에 서게 된 것은 뿌리 깊은 남녀차별의 인습에 기인한 것이다.

그러나 개정가족법은 본부인과 첩의 소생 사이를 인척관계로 규정하고 있으며, 혼인관계 이외의 소생에 대해서도 생부와 생모가 협의해서 친권을 행사하게 되었다.

3) 호주 및 재산상속

종래에는 가족이나 본인의 의사에 관계없이 장 · 차녀 구분 없이 가족들이 결정한 사람이 호주를 승계하게 되었다.

재산의 상속에 있어서도 종래에는 장남에게 호주상속분 50%가 가산되었고 출산한 딸은 다른 형제들보다 불이익을 받아 왔다. 그러나 개정가족법에서는 호주상속분 50% 가산조항을 폐지시키고 배우자에게만 50%를 가산해 주도록 하였다. 또한 출가한 딸도 다른 형제와 똑같이 상속받을 수 있게 하였다.

위에서 가족법을 중심으로 여성의 법적 지위를 살펴보았는데, 가족법 이외에도 여성의 지위를 남성에 예속시키는 각종 제도는 아직도 우리 사회의 곳곳에서 발견되고 있다. 예컨대 부부가 함께 상점이나 농장을 경영해도 부인은 무직으로 간주되어 왔다. 따라서 부동산 취득의 경우 각종 제약이 따른다. 뿐만 아니라 주부의 경우는 사고보상 시에도 매우 불리한 보상기준에 따르게 된다.

II. 여성의 취업차별과 대책

1. 여성의 취업과 성차별의 원인

15세 이상 인구의 경제활동참가율은 연도별로 다소 기복이 있으나 지난 20여 년간 2.5%의 증가를 기록하고 있다. 이것을 성별로 살펴보면 여성은 전문직, 특히 상위직에 대한 진출기회가 상대적으로 매우 제한되어 있다. 최근 상당히 개선되고 있으나 <표 36>의 고급공무원 중 여성 공무원의 낮은 비율도 이와 같은 차별과 무관하지 않은 것이다. 이것은 법적 미비보다도 전통적 가부장적 문화의 소산으로 보아야 할 것이다. 보수의 상대적 차등이나 임신에 따른 퇴직 강요와 인격 모독을 포함한 각종 부당한 처우는 남녀고용평등법이 아직 실효를 거두지 못하고 있기 때문이기도 하지만, 보다 근본적인 원인은 우리 사회에 뿌리 깊은 남존여비의 영향인 것으로 볼 수 있다.

성차별은 사회진출 이전의 가정에서도 이루어지는데 그것도 출생과 더불어 시작된다. 그리고 그와 같은 경향은 농촌지역에서 더욱 강하게 나타난다. 그 결과 남녀 간 교육투자에도 차별이 이루어지고 있는데, 아들과 딸에 대한 부모의 기대교육수준 차이도 가정에서의 성차별의 단면을 보여 주는 것이다.

〈표 36〉 4급 이상 여성공무원 비율

연도	총 공무원 수	여성공무원 수	비율(%) B/A
1990	801,870	193,768	24.2
1995	903,823	246,468	27.3
2000	849,152	267,647	31.5

자료: 행정자치부 「통계연보」

농촌인 군부에서는 대학교육의 경우 아들과 딸이 각각 61.2%와 48.1%로서 아들에 대한 기대교육수준이 훨씬 높은 것을 알 수 있다. 이에 비하여 시부에서는 오히려 딸에 대한 기대교육수준이 상대적으로 다소 높게 나타나서, 도시화의 진전과 더불어 그리고 1~2자녀 낳기가 더욱 보편화되며 교육투자에 대한 성차별은 해소될 것으로 기대된다.

여성의 취업차별은 여성취업에 대한 태도와도 무관하지 않을 것으로 판단된다. <표 37>에서 보는 바와 같이 여성취업에 대한 태도는 지역적으로는 군부가, 성별로는 남성이, 연령별로는 나이가 많은 층이 상대적으로 더 부정적이다. “여성은 가정에만 전념해야 한다”고 응답한 비율이 지역별, 성별 차이에서보다는 연령별 차이에서 더 크다. 즉 10대와 20대가 각각 12.9%와 14.3%인 데 비하여, 50대와 60대는 각각 25.1%와 41.5%를 기록하고 있어 노인들의 여성취업에 대한 부정적 태도를 보여 주고 있다. 그리고 가정과 관계없이 취업하는 것을 지지하는 비율은 전체적으로 모두 10% 내외에 머물고 있고, 대부분 결혼 전까지나 자녀성장 후 또는 결혼 전과 자녀성장 후에 한해서만 여성취업을 수용하는 태도를 보이고 있다.

여성취업에 대한 이와 같은 우리 국민의 부정적 태도는 여성의 취업을 제약하는 가정과 사회의 기본적인 요인으로 판단된다. 특히 가정과 사회의 지배적 지위에 있는 남성과 40～50대 이상의 장·노년층의 부정적 태도는 미혼여성은 물론 특히 기혼여성의 취업에 큰 장애요인이 된다 하겠다.

〈표 37〉 여성취업에 관한 태도

(단위: %)

구분	계	가정에만 전념	결혼 전까지 취업	첫 자녀 출산 전까지 취업	자녀 성장 후 취업	가정과 관계 없이 취업
전국	100.0	9.0	10.7	7.6	27.6	27.3
시부	100.0	14.1	15.5	7.1	21.5	24.8
남	100.0	11.6	13.1	8.4	25.2	23.1
여	100.0	8.5	10.3	6.7	27.6	30.4
초졸 이하	100.0	17.4	15.3	6.7	20.2	22.7
중졸	100.0	8.7	12.3	7.1	24.0	29.5
고졸	100.0	7.9	10.6	8.1	28.6	26.1
대졸 이상	100.0	7.0	8.7	7.7	31.6	30.5

자료: 통계청 「사회통계조사보고서」 1998

그러면 여성취업에 대한 기회와 처우 면에서는 구체적으로 어떤 사회적 제약이 따르는가?

1987년에 남녀고용평등법이 제정된 이후 기업체에서 사원을 모집

할 때 응모자격을 남자로 국한시키는 외형상의 성차별은 사라진 것이 사실이다. 그러나 정당한 사유 없이 여성의 응모기회를 전면 부정하거나 응시기회를 부여하고도 면접을 통하여 타당한 이유도 없이 탈락시키는 사례가 많았다. 또한 응시과정의 성차별을 극복하고 합격한 경우에 있어서도 연수과정을 통하여 연수성적 불량이라는 구실을 만들어 탈락시키기도 한다.

이와 같은 경우 분쟁이 일어나면 당해 기업체는 시험점수나 기타 타당한 이유를 제시해야 한다. 그것은 성차별 대비책으로 남녀고용평등법 제19조가 "이 법률과 관련한 분쟁해결에서의 입증 책임은 사업주가 부담한다"라고 규정하고 있기 때문이다. 그러나 이 규정은 현실적으로 성차별의 사례가 지속적으로 발생하고 있는 것으로 보아 그 실효성이 아직 미흡한 것이 사실이다.

그 외에도 동일직종의 모집에 있어서 여성에게는 상대적으로 불리한 특정한 제약을 기준으로 설정하는 경우도 흔히 발견된다. 예컨대 "남 30세, 여 23세", "단 여자는 미혼에 한함", "용모 단정한 여성" 등의 채용 기준 등은 철폐되었으나 아직까지도 동일학력의 경우에도 여성은 남성보다 하위직급에 채용하거나 여성은 임시직, 남성은 정규직에 채용하는 사례가 음성적으로 존재하는 것으로 보인다.

이와 같은 출발선에서의 성차별은 그 후에도 급여와 승진 등에서 악순환하여 지속된다. 그리고 급여에서의 성차별도 어느 기업에서나 일반적인 것으로 장기근속자의 경우 그 격차가 더욱 큰 것이 사실이다.

앞에서 고찰한 채용 시의 성차별이나 급여, 승진에서의 성차별과 더불어 결혼 · 임신으로 인한 퇴직의 강요도 흔히 발견되는 성차별 문제이다. 남녀고용평등법에 따라 사규에서 결혼 · 임신 시 퇴직조항은 대부분 사라졌지만 근무지 이동, 인신모독 등의 형태로 온존하고 있다. 그리고 지방의 일부 중소기업들은 여성의 정년퇴직을 28세로 규정하거나, 임신하면 퇴직한다는 등 사규의 불법조항은 철폐하고 있으나 분위기가 크게 달라진 것은 아니다.

이와 같은 성차별은 고학력 사무직 여성에 대하여도 이루어지고 있는데, 그 원인은 주로 다음과 같다.

① 여성은 주로 결혼 · 임신으로 퇴직하는 경우가 많아 재직기간이 짧고 따라서 기술축적이 어렵다.
② 여성에 대하여는 연장근로의 법적 제한이나 여건상의 제약이 따른다.
③ 유급출산휴가의 부담이 따른다.
④ 생리휴가 등 노무관리가 복잡하다.
⑤ 복지후생의 부담이 별도로 요구된다.

2. 여성의 취업활성화 대책

인구의 절반이 여성이고 경제활동인구의 약 40%를 여성이 점하고 있는 오늘날 여성의 노동권은 어떠한 구실로도 침해받을 수 없는 것이다. 남녀고용평등법에서도 모성보호를 위하여 직장탁아소 설치와 운영을 사업주에게 부담시키고 있는데 아직 그 실효성이 낮다. 그러면 이와 같은 문제의 대책은 무엇인가?

첫째, 사회복지의 관점에서 각 지역에 보다 많은 탁아소를 국가가 설치 운영한다.

둘째, 남녀고용평등법의 위반사례에 대한 벌칙조항을 강화한다.

셋째, 여성의 고용 촉진을 위한 할당제와 이를 위한 세제상의 혜택 등 유인책을 강화한다.

끝으로, 여성들도 동일한 근무 여건하에서 남성과 대등한 능력과 근무태도를 갖고 있다는 믿음을 고용주에게 인식시켜야 한다.

Ⅲ. 여성의 노동

1. 농업노동력의 변화

오늘날의 농업노동의 특징은 여성화와 고령화이다. 농촌여성들은 전통적으로 가사노동전담자와 농사보조자의 위치에서 가사노동전담자와 농업종사자로의 역할 변화를 보이고 있다.

1987년 현재 농촌여성의 농업노동 투하량은 44.2%로 1965년의 27.5%에 비해 커다란 증가를 보이며, 농업노동에 있어 남성과 양적인 면에서 별다른 차이를 보이지 않는다.

청장년층의 도시유출은 여성의 농업노동 참여를 가속화시키는 계기가 된다. 빈농의 경우는 농업에 의한 생계유지가 곤란해짐에 따라 청장년층의 도시유출이 높고, 전체 가족 노동력 유지를 위해 여성의 생계유지적 농업노동 참여가 요구된다.

부농층의 경우도 교육 등의 문제와 근대부문에의 진출로 여성이 농업에 부분적 또는 보조적 형태로 참여하는데 고용의 어려움도 여성의 참여를 요구한다. 이와 같은 부분 이농은 가족구성을 변화시켜 농가호수가 유지되더라도 심각한 노동력 부족을 야기하고, 가족농 중심의 영세농하에서 경제적 이유와 성별 분업 양상은 더욱 여성의 부담을 가중시킬 수밖에 없다.

농업의 상업화, 겸업화에 따라 여성들은 논일 이외에도 환금작물 재배와 고용노동, 품앗이 등에 참여한다. 또한 직접적인 생산관련 노동 외에도 농사 일손을 위한 식사마련이나 소규모 생산물 판매 등의 일들이 여성에게 주어진다.

농기계 도입 여부에 관계없이 여성들은 전근대적 도구를 사용하는 경우가 대부분이므로 생산성 면에서 남성과 차이를 보이게 되고, 이러한 성별 분업 양상은 여성들의 농업노동을 가사노동이 확대된 형태로 인식하게 했다.

늘어나는 농업노동에도 불구하고 가사노동은 여전히 여성의 일로 남아 있다. 더구나 젊은 층 여성들의 도시유출로 농촌여성의 가사부담은 더욱 클 수밖에 없다. 이러한 가사와 농업노동의 이중부담은 여성의 사회·문화의 시간과 생리적 시간의 희생을 요구함으로써 생활에 대한 불만족과 건강 문제를 야기한다. 농촌여성들의 근면성은 강요된 면이 있지만 생계유지의 수단이기도 하다. 따라서 농가소득 향상을 감안한 노동의 합리화가 이루어져 농가주부의 가사노동과 농업노동이 합리적으로 관리되어야 할 것이다.

2. 가사노동의 분담

가사노동의 주 담당자는 농가주부이다. 직계가족의 비율이 높은 대가족의 경우는 가사노동을 담당할 다른 여성이 있어 가사노동이 여성들 사이에서 분배되지만, 영세농이나 핵가족의 여성은 농업노동과 더불어 이중의 과도한 노동을 담당하게 된다.

농가주부의 남편이 가사노동을 도와주는 경우는 도와주지 않는 경우보다 약간 많다. 그리고 핵가족 남편이 직계가족의 경우보다 좀 더 많이 돕는 것으로 나타났는데, 이는 가사노동보조자 여부와 관계있는 것으로 보인다.

남편의 연령별 가사노동 참여 정도는 젊은 층에서는 '많이 도와줌'이 비율이 높은 반면, 가사노동의 영역에서 전통적 성역할규범이 강하게 유지되고 있으므로 농가주부의 가사노동부담이 완화되기 위해서는 가족원 간에 가사노동이 합리적으로 분담되어야 하며, 이를 위해서는 가사노동은 여성이 하는 '하찮은 일'이라는 관념에서 벗어나서, '가사노동은 가족원의 재생산을 위해 필요한 노동'이라는 공동의식이 필요하다.

가사노동에 있어서 양성 간의 불평등 문제는 종종 가정불화를 초래하기도 한다. 양성 간의 불평등문제는 아직도 우리 사회에 가부장적 가치관이 잔존하기 때문이다.

〈표 38〉 가사분담 실태

(%)

	함께 사는 부부 중 부인	부인이 전적으로 책임	부인이 주로 하지만 남편도 분담	가사를 공평하게 분담	남편이 주로 하지만 부인도 분담	남편이 전적으로 책임
<1998>	100.0	44.9	47.1	5.7	2.0	0.2
동부	100.0	44.6	47.9	5.4	1.9	0.2
읍면부	100.0	46.1	43.7	7.2	2.6	0.5
<2002>	100.0	37.9	51.0	8.1	2.5	0.5
동부	100.0	37.8	51.5	7.9	2.3	0.5
읍면부	100.0	38.1	48.7	9.1	3.6	0.5

자료: 통계청, 「2002년 사회통계조사보고서」

3. 농촌여성의 가사노동 경감 방향

농가주부들의 농업노동 투하 비율이 늘어남에도 불구하고 여성의 가사노동 전담 상황은 바뀌지 않아 대부분의 농촌여성들은 무거운 이중노동에 참여하며 생리적 · 사회적 시간의 부족을 겪고 있다. 농업노동의 경우는 내용 면에서 남녀 간에 성역할에 따른 분업이 수행되나, 가사노동은 양과 내용 면 모두에서 거의 전적으로 주부들의 시간과 노력을 요구해 총 노동시간의 연장을 가져온다. 그러나 여성이 농업노동에 참여하는 추세는 앞으로도 계속될 전망이므로, 합리적인 개선 · 관리를 통해 농가주부들의 과중한 부담을 경감하는 노력이 필요하다.

첫째, 가사노동시간의 합리적인 운용이 필요하다. 부엌시설 개량, 편의시설과 전기제품 이용 · 관리법 교육 및 개발, 탁아소와 육아원 이용, 관혼상제 등의 간소화 등을 통해 취사, 세탁, 육아, 가족시중 등의 시간을 효율적으로 배분할 수 있다.

둘째, 가사노동의 합리적인 역할분담이 필요하다. 가사에는 여러 가지가 있으므로 주부를 중심으로 전 가족이 각자의 일은 자신이 하고, 공동의 일은 능력 · 체력 · 흥미 등에 따라 분담하거나 협동하는 것이 능률적이다. 가사노동에 대한 재평가와 공동의식이 필요하다.

셋째, 생활수준 향상과 생활방식 개선이 필요하다. 문화시설 확충, 합리적인 주택구조 등이 가사노동 감소에 도움을 준다. 부엌개량사업이나 생활개선교육, 탁아시설 확대 등의 제도장치와 교육프로그램은 시간 절감과 물질적인 개선 효과뿐만 아니라 의식변화도 수반해서 좀 더 합리적이고, 효율적인 생활에 도움을 줄 수 있을 것이다.

넷째, 마을 내 공동조직을 이용하여 작업노동을 협동화한다. 농번기 공동취사장, 공동세탁장, 과학적 식품가공기구의 공동구입을 통해 공동의 해결책을 마련할 수 있다.

다섯째, 농업노동의 기계화로 노동 경감의 효과를 가져온다. 그러나 현재와 같이 주부들이 기계에 익숙하지 못한 상황에서는 영농기계에 대한 교육기회가 확대되고, 기계 다루는 일이 남성의 일이라는 전근대적 사고의 전환이 필요하다.

이 밖에도 가사노동의 중요성 인식, 주부의 농업노동 적정화, 가전제품 사용법 지도 등이 필요하다.

PART 10

노인과 장애인복지

제1절 노인과 사회복지

노령인구의 증가는 세계적인 추세이다. 과학의 발달과 경제발전 및 의료시설과 제도의 개선으로 노령인구가 선진국은 물론 개발도상국에서 급격히 증가하고 있다.

이와 같은 노령인구의 증가는 필연적으로 각종 노인문제를 유발하게 된다. 노인문제로는 노령으로 인한 은퇴, 건강의 약화 및 그에 따른 각종 장애와 생산성 저하, 그 결과로 인한 소득의 감소 및 심리적 약화, 그리고 핵가족화에 따른 소외문제 등을 들 수 있다.

Ⅰ. 노인의 특성과 노령인구

1. 노인의 특성

노인은 생리적 · 심리적 · 정서적 노화현상에 따라 자신의 일상 생활사를 해결하는 능력이나 사회적 지위와 역할의 영역이 축소되게 된다. 그와 같은 노화현상을 생물학적 측면에서 보면 다음과 같다(박송규, 1988).

① 흰머리

② 시력의 감퇴: 40세가 넘으면 노안이 되어 예민도가 줄어든다. 70～80세가 되면 노인성 백내장과 같은 현상이 올 수 있으며, 시력은 급속히 떨어진다.

③ 청각의 쇠퇴: 60세를 지나 70세부터는 30% 정도가 난청을 겪게 되며, 80대에는 반수 이상의 노인들이 귀가 먼다.

④ 치아의 쇠퇴: 60대에서 50%, 70대에서는 60%, 80대에서는 80% 이상이 치아로 고통받는다. 소화가 잘 안 되며 얼굴모양도 노인답게 변하고 스스로 노쇠를 자각한다.

⑤ 소화기능 감퇴: 40～50대가 되면 소화기가 감퇴하고 침이나 위액이 줄어들어 소하기능이 떨어진다.

⑥ 폐기능 및 조혈기능 감퇴: 폐기능이 약화되고 백혈구의 저항이 약해지며 조혈기능이 약화된다.

⑦ 신경 · 근육 쇠퇴: 반응하는 시간이 길어지기 때문에 행동이나 작

업이 느려지고 세심한 일을 하지 못하며 사고의 위험성이 크다.

⑧ 세포의 사멸: 출생 시 약 150억 개이던 것이 30세가 지나면서부터 매일 10만 개 정도씩 사멸한다.

2. 노인인구

우리나라의 연령 계층별 인구구조는 평균수명의 연장과 출산율의 저하로 다른 개발도상국에 비하여 고령화가 급속히 진행되고 있다. 우리나라의 경우 60세 이상 노령인구는 1960년에 총인구의 2.7%로, 2000년에는 7.1%로, 2030년에는 국민의 5분의 1이 65세 이상인 노인으로 될 전망이다. 농촌인구의 노령화 속도는 더욱 빨라서 60세 이상의 노인이 1990년에는 15.35%였으나 2000년에는 이미 국민의 5분의 1을 초과하여 22.3%가 될 것으로 추정되어 심한 노령화가 사회문제로 대두되고 있다.

<표 39>의 연도별 노인인구를 보면 이것은 경제발전에 따른 생활수준의 향상과 의료기술의 발달 및 가족계획사업의 성공에 따른 결과이다. 한국은 고령사회에서 불원간 초고령사회로 될 것인데 노년부양비의 증가는 경제성장에 짐이 될 것이다.

〈표 39〉 연도별 노인인구(1970~2020)

(단위: 천 명, %)

연도	총인구	0~14세 인구(%)	65세 이상 인구(%)	부양비			노령화 지수
				총부양비	유년부양비	노년 부양비	
1970	32,241	13,709 (42.5)	991 (3.1)	83.8	78.2	5.7	-
1980	38,124	12,951 (34.0)	1,456 (3.8)	60.7	54.6	6.1	11.2
1990	42,869	10,974 (25.6)	2,195 (5.1)	44.3	36.9	7.4	20.0
2000	47,275	10,233 (21.6)	3,371 (7.1)	40.4	30.4	10.0	32.9
2010	50,618	10,080 (19.9)	5,032 (9.9)	42.6	28.4	14.2	49.9
2020	52.358	9,013 (17.2)	6,899 (13.2)	43.7	24.7	18.9	76.5

자료: 보건복지부 「보건복지통계연보」 1998

II. 노인복지의 발달

자연의 생태계는 적자생존과 약육강식의 법칙이 지배하고 있다. 까마귀 같은 날짐승의 새끼가 자란 뒤에 늙은 어미에게 먹을 것을 물어다 주는 반포의 예가 있기는 하지만 대부분의 동물들은 늙어 가면서 같은 무리에서 새로운 강자의 등장으로 누리던 지위에서 축출당하게 된다. 그런데 고대에는 인간의 경우도 동물적인 데서 크게 벗어나지 못했던 것 같다. 대표적인 예가 늙고 병든 이를 산 채로 광에 두었다가 죽으면 그 속에 매장을 하였던 고려장이다. 이와 같은 예는 지구상의 도처에서 발견된다.

1. 노인복지의 발달

경로사상이 생활화되고 제도화된 시기는 명확하지 않지만 "네 부모를 공경하라"는 십계명이나, 194년에 고구려에서 실시한 진대법 등을 볼 때 그 역사가 매우 오래된 것임을 짐작할 수 있다. 그러나 어버이날이나 경로헌장 등의 제정을 통하여 부모를 공경하도록 한 것은 20세기의 일이다. 5월 8일의 어버이날은 널리 알려진 바와 같이 미국에서 1913년 이래 5월의 두 번째 일요일을 어머니날(Mother's Day)로 정한 것이 세계적인 관습이 된 것이다.

우리나라에서는 1973년부터 어버이날로 개칭하였는데, 가족과 사회 및 국가의 노인봉양 책임을 천명한 경로헌장은 1982년 5월 8일의 제10회 어버이날을 기하여 선포하였다.

경로헌장은 정부, 노인단체, 학계, 종교계, 언론계 등 사회 각계에서 위촉된 제정위원 99명이 제정하여 차관회의의 심의 · 수정을 거쳐 국무회의에서 의결된 것이다. 그리고 1981년에는 노인복지법이 제정되어 1982년부터는 교통시설, 공원 및 고궁의 이용과 목욕 및 이발요금 등에서 50~100%의 할인혜택이 노인에게 주어지게 되었다.

경로헌장의 내용은 다음과 같은데, 이 헌장의 상징적 의미에만 머물지 않으려면 노인복지를 위한 각종 제도의 보완과 아울러 재정적 밑받침이 뒤따라야 할 것이다.

2. 경로헌장

노인은 우리를 낳아 기르고 문화를 창조 계승하며 국가와 사회를 수호하고 발전시키는 데 공헌하여 온 어른으로서 국민의 존경을 받으며 노후를 안락하게 지내야 할 분들이다. 그러나 인구의 노령화와 사회구조 및 가치관의 변화는 점차 노후생활을 어렵게 하고 있다.

우리는 고유의 가족 제도 아래 경로효친과 인보상조의 미풍양속을 가진 국민으로서 이를 발전시켜 노인을 경애하고 봉양하며 노후를 즐길 수 있도록 노인복지증진에 정성을 다하여야 한다.

① 노인은 가정에서 전통의 미덕을 살려 자손의 극진한 봉양을 받아야 하며, 지역사회와 국가는 이를 적극 도와야 한다.

② 노인은 의식주에 있어서 충족되고 안락한 생활을 즐길 수 있어야 한다.

③ 노인은 심신의 안전과 건강을 누릴 수 있어야 한다.

④ 노인은 자신의 능력에 따라 사회활동에 참여할 수 있어야 한다.

⑤ 노인은 취미, 오락을 비롯한 문화생활과 노후생활에 필요한 지식을 얻는 기회를 가져야 한다.

III. 노인문제

1. 노인문제의 인과관계

노인문제는 대체로 질병, 빈곤, 가족관계, 역할 및 여가 등의 문제로 함축된다. 그리고 이들 문제는 서로 밀접하게 연관되어 있다. 예컨대 경제적 수준은 질병, 가족관계, 역할 및 여가에 상당한 영향을 미친다.

여러 가지 노인문제들 가운데서도 노인들이 가장 심각하게 생각하는 문제는 빈곤문제이다. 그러면 이와 같은 노인문제는 무엇에서 연유하는가? 이에 대하여 장인협 등은 "한 사회의 현대화 정도가 높으면 높을수록 노인의 지위는 더욱 낮아진다"는 Cowgill과 Holms의 현대화 이론(Modernization Theory of Aging)에 근거하여 우리 사회 노인문제의 인과관계 양상을 체계화하였다.

2. 노부모부양과 노인의 빈곤

1) 노부모부양에 대한 태도

농업사회에서는 농토가 생계의 터전인데 상속에 있어서 농토는 주로 장자가 물려받았다. 그리고 노부모 부양이나 조상에 대한 제사도 주로 장자의 책임이었다. 그와 같은 관습에서 연유한 노부모부양책임에 대한 태도가 산업화되고 핵가족화된 오늘날에도 우리 사회에 상당 부분 유지되고 있다. 장남 및 아들에게 부양책임이 있다고 보는 경향은 과거로 거슬러 올라갈수록, 농촌주민의 경우와 노령층일수록 강하게 나타나고 있다.

그러나 재산상속에 있어서 장 · 차남이나 아들 · 딸 사이에 차등이 철폐된 오늘날에는 노부모부양의 책임은 아들 · 딸 모두가 져야 한다는 태도가 타당할 것이다. 젊은 층일수록 그와 같은 경향을 보이는데, 1～2자녀가 일반화된 오늘날 이런 태도는 대부분 당연한 것으로 받아들여지고 있다.

2) 노인의 빈곤문제

빈곤의 원인은 빈곤의 악순환으로도 설명될 수 있지만 노인의 경우 노령으로 인한 경제활동능력의 저하, 경로사상의 쇠퇴, 핵가족화에 따른 노인가구의 증가 및 노후준비의 미비와 사회보장제도의 미흡 등으로 이해함이 타당할 것이다. 주요 노인문제는 <표 40>과 같은데 노후에 대한 별다른 준비가 없다는 사실은 바로 노인 빈곤문제의 핵심이다. 노인문제 가운데 경제적 어려움의 비중이 상대적으로 더 큰 사실에서 노인 빈곤문제의 심각성을 발견하게 된다.

〈표 40〉 노인문제

(%)

	1998			2002		
	전국	동부	읍면부	전국	동부	읍면부
경제적 어려움	29.3	30.4	24.5	36.8	37.8	32.6
직업이 없음	4.5	4.7	3.6	4.3	4.5	3.5
소일거리 없음	10.7	11.0	9.0	6.1	6.2	5.8
건강문제	23.5	21.3	32.9	27.4	25.5	35.8
외로움, 소외감	20.8	21.5	17.5	16.9	17.7	13.4
가족의 푸대접	4.8	5.0	4.0	3.5	3.7	3.0
경로의식 약화	1.9	1.8	2.0	1.0	0.9	1.6
노인복지 시설	3.3	3.1	4.4	2.9	2.9	2.7
기타	1.2	1.0	2.1	0.9	0.8	1.7

3. 노인의 건강

1) 노년기의 영양

경제가 어려웠던 시절에는 노인영양관리에 크게 관심을 기울일 여유가 없었다. 많은 가정에서 소비적이기만 한 군식구로 여겨졌다. 그러나 경제적 여유를 갖게 되면서 그리고 노령화의 진전과 더불어 최근에는 노인의 건강문제에 대한 관심이 크게 높아지게 되었다.

노년기에는 아동이나 청 · 장년기에 비하여 영양소의 생산요구량은 크게 감소하지만 유지요구량에는 큰 변화가 없다. 그러므로 이와 같은 영양소 요구량의 변화와 아울러 노령화에 따른 소화력의 감퇴와 식욕의 저하 때문에 노인의 식사관리는 성장기 아동의 경우에 못지않게 관심과 개선의 노력이 기울여져야 한다.

노인의 영양섭취문제는 가정의 경제수준과 밀접하게 관련되어 있지만, 한편으로는 노인들의 건강유지를 위한 영양소 요구량이나 식사관리에 대한 연구가 미흡했던 사회의 인식과도 무관하지 않을 것이다.

윤진숙(1989)은 학계에 보고된 한국 노인들의 식이섭취 조사결과를 토대로 한 영양상태의 문제점과 대책을 다음과 같이 요약하고 있다. 우리나라 노인들은 에너지 섭취를 비롯하여 대부분의 영양소섭취가 영양권장량 이하이며, 특히 단백질, 칼슘, 철분, 리보플래빈, 비타민C 등의 평균섭취량이 매우 저조하다. 또한 도농 간에 차이를 보이고 있는데, 농촌의 경우 칼슘의 섭취가 권장량의 2분의 1 이하였고 단백질, 비타민B1 · B2, 니아신 등은 권장량의 3분의 2 이하를 섭취하며, 철분 섭취는 권장량의 4분의 3 수준이다. 반면에 시 지역 중산층 노인들의 경우 농촌노인에 비해 비타민C 섭취상태만이 불량하고, 그 밖의 영양소 섭취는 양호한 편이다. 따라서 그보다 열악한 조건에 놓여 있는 농촌노인들은 대부분 영양소 결핍상태에 있다고 추정된다.

위와 같은 고찰의 결과를 토대로 노인의 영양문제는 개개인의 실정에 맞추어 합리적인 식사를 할 수 있도록 하는 영양지도와 아울러 국가적인 차원에서의 노인영양관리제도의 도입이 그 대책이 된다.

2) 노인의 질병

노인은 각종 질병에 대한 이환율이 상대적으로 더 높은 것이 건강상의 특징인데, 노인들의 질병 특성에 대하여 허정(1984)은 다음과 같이 고찰하였다(정지웅 외, 1992).

첫째로 대부분의 노인병은 특별한 원인이 명확하게 규명되어 있지 않거나 병인 자체가 복합적이고 생활양식과 밀접한 관계를 지니고 있는 경우가 대부분이어서 근본적인 예방법이 없거나 그 실천에 옮기기 어려운 경우가 많다.

둘째로 그 병을 일으키는 각 개인의 사생활에 밀접한 관계가 있으며 특히 정신적인 생활과 밀접한 관계가 있어서 사람에 따라 개인차가 심하다.

셋째로 정신적인 생활과 밀접한 관계를 가지고 발생한다.

넷째로 각 개인의 생활이나 성격이 다른 바와 같이 노인병 관리는 획일적이고도 명확하게 제시하기 어려운 점이 많다.

다섯째로는 그 발생과 경과가 만성적인 과정을 거치게 되므로 계속해서 장기간에 걸친 개인 건강관리와 생활지도를 해 나가지 않으면 뚜렷한 성과를 거두기 어렵다.

여섯째로는 어느 정도의 병이 진전되어 질병의 완전한 치유가 거의 불가능하거나 어려운 경우가 많다.

일곱째로는 병원소나 매개물을 제거하며 질병의 전파를 차단하는 전염병 관리에서 쓰이는 기술로는 적용되기 어려운 난점이 있다.

여덟째로는 질병발생 양상에 있어서 집단발생의 형태보다는 산발적인 개인 위주의 발병양상을 나타내어 능률적인 집단관리가 어렵다.

아홉째로는 대개 발병시기가 불확실하며 질병관리에 오랜 시간이 요구되고 현재까지의 의학기술로서는 근본적 치유가 불가능한 경우가 많다.

열째로는 대부분의 경우에 고급의료의 요구가 많아서 질병관리에 엄청난 의료비가 요구되기 쉽다.

노인들의 일상생활능력 및 위생상태를 허정(1984)은 다음과 같이 자세히 살펴보았다(정지웅 외 1992).

① 노인들은 총 49%만이 스스로 건강하다고 느끼고 치아 48.1%, 시력 36.5%, 보행 26.9%, 기억력 25.1%, 소화기능 19.5%, 청력 19.7%가 나쁜 상태에 있다.
② 여행, 구매, 옷 입기, 청소, 식사, 목욕, 산보, 취사, 돈관리, 용변, 취침 등 일상생활능력 11개 항목 가운데 노인들은 주로 여행하기, 취사, 현금관리 등을 혼자하기에 어려움을 느끼고 있다.
③ 전체 노인의 78%가 최소한 1가지 이상의 병환이 있는데, 3가지 이상의 질환을 가지고 있는 노인도 14%나 된다.
④ 노인들이 거주하는 집안의 위생상태는 지역 간에 격차가 매우 크게 나타난다. 수세식 화장실과 겨울에도 목욕할 수 있는 시설을 갖춘 가옥에 살고 있는 노인은 각각 39.9%와 24.9%에 불과하다. 농촌노인의 경우는 수세식 화장실과 목욕시설을 구비한 가옥에 각각 20%와 15% 미만이 거주하고 있다. 노인들이 자주 이용하는 노인정과 경로당 시설도 농촌지역이 더 불결하다.

위에서 살펴본 바와 같이 노인의 건강유지를 위한 생활환경, 질병에 대한 의료서비스 및 보조기구의 구비에는 개선의 여지가 많은 것이 사실이며, 이와 같은 문제점들은 결코 노인만의 문제로 끝나는 것이 아니고 모든 가정과 사회의 문제인 것이다. 이들 문제의 해결을 위해서는 노인복지에 대한 바른 인식의 확산과 아울러 보다 많은 재정지원이 요구되는데 구체적인 대안들을 제시하면 다음과 같다.

첫째, 노인을 위한 별도의 의료체계가 마련되어야 할 것이다. 점증하는 노령인구와 핵가족화는 노인의 가족보건을 어렵게 하고 있고, 노인들의 병환은 급성보다 만성적으로 진행하는 경우가 많으며 장기적인 치료를 요구하고 있기 때문에 포괄적으로 노인의 건강을 보살펴 줄 의료서비스가 마련되어야 한다. 즉 인생의 출발에 중요성을 둔 모자보건원과 동등한 수준의 노인전담 의료체계가 시급히 마련되어야 인생에서 '유종의 미'를 거둘 수 있다. 노령화 사회에 대비한 보건대책을 수립할 수가 있는 정책이 마련된다면 노인의 건강상태는 지금보다 향상될 것이다.

둘째, 노인들에게 위생과 보건에 대한 재교육을 실시하여야 할 것이다. 자신의 건강을 스스로 조정하며 관리할 수 있는 내용의 보건교육과 청결한 일상생활을 영위할 수 있도록 위생에 대해 재인식할 수 있는 위생교육이 필요하다. 노인에 대한 보건과 위생교육은 특히 주변 환경이 열악한 데도 불구하고 위생관념이 희박한 농촌지역에 역점을 두어야 할 것이다.

셋째, 시설의 배분이 전국적으로 시행되어야 할 것이다. 시설 배분에는 복지시설과 의료시설의 두 가지로 구분할 수 있다. 지역사회에서 노인들이 여가를 선용하고 동료들과 대화를 나눌 수 있는 유일한 장소는 노인정과 노인학교, 경로당, 노인복지회관 등의 복지시설이다. 노인들을 위한 지역사회 보건의 측면이 활성화되어야 한다. 그러나 노인정과 경로당 등의 노인복지시설은 전국적으로 부족하고, 제반 시설들이 미비하거나 불결하여 제 기능을 못 하고 있다. 노인들의 건전한 생활을 위해서 전국적인 시설 확대방안과 기존시설의 청결한 위생상태 유지 방안이 강구되어야 할 것이다. 한편 도시지역에 편중되어 있는 의료시설을 지역별로 인구분포에 맞게 배분해서 누구나 쉽게 이용할 수 있도록 하여야 할 것이다. 현재의 여건으로는 농촌지역의 노인을 포함한 주민에 대한 의료시혜가 제대로 이루어질 수 없다. 따라서 전국적인 의료기관 배치가 보완되어야 지역적인 차이를 줄일 수 있다. 그리고 의료시설을 이용하는 데 불편이 없도록 절차의 간소화와 의료인의 친절, 진료비의 저렴화가 요구된다.

넷째, 의료보험의 차등 시행이 요구된다. 노인부양에 있어서 가장 문제가 되고 있는 것의 하나가 보건의료비이다. 노인병은 대개가 만성적이며 장기치료를 요하기 때문에 비용이 많이 들어 가족이나 개인 단위에서의 해결이 용이하지 않은 경우가 종종 있게 된다. 이 경우 정부의 지원 및 보조가 불가피하게 요청되므로 정부에서는 노인들이 의료보험혜택을 다른 연령층의 인구에 비해 많이 받을 수 있도록 그 방안을 마련해야 할 것이다.

다섯째, 노인들의 정신보건을 위해서나 가족의 화목을 위해 노인들에 대한 존재가치를 인식시키는 가족들의 배려가 필요하다. 또한 노인을 공경하고 노인건강보호의 가치를 인정하는 사회풍조가 조성되어야 할 것이다. 노인들이 자신의 존재가치를 적극적으로 자각할 수 있게 가족과 지역사회에서 보살핀다면 노인들은 인생의 보람을 느끼며 소외감과 긴장, 우울증 등에서 벗어나 적극적인 생활을 할 수 있어 정신위생에 큰 도움이 될 것이다. 노인공경은 노령화 사회를 맞이하는 우리 사회에 건전한 환경을 조성하여 사회보건에 큰 일익을 담당할 수 있게 하는 우리 사회 고육의 전통사상이라 하겠다. 지금까지 사회적으로 큰 관심의 대상이 되지 못한 노인건강에 대한 그 보호의 중요성을 국가적 차원에서 재인식하게 될 때, 비로소 다가올 2000

년대의 본격적인 노령화 사회에 대비할 수 있게 된다. 따라서 노인들에 대한 단순한 사회복지 차원의 하나로 노인들의 보건문제를 이해할 것이 아니라 범국민적 차원에서 노인의 보건에 대한 보호를 인식하여야 한다.

끝으로 노인보건에 대한 정책수립을 위해서 신뢰성 있는 자료가 많이 수집되어야 하고, 노인의 건강 보호에 대한 연구가 다각적인 면에서 계속 이행되어야 할 것이다.

Ⅳ. 노인의 여가활동

오늘날 기대수명의 신장 및 생활수준의 향상으로 노인들의 직업정년 이후의 여가활용문제가 크게 대두되고 있으며, 이와 같은 추세는 노인을 대상으로 하는 사업을 확장시켜 가고 있다. 노인들의 여가활동은 건강, 사회경제적 수준, 가정 및 지역 환경 등의 요인에 따라 다양하게 나타난다.

이를 구체적으로 살펴보면(장인협 외, 1987) ① 친구 · 친척집 방문, ② 집 보기, 라디오 청취, ③ 집안일, ④ 화투 · 장기 · 바둑놀이, ⑤ 노인정 · 노인학교 참여, ⑥ 손자 · 손녀 돌보기 등의 순서로 노인은 주로 여가활동을 하고 있다.

성별로 보면 남자의 경우 ① 노인정 · 노인학교 참여, ② 화투 · 장기 · 바둑놀이, ③ 라디오 청취, ④ 친구 · 친척집 방문, ⑤ 집 보기, ⑥ 집안일 등의 순서가 주된 여가활동이 되고, 여자의 경우 ① 집 보기, ② 집안일, ③ 친구 · 친척집 방문, ④ 라디오 청취, ⑤ 손자 · 손녀 돌보기, ⑥ 여행 등의 순으로 되어 있어 남녀 간에 주로 많이 참여하는 여가활동에 상당한 차이가 있다. 또한 지역별로도 차이를 보이고 있는데 농촌노인의 경우는 ① 라디오 청취, ② 집안일, ③ 친구 · 친척집 방문 등의 순서가 주된 여가활동이 되고 도시노인의 경우는 ① 친구 · 친척집 방문, ② 집 보기, ③ 라디오 청취 등의 순으로 되어 있다.

노후를 건강하고 즐겁게 보내기 위해서는 노인들이 항상 즐길 수 있는 건전한 여가활동이 손쉽게 제공될 수 있어야 하는데, 이를 위한 방안은 다음과 같다.

첫째, 노인들을 위한 여가활동 프로그램 교육이 사회교육의 일환으로 공교육적 차원에서 이루어져야 하겠다.

둘째, 가난한 노인들도 참여할 수 있도록 노인을 위한 여가활동 프로그램에 대한 재정지원이 있어야 하겠다.

셋째, 노인들만의 격리된 여가활동이 아니라 가족 또는 이웃의 모든 연령층이 함께하는 시간이 많아야 하겠다.

끝으로, 노인 자신들도 시대에 뒤떨어지지 않도록 부단한 노력을 기울임으로써 젊은 세대로부터 소외됨이 없도록 해야겠다.

V. 노인복지의 전제와 농촌노인복지의 개선

1. 노인복지사업의 전제와 원칙

1) 전제

어떠한 사회복지 프로그램을 계획하고 실시하는 데는 일반적으로 그 프로그램 실시를 통하여 달성하고자 하는 목표를 설정하게 된다. 노인복지 프로그램의 목표는 일반적인 사회복지 프로그램의 목표에 포함되고 합치되는 것으로서 장인협 등(1987)은 다음 세 가지가 설정되어야 할 것으로 보고 있다.

(1) 국민적 최저수준의 생활유지

국가의 경제적 및 사회적 여건에 맞는 인간다운 생활을 유지할 수 있는 최저한의 경제적 보장을 받아야 한다. 최저생활수준은 빈곤선(poverty line)이라는 개념으로 설정되고 있다.

(2) 사회적 통합의 유지

개인이 자기가 속한 사회체계인 가족, 이웃, 집단, 조직, 지역사회 및 국가사회 등에 사회 심리적으로 유대감을 갖고 적응하도록 하여야 한다.

(3) 개인의 성장욕구 충족

노인이 개인으로서 자기의 고유하고 특수한 욕구를 충족하고 또한 노령기의 발달적 과업을 잘 성취할 수 있도록 하는 데 그 목표를 두어야 할 것이다.

2) 노인복지사업의 원칙

앞에서 제시한 노인복지사업의 목표를 달성하기 위해서 장인협 등(1987)은 다음과 같은 원칙들의 준수가 요구된다 하였다. 그리고 이러한 원칙들은 사회복지사업의 기본적인 가치관을 전반적으로 반영하는 것이다.

(1) 존엄성 및 개성존중의 원칙

인간은 차별받지 않는 인간적인 권리로서의 존엄성이 존중되어야 하며, 특히 노인은 생산성의 저하로 그 존엄성이 무시되어서는 안 된다.

(2) 개별화의 원칙

인간은 타인과 구별되는 고유한 특성이 있으므로 인간은 개성이 존중될 수 있도록 개별적으로 다루어져야 한다.

(3) 자기결정의 원칙

노인자신의 복리에 영향을 미치는 어떠한 결정도 가능하면 노인자신의 선택에 의하여 이루어지도록 해야 한다.

(4) 권리와 책임의 원칙

모든 노인에게는 권리와 책임이 수반되어야 한다.

(5) 보편성과 선별성의 원칙

선별적 프로그램은 급여의 자격요건(eligibility)의 잠재적인 수혜자의 재정적인 상태를 평가하는 자산조사의 결과에 의하여 결정되는 데 반하여, 보편적 프로그램은 경제적 상태에 관계없이 어떤 계층이나 범주에 속하는 모든 사람에게 그 혜택이 주어지는 것이다.

(6) 개별적 기능의 원칙

노인은 개별성이나 주체성의 인정에서 비롯되는 원칙이다. 문제를 가진 노인은 스스로가 자발적으로 문제를 해결하도록 도움을 주어야 한다.

(7) 전체성의 원칙

노인복지사업을 전개함에 있어서 노인을 하나의 전체성을 띤 인간으로 받아들여야 한다는 것이다.

(8) 전문성의 원칙

노인복지사업은 전문적 지식과 기술을 기반으로 하여 실시되어야 한다는 원칙이다.

(9) 노인의 시대적 욕구 반영 원칙

인간은 연령에 관계없이 동질적인 사람이 아닌 것과 같이 노인이라 불리는 사람들도 시대에 따라 각각 다르게 이해되어야 한다.

2. 농촌노인복지사업의 개선방향

앞으로 농촌노인인구는 양적으로 전체 인구에서 차지하는 비율 면에서 크게 증가하리라 예상되므로 현재와 같은 농촌노인복지사업으로는 한계가 있다고 본다. 무엇인가 이제까지의 시책과 크게 다른 획기적인 프로그램이 개발되어야겠다.

이런 관점에서 이영대 등(1988)은 농촌노인복지사업의 개선방향을 다음과 같은 면에서 강구해야 한다고 하였다.

첫째, 농촌노인의 부양을 위한 가족기능을 강화하는 방안이 모색되어야 한다. 농촌노인들은 일제 식민지시대에 태어나 어려운 시절을 겪으면서 자녀를 교육시켜 우리나라의 근대화에 크게 공헌한 바 있다. 그러나 급속한 공업화 · 도시화에 따라 젊은이들이 농촌을 떠나고 젊은이들의 노부모 부양의식이 변화함에 따라 농촌가족은 노부모부양기능을 충분히 하지 못하고 있다. 더구나 농촌노인들은 자녀에게 노후를 의지하려 하지 않기도 하고 자녀가 도시에 취업하여 그럴 여건도 안 되고 있다.

그러므로 가정의 노인부양기능을 강화시켜야 하겠다. 노령인구 부양 농촌가구에 대한 세제, 수당 등에서 각종 혜택을 부여하고 전통적인 노인부양제도를 유지 · 발전시키도록 한다. 사회적으로는 노인부양의 필요성에 대한 사회 교육적 프로그램이 강화되어 농촌노인 부양가구를 늘려야 한다. 또 농촌노인의 3대 고민사항의 하나인 농촌의 가정문제를 해결하기 위한 프로그램을 개발하는 등 이런 방면에 대한 각종 사회복지기관의 대대적인 지원이 요망된다.

둘째, 농촌노인을 위한 경제적 복지방안이 강구되어야겠다. 농촌노인들은 농업 이외에 마땅한 부업거리도 없는데 지출은 계속 증가하고 있어 경제적으로 매우 어려운 상황에 있다. 또 농촌노인들이 경영하는 농업은 그 수익성에서도 젊은이들이 경영하는 농가에 비해 크게 떨어지고 있다.

농촌주민의 특성을 감안하여 농업경영 이양 촉진, 농어민후계자 육성 등 농업구조개선정책과 연계된 산업 정책적 사회연금으로 개발하여야 하겠다. 노령농촌주민의 적기 이양 촉진이나 영세소농 등 장래성이 없는 경영자에 대한 이농장려금제도의 도입 등은 농업의 발전과 농촌노령자 생활대책으로 긴요한 것 같다. 한편 경영이양 후의 노령농민의 활동을 위한 잔류적 허용, 농촌노령자에 대한 취업대책, 노령자를 위한 활동의 장 개발 등도 필수적이라 본다. 아울러 농촌에서 노인들이 할 수 있는 부업 알선도 강화하여야겠다.

셋째, 농촌노인들을 위한 특별 사회복지 프로그램을 강화하여야겠다. 농촌가구 가운데 노인단독세대가 증가하고 있음에 비추어 이들 농촌노인들을 위한 급식, 가사서비스 등을 제공하는 가정봉사원제도의 도입을 정부차원에서든 민간사회복지기관의 차원에서든 시도해 보아야겠다.

또는 농촌노인들을 위한 복지시설을 확충하여 농촌노인들이 많은 혜택을 받도록 하며 이 시설에 대한 충분한 지원을 통하여 편리하게 이용할 수 있도록 해야겠다. 특히 최근 정부는 각 읍 · 면 단위로 종합복지관을 건립 · 운영하고 있는데, 무의탁 · 무연고 노령농민에게는 주식과 의료를 무료 혹은 염가로 제공할 수 있도록 하여야겠다.

넷째, 농촌노인들의 걱정거리의 하나인 농촌노인건강문제 해결방안이 마련되어야겠다. 농촌노인들은 젊어서 힘든 농업노동으로 농부병을 앓는 등 그 건강상태 또한 엉망이다. 농촌노인들은 약으로 산다는 말이 나올 정도로 농촌노인의 건강은 큰 문제이다. 게다가 농촌의 의료시설의 취약함을 감안할 때 농촌노인전문치료 의료기관을 설립 · 운영하는 것이 바람직하다고 본다.

다섯째, 농촌고령자의 풍부한 경험과 지식을 활용하게 하는 장을 제공함으로써 지역사회봉사, 전통문화 전수 등을 할 수 있게 하여야겠다. 농촌노인들은 급속한 사회변화로 모든 것이 변하고 있지만 그런 속에서도 우리의 전통적인 문화, 풍습 등을 간직하고 있는 아마 마지막 세대일지 모른다. 이들 세대가 끝나기 전에 이들의 경험으로 지역사회에 봉사할 수 있도록 하여야겠다.

급속한 공업화 · 산업화 과정에서 우리 농촌은 잊히고 있고, 근대화의 기초가 되었던 농촌노인들은 더욱 잊혀 가고 있다. 더 늦기 전에 정부와 각종 민간복지기관은 농촌노인들을 위한 획기적인 프로그램을 개발 · 실천하여야겠다.

제2절 장애인과 사회복지

그동안 우리나라 국민의 장애인복지에 대한 인식은 근본적인 대책 없이 값싼 동정을 베푸는 데서 크게 벗어나지 못하였다고 하여도 과언이 아니다. 장애인 자신은 물론 가족의 입장에서도 부끄럽게 여기고 남의 앞에 나서는 것조차 꺼리는 사례가 많았다. 따라서 장애인의 실태조차 정확히 파악되어 있지 않을 뿐만 아니라, 특히 농촌장애인의 경우는 실태조사는 물론 그 대책 또한 매우 미흡한 상태에 있다 하겠다.

늦은 감은 있으나 다행히도 1981년 6월 5일 심신장애인복지법(법률 제3452호)의 제정 · 공포로 제도적 뒷받침이 마련되었다. 이 법률의 제정은 1975년 12월 9일 유엔 총회에서 1981년을 '세계 장애인의 해'로 선포한 데 따른 것이다. 이와 아울러 88서울올림픽을 계기로 개최된 세계 장애인 올림픽은 장애인의 복지문제에 대하여 전 국민의 관심을 불러일으키게 되었다. 그 결과 정부와 각급 사회단체에서 장애인복지를 위한 다양한 노력을 강화하기 시작하였다.

이와 같은 장애인에 대한 인식의 전환과 장애인복지를 위한 각종 시설은 다른 한편으로는 국민경제의 성장에 따른 결과이기도 하다. 그러나 제도와 시설의 개선노력에도 불구하고 우리나라의 장애인 복지실태는 선진국의 경우와 비교하여 상당한 격차를 보이고 있다.

Ⅰ. 장애인의 유형과 기준

1. 장애인의 개념

일반적으로 장애인은 어느 시대나 사회를 막론하고 정상적인 활동이 불가능한 사람을 지칭하여 왔는데, 1975년의 유엔 인권선언에서는 장애인을 "선천적이든 아니든 육체적 또는 정신적 결함으로 말미암아 정상적인 개인생활이나 사회생활의 일부 또는 전체를 독자적으로 수행할 수 없는 사람"으로 정의하고 있다.

우리나라의 장애인복지법 제2조(정의)에서는 장애인을 다음과 같이 정의하고 있다.

이 법에서 '장애인'이라 함은 지체장애, 시각장애, 청각장애, 언어장애 또는 정신지체 등 정신적 결함(이하 '장애'라 한다)으로 인하여 장기간에 걸쳐 일상생활 또는 사회생활에 상당한 제약을 받는 자로서 대통령령으로 정하는 기준에 해당하는 자를 말한다.

한편 장애와 관련하여 서구에는 신체장애(impairment), 능력장애(disability) 및 핸디캡(handicap)의 세 가지 용어를 사용하고 있는데 이들의 개념은 각각 다음과 같다.

① 신체장애: 수족의 마비 · 절단 등 신체적 장애 그 자체
② 능력장애: 신체장애에 의하여 발생하는 능력의 저하
③ 핸디캡: 신체장애와 능력장애에 따라 발생하는 사회적 불이익

2. 장애인의 기준

장애인의 유형은 1982년 2월 17일에 제정 · 공포된 심신장애인복지법 시행령(대통령령 제10730호)에 그 유형과 기준이 제시되어 있다. 이 시행령의 제2조(심신장애인의 기준)에 의하면 장애인은 지체장애인, 뇌병변장애인, 시각장애인, 청각장애인, 언어장애인, 지적장애인, 자폐장애인, 정신장애인, 신장장애인, 심장장애인, 호흡기장애인, 간장애인, 안면장애인, 장루 · 요루장애인, 간질장애인으로 대별되는데, 그 구체적 기준은 다음과 같다.

(1) 지체장애인(肢體障碍人)

① 한 팔, 한 다리 또는 몸통의 기능에 영속적인 장애가 있는 사람

② 한 손의 엄지손가락을 지골(指骨 : 손가락 뼈) 관절 이상의 부위에서 잃은 사람 또는 한 손의 둘째 손가락을 포함한 두 개 이상의 손가락을 모두 제1지골 관절 이상의 부위에서 잃은 사람

③ 한 다리를 리스프랑(Lisfranc : 발등뼈와 발목을 이어주는) 관절 이상의 부위에서 잃은 사람

④ 두 발의 발가락을 모두 잃은 사람

⑤ 한 손의 엄지손가락 기능을 잃은 사람 또는 한 손의 둘째 손가락을 포함한 손가락 두 개 이상의 기능을 잃은 사람

⑥ 왜소증으로 키가 심하게 작거나 척추에 현저한 변형 또는 기형이 있는 사람

⑦ 지체(肢體)에 위 각 목의 어느 하나에 해당하는 장애정도 이상의 장애가 있다고 인정되는 사람

(2) 뇌병변장애인(腦病變障碍人)

뇌성마비, 외상성 뇌손상, 뇌졸중(腦卒中) 등 뇌의 기질적 병변으로 인하여 발생한 신체적 장애로 보행이나 일상생활의 동작 등에 상당한 제약을 받는 사람

(3) 시각장애인(視覺障碍人)

① 나쁜 눈의 시력(만국식시력표에 따라 측정된 교정시력을 말한다. 이하 같다)이 0.02 이하인 사람

② 좋은 눈의 시력이 0.2 이하인 사람

③ 두 눈의 시야가 각각 주시점에서 10도 이하로 남은 사람

④ 두 눈의 시야 2분의 1 이상을 잃은 사람

(4) 청각장애인(聽覺障碍人)

① 두 귀의 청력 손실이 각각 60데시벨(dB) 이상인 사람

② 한 귀의 청력 손실이 80데시벨 이상, 다른 귀의 청력 손실이 40데시벨 이상인 사람

③ 두 귀에 들리는 보통 말소리의 명료도가 50퍼센트 이하인 사람

④ 평형 기능에 상당한 장애가 있는 사람\

(5) 언어장애인(言語障碍人)

음성 기능이나 언어 기능에 영속적으로 상당한 장애가 있는 사람

(6) 지적장애인(知的障碍人)

정신 발육이 항구적으로 지체되어 지적 능력의 발달이 불충분하거나 불완전하고 자신의 일을 처리하는 것과 사회생활에 적응하는 것이 상당히 곤란한 사람

(7) 자폐성장애인(自閉性障碍人)

소아기 자폐증, 비전형적 자폐증에 따른 언어·신체표현·자기조절·사회적응 기능 및 능력의 장애로 인하여 일상생활이나 사회생활에 상당한 제약을 받아 다른 사람의 도움이 필요한 사람

(8) 정신장애인(精神障碍人)

지속적인 정신분열병, 분열형 정동장애(情動障碍 : 여러 현실 상황에서 부적절한 정서 반응을 보이는 장애), 양극성 정동장애 및 반복성 우울장애에 따른 감정조절·행동·사고 기능 및 능력의 장애로 인하여

일상생활이나 사회생활에 상당한 제약을 받아 다른 사람의 도움이 필요한 사람

(9) 신장장애인(腎臟障碍人)

신장의 기능부전(機能不全)으로 인하여 혈액투석이나 복막투석을 지속적으로 받아야 하거나 신장기능의 영속적인 장애로 인하여 일상생활에 상당한 제약을 받는 사람

(10) 심장장애인(心臟障碍人)

심장의 기능부전으로 인한 호흡곤란 등의 장애로 일상생활에 상당한 제약을 받는 사람

(11) 호흡기장애인(呼吸器障碍人)

폐나 기관지 등 호흡기관의 만성적 기능부전으로 인한 호흡기능의 장애로 일상생활에 상당한 제약을 받는 사람

(12) 간장애인(肝障碍人)

간의 만성적 기능부전과 그에 따른 합병증 등으로 인한 간기능의 장애로 일상생활에 상당한 제약을 받는 사람

(13) 안면장애인(顔面障碍人)

안면 부위의 변형이나 기형으로 사회생활에 상당한 제약을 받는 사람

(14) 장루 · 요루장애인(腸瘻 · 尿瘻障碍人)

배변기능이나 배뇨기능의 장애로 인하여 장루(腸瘻) 또는 요루(尿

瘻)를 시술하여 일상생활에 상당한 제약을 받는 사람

(15) 간질장애인(癎疾障碍人)

간질에 의한 뇌신경세포의 장애로 인하여 일상생활이나 사회생활에 상당한 제약을 받아 다른 사람의 도움이 필요한 사람

II. 장애인복지의 발달

장애인은 그 자신의 신체장애와 능력장애로 인한 각종 사회적 불이익을 받고 있다. 오늘날에도 장애인에게는 많은 핸디캡이 따르지만 고대로부터 근세에 이르기까지 장애인은 인격적 대우를 제대로 받지 못해 왔다. 정신장애인의 경우에는 쇠사슬에 묶어 죄인처럼 수용시설에 가두고 학대해 왔다. 심지어 오늘날에도 일부 종교인 가운데는 과학적 치료를 무시하고 종교적 치료라는 이름으로 구타 끝에 살인까지 저지르는 경우도 있다.

서구의 여러 선진국에서 장애인에 대한 보호 · 치료 · 교육 및 사회적 재활보호책이 마련된 것은 18세기 초부터이다. 그 후 장애인에 대한 직업재활이 꾸준히 보완되어 왔다. 특히 두 차례의 세계대전을 치르면서 구미 각국에서는 장애인이 크게 증가하여 이들의 직업재활이 중요한 과제로 대두되었다.

영국에서는 1920년의 시민직업재활법과 1935년의 사회보장법 이래 장애인정책을 확충해 왔다.

영국의 장애인대책은 1944년의 장애인고용법이 근간으로 되어 왔

다. 그 외에 장애인의 재활을 위한 1974년의 고용훈련법이 있고 장애인의 고용을 위하여 할당고용제(quota system)를 실시하고 있다. 상시 종업원 수 20인 이상의 업체는 전종업원의 3% 이상을 기준으로 등록 신체장애인을 고용하도록 하고 직종에 따라 그 비율을 조절하도록 하였다. 또한 특정 직종에 따라서는 그 직종의 전부 또는 일부의 종업원을 신체장애인으로 충당하도록 하는 유보고용(reservation of certain type of work)을 실시하고 있다.

미국의 장애인복지의 초점은 직업재활이다. 1960년대 이후 공민권운동 및 소비자운동과 더불어 장애인운동은 1973년의 재활법(Rehabilitation Act)과 1975년의 장애아동교육법(Education for All Handicaped Children Act)과 1977년의 장애인차별금지령(Nondiscrimination on the Basis of Handicaped in Program and Activities Receiving or Benefiting from Federal Assistance) 등의 법적 제도를 보완하였다.

재활이 불가능한 중증장애인에게는 사회보험금으로 생계보조금(SSI)을 지급하고 어느 정도 재활은 가능하지만 일반 사회에서 경쟁이 어려운 장애인을 위해서는 보호공장(sheltered workshop)을 설치하여 지원하고 있다. 보호공장은 정부에서 필요로 하는 물건을 생산하여 정부에 납품하는 비영리민간단체에 의해 운영되고 있다.

심신장애인의 수는 전 세계 인구의 약 7%에 이르는 것으로 추산되고 있고, 이와 같은 많은 심신장애인의 발생은 전 세계적으로 장애인복지에 대한 관심을 불러일으키게 되었다. 이에 따라 국제연합에서는 1981년을 '세계 장애인의 해'로 정하고 모든 국가에 대하여 심신장애인을 위한 복지사업과 기념행사를 추진하도록 권고한 바 있다. 국제연합이 1981년을 세계 장애인의 해로 정한 것은 다음과 같은 5개 항을 그 목적으로 한 것이다.

① 정신적 · 사회적 장애인의 적응 원조
② 사회활동의 참여를 가능하게 하는 원조 · 훈련 · 치료 · 조언 · 지도의 적절한 실시
③ 물리적인 사회 참여로부터의 소외 요소를 제거하기 위한 공공 건축물, 교통기관의 정비
④ 장애인의 사회적 · 경제적 · 정치적 참여권에 관한 일반 사회인 인식의 보급
⑤ 장애발생 방지대책과 재활대책의 추진

Ⅲ. 장애인의 현황

1. 장애인 인구

심신장애인 인구는 분류기준과 구분되는 심신장애의 정도에 따라 다르고 그 정확한 통계를 내기 어렵지만 대체로 전 인구의 약 3% 정도인 것으로 알려져 있다.

우리나라의 경우 1980년 말 조사결과에 의하면 전 인구의 2.4%에 달하는 약 902,000명의 장애인이 있는 것으로 나타났다. 발달원인별로 볼 때는 출생 전 5.6%, 출생 후 81.5%, 미상이 11.8%로 각종 재해 및 사고에 의한 장애인이 많이 나타나고 있는 실정이다. 농촌인구의

경우 1,000명당 장애인 출현 수가 도시의 경우보다 약 2배 정도 높은데 장애별로 살펴보면 정신박약, 시각, 언어장애는 약 2배가 높고 정신병, 간질, 청각장애는 약 3배가 높다.

심신장애인의 연령별 분포를 살펴보면 각 연령 군이 거의 16% 수준으로 비슷하다. 특히 지체장애인은 남성이 여성보다 2배, 청각장애인도 62.1%와 37.9%이며 각 연령 군에서 남녀별 성비를 보면 20~50대에서 모두 남성이 여성보다 약 2배 정도가 높다.

장애인 인구는 전국적인 통계만 그 윤곽이 드러나 있을 뿐 농촌의 장애인 실태는 더욱 파악이 어렵다. 뿐만 아니라 가족 가운데 장애인이 있다는 사실을 감추려는 장애인 가족의 부정적 태도 때문에 장애인 통계는 다른 분야의 인구통계에 비하여 상당한 오차가 있는 것으로 판단된다. 따라서 장애인 수는 전체 인구에 대한 출현율로 추정하는 것이 정확할 수도 있겠다. 장애인 출현율에 의한 2000년의 추정 장애인 수는 <표 41>에 나타난 바와 같이 약 145만 명에 달한다.

〈표 41〉 장애유형별 장애인 수 및 장애인 출현율

(단위: %)

	1990		1995		2000	
	출현율	추정 수	출현율	추정 수	출현율	추정 수
계	2.23	937,224	2.37	1,028,837	3.09	1,449,496

자료: 한국보건사회연구원 「장애인 실태조사」 각 연도.

2. 교육과 진로

취학 전 장애유아 인구는 전국 1백만 장애인의 약 10%인 10만 명

정도로 추정되고 있다. 그런데도 이들의 조기교육을 위한 시설은 수요에 크게 미달하여 취학률이 10%에 못 미친다. 게다가 대도시 중심으로만 특수학교가 설립되어 있어 농어촌지역의 장애인들에게는 특수교육의 기회가 더욱 적은 실정이다.

현재 전국 100개 특수학교의 수용인원은 약 2만 명에 달한다. 이 같은 숫자는 특수교육대상 추정인원인 21만 명에 비하여 10%에도 미달하는 것이다. 게다가 전국의 100개 특수학교 가운데 사립이 10개 교이고 국공립이 30개 교로서 우리나라의 특수교육은 사립의존도가 매우 높다. 그리고 사립의 경우 재정상태가 상대적으로 더 열악한 상태에 있어 학급당 학생정원에 맞춘 교사의 채용에 어려움을 겪고 있다.

1991년부터 장애인의 학급당 정원이 20명에서 15명으로 하향 조정되었다. 그러나 교사 1인당 학생 수가 5~10명인 선진국들과 비교해 보면 아직 큰 격차가 발견된다. 그리고 전국의 1만 9천여 명의 특수학교 학생 가운데 약 11,000명이 초등학교 과정이고, 중학교 과정이 5,000명, 고등학교 과정이 2,400명으로 상급과정의 수용인원이 50% 정도밖에 되지 않아 장애인들의 진학은 구조적으로 제약을 받고 있다.

뿐만 아니라 상급학교를 졸업해도 장애인에 대한 사회적 편견과 냉대로 자활하기는 매우 어려운 현실이다. 장애인의 졸업 후 진로를 살펴보면 진학과 취업에 극히 제약을 받고 있음을 알 수 있다.

취업자의 경우에도 이들에 대한 처우는 상대적으로 일반인에 비해 열악하다. 따라서 장애인을 위한 특수학교의 설립과 아울러 직업교육시설 증설 및 고용기회의 확대를 위한 제도적 보완이 좀 더 강화되고 사회적인 인식 또한 개선되어야 하겠다.

3. 장애인의 빈곤

지체 · 시각 · 청각 · 언어장애 또는 정신적 결함으로 일상생활이나 사회생활에 상당한 제약을 받고 있는 장애인은 생계를 위한 활동에서도 역시 많은 제약을 받고 있다. 그것은 앞에서 살펴본 바와 같이 그들의 진학과 취업의 어려움을 통하여 충분히 이해되는 문제이다. 따라서 그들이 경제적으로도 상당히 어려운 처지에 있는 것도 자명한 사실이라 하겠다.

실제로 1989년 말 현재 서울에서 등록된 28,000명의 장애인 가운데 1,050명을 대상으로 한 조사결과도 장애인의 상당수가 극빈자인 것으로 나타났다. 한국사회정책연구원(1990)에 의한 「서울시 장애인 실태파악 및 대책수립에 관한 조사연구」 결과를 요약하면 다음과 같다.

1) 장애인의 일반특성

먼저 장애유형별 분포를 살펴보면 지체장애인이 41.2%로 가장 많고, 다음으로 정신지체장애인이 19.9%, 시각장애인이 18.6%, 청각장애인이 15.7%, 음성장애인이 2% 순이고 중복장애인은 2.6%이다. 이들의 장애발생원인은 선천성 32%, 유행성 질환이 25.9%, 교통사고나 산업재해가 10.1%인데, 이들은 외출 시 주위의 시선보다 교통수단의 이용 곤란을 가장 불편한 것으로 지적하고 있다.

이들의 장애등급은 1, 2등급이 각각 28.5%와 30.3%로 과반수를 차지하고 전체 응답자의 9.8%는 자신의 장애등급을 알지 못하고 있다. 가족 수는 4인 가족이 25.9%로 가장 많고 그 다음이 5인 가족으로서

23.5%이다.

2) 장애인의 취업

18세 이상의 장애인 가운데 약 30% 정도만이 취업을 하고 있다. 그것은 <표 42>의 장애인 등록 및 의무고용수준을 살펴보면 자명해진다. 장애인 의무고용 대상 업체 가운데 이를 준수하는 업체는 불과 10~20% 수준이다. 1995년에 10.8%, 2000년에 17.6%로 장애인의 취업을 법적으로 보장하고 있어도 기업이 아직 제대로 준수하지 않고 있다.

이와 같이 우리 사회에서 장애인의 취업이 어려운 것은 근본적으로 인간에 대한 사랑의 결핍과 장애인에 대한 편견 때문이기도 하지만 다른 한편으로는 많은 기업에서 장애인의 고용비율을 준수하지 않고 있어 법적 제도를 실효성 있게 강화할 필요가 있다.

한편 최근에 철폐된 집장촌의 여파로 안마사(시각장애인)들의 경제적 어려움은 더욱 가중되고 있다.

〈표 42〉 장애인 등록률 및 의무고용준수율

(단위: 명, 개)

연도	등록 장애인 수	등록률(%)	의무고용 대상사업체	의무고용 준수업체	B/A(%)
1995	378,323	35.9	2,229	240	10.8
2000	1,024,351	70.7	1,891	332	17.6

자료: 보건복지부 장애인 제도과, 장애인 촉진공단 직업재활부

Ⅳ. 장애인 대책

우리나라의 장애인복지를 위한 서비스와 시설의 양적 · 질적 수준과 법제도는 상당히 미흡한 상태에 있다. 그것은 일반 국민과 정책결정자들의 장애인에 대한 인식이 부족하고 재정 및 법제도상의 뒷받침이 부족한 데서 비롯된 것이라 하겠다.

장애인의 복지대책으로서 의료적 재활과 교육적 재활 및 직업적 재활의 세 분야로 나누어 볼 수 있겠는데, 한편으로는 예방과 재활로 대별해 볼 수도 있을 것이다.

장애의 발생은 후천적인 것이 대부분을 차지하고 있는데, 그 주요 원인은 산업재해와 교통사고라고 할 수 있다. 그러므로 근로자와 사용자 모두 안전예방에 소홀함이 없어야 하고 국민 모두 개인의 건강증진은 물론 교통법규를 철저히 준수해야 하겠다. 그리고 장애가 발생하면 장애인이 스스로 모든 사회구성원들과 더불어 사회생활을 영위하도록 하는 재활이 무엇보다 중요하다.

재활이란 사회적 책임을 강조하는 인도주의를 기본철학으로 하고 있으며, 모든 장애를 제거하여 그들을 사회에 복귀시키는 데 있다. 그러므로 장애의 발생 초기부터 의료적 · 직업적 · 교육적 · 사회 심리적 개입과정을 통하여 장애인에 대하여 개별화하고, 전문가의 팀워크를 통한 사업이라고 할 수 있다. 결국 재활이란 장애인을 위한 사후대책으로 사회에 복귀시키는 의료적인 재활과 장애인에 대하여 장애를 입기 전의 상태로 회복시키는 의료적인 재활과 장애인의 능력을 최대한으로 개발하여 스스로 경제적인 자립을 도모할 수 있도록 하는 직업적 재활을 강화해야 하며, 장애를 가진 아동에게는 자기의 능력에 맞는 교육을 시켜 그들에게 생활을 영위하는 데 필요한 지식과 기능을 갖게 하여 원만한 사회생활을 할 수 있도록 하는 교육적 재활이 필수적이다. 또한 장애인이라는 이유로 사회적으로 고립되거나 소외되지 않도록 사회와의 관계를 개선하고 장애로 인한 정서적 · 심리적 측면의 문제를 해소하는 사회 심리적 재활이 강조되어야 할 것이다. 우리나라에서는 이러한 활동이 이루어지고 있으나 아직도 그 활동이 미비하므로 앞으로 이에 대한 대책이 사회 전체적으로 이루어질 수 있도록 인식의 확산이 요청된다고 하겠다.

1. 장애인 시설

심신장애인을 위한 복지시설에 수용되어 있는 장애인은 백사십여만 명으로 추산되는 전체 장애인 수에 비하여 겨우 1% 남짓하여 시설의 질적 측면은 차치하고라도 양적으로 절대수가 부족한 상태이다. 뿐만 아니라 도로 · 교통 · 통신시설 및 근린시설에 있어서 장애인을 위한 편의시설은 우리 주변에서 거의 찾아보기조차 어려울 정도이다. 장애인용 주차장이나, 지하철 구내의 유도바닥재 등 장애인을 위한 편의시설은 1988년 이후에나 설치되기 시작하였다. 그러나 휠체어를 탄 장애인의 경우 단독외출을 하기에는 아직도 거의 불가능한 상태이다.

그리고 장애인을 위한 보장구는 그 수요가 한정된 만큼 공급가격이 저소득층에겐 큰 부담이 되고 있다. 따라서 저소득층에 대한 보장구 지원이 더욱 확대되어야 한다.

2. 농촌장애인의 복지

농촌장애인의 현황을 파악하기란 쉽지 않다. 다만 앞에서 고찰한 대로 인구 1,000명 당 시부와 군부의 장애인 출현율이 파악되어 있어 농촌의 경우 도시보다 장애인의 비율이 높은 사실이 알려져 있을 뿐이다. 그리고 농촌에 있는 장애인의 경우 도시에 있는 장애인에 비하여 복지대책이 매우 미흡하다고 보아야 할 것이다. 군 단위 종합개발계획에도 농촌장애인을 위한 대책이 거의 고려되지 않고 있는 것을 보아도 사회적인 무관심을 짐작할 수 있다. 따라서 농촌장애인을 위하여 다음과 같은 대책이 요구된다 하겠다.

1) 농촌장애인 현황 조사

농촌의 장애인 복지를 위하여 가장 먼저 선행되어야 할 과제로는 무엇보다도 실태파악이 중요하다. 도시에 있는 장애인의 경우도 마찬가지지만 더욱 소외되고 때로는 방치되어 있는 농촌장애인을 위해 정확한 실태조사는 필수 불가결한 요소이다.

2) 장애예방교육의 실시

선천적으로 장애인 사람에 비하여 출생 후 사고로 인하여 발생한 장애인이 더 많음을 깨닫고 정상적인 농촌 주민에 대하여는 장애예방교육을 실시하여야 할 것이다. 특히 농약중독사고, 농기계 안전사고가 빈발하고 있는 실태에 비추어 안전예방교육은 매우 중요한 사업이다. 이러한 교육은 현재 농촌사회교육기관인 농업기술센터와 농업계 학교 및 농협 등의 기관 단체를 통한 실현이 가능한데, 사전에 준비된 프로그램에 의해 효율적으로 이루어져야 할 것이다.

3) 재활

(1) 의료적 재활

농촌장애인 대부분은 병원에도 제대로 다니지 못하고 있다. 정상적인 농촌주민이 치료를 제대로 받지 못하고 있는 실정이니만큼 장애인은 더할 나위 없을 것이다. 읍·면에 보건지소를 설치하여 운영하고 있으나 정상인을 위해서는 부족한 심각한 실정에 있는 것이다. 따라서 현대 의학의 발달로 인한 재활의학의 혜택을 받을 수 있도록 정부의 적극적인 시책이 뒤따라야 할 것이다.

(2) 직업적 재활

장애인의 취업현황을 보면 농림수산업에 약 40%가 종사하고 있는데, 농촌장애인의 대부분은 농업에 종사하고 있다고 보아야 할 것이다. 그러나 이들에게 정상적인 영농활동을 기대하기란 어려우니만큼 장애인의 특성에 맞는 영농기술의 개발·보급 및 타 직종으로의 전직을 위한 직업교육도 뒤따라야 할 것이다.

(3) 교육적 재활

장애인의 극히 일부분만이 교육의 혜택을 받고 있음에 비추어 볼 때 농촌장애인의 경우도 교육적인 혜택을 제대로 받지 못하고 있다고 보아야 할 것이다. 교육적 재활은 장애인의 능력을 개발하여 사회적으로 정상인과 동등한 사람을 만들기 위하여 필수적인 사항이다. 따라서 농촌에 거주하는 장애인을 위해 계획적인 교육이 이루어질 수 있도록 하여야 할 것이다.

(4) 사회 심리적 재활

더 보수적이고 전통적인 농촌의 장애인인 경우 사회 심리적으로 더욱 어려운 실정에 있다고 보아야 할 것이다. 따라서 장애인들도 사회의 한 구성원이 될 수 있도록 노력하여야 하나 심리적으로 부정적인 태도를 가지고 있으며 사회적 활동에 많은 제약이 뒤따르기 때문에, 이들의 이와 같은 문제를 슬기롭게 해결하여 원만한 사회생활이 이루어질 수 있도록 도와야 할 것이다. 또한 다른 재활 못지않게 사회적 재활의 중요성을 인식하여야 할 것이다.

4) 복지시설의 확충

농촌의 장애인을 위한 복지시설의 확충은 시급한 과제이다. 군 단위 종합개발계획에 농촌장애인을 위한 복지대책이 거의 고려되지 않고 있음은 실로 불행한 사실이다. 현재 농촌의 장애인을 위한 복지시설은 상당히 부실한 실정으로 국가 · 사회적으로 필요성을 인식하고 이들을 위하여 복지시설 설립을 위한 노력을 지속적으로 기울여야 하겠다.

5) 농촌장애인을 위한 전담기구설립

상대적으로 소외된 농촌을 위한 계획의 수립도 중요하지만 소외된 농촌에 또 소외된 계층이 있다는 것을 깨달아야 할 것이다. 더욱이 농촌의 읍 · 면사무소에 농촌장애인을 위한 전담기구의 설립은 필수적이며, 의료적 · 직업적 · 교육적 · 사회 심리적 재활을 총체적으로 해결할 수 있는 전문가도 배치되어야 할 것이다.

PART

11

사회복지정책

사회복지의 방법은 매우 다양하다. 일반적으로 사회복지의 방법은 그 특징에 따라 정책적 접근, 전문적 접근, 통합적 접근으로 분류하거나 전통적 방법, 전문적 방법, 정책적 방법으로 분류한다. 관점에 따라서는 정부기구(GO)에 의한 방법, 비정부기구(NGO)에 의한 방법 또는 유급 직업인에 의한 방법과 무급 자원봉사자에 의한 방법 등으로 분류할 수도 있을 것이다. 그러나 현장에서는 이들 방법들을 상호 유기적으로 결합하여 사회사업을 수행하게 된다. 사회복지의 이상적인 상정은 사회구성원 가운데 남보다 더 축복받은 사람(have)이 덜 축복받은 사람(have not)에 대한 사회적 의무를 기꺼이 실천하는 것이다(noblesse oblige).

제1절 사회복지의 방법과 재원

Ⅰ. 사회복지의 방법

1. 전통적 방법

1) 상호부조

상호부조(mutual aid)는 생활이 어렵거나 큰일을 당한 경우에 개인 또는 집단 사이에 베푸는 원조로서 가장 오래된 형태의 복지활동이다. 상호부조는 지연, 혈연, 종교 또는 직장 등의 연고를 가진 사람들 사이에 공속감을 토대로 관행적으로 이루어져 왔다. 예컨대 우리 농촌에서 각종 작업을 통하여 이루어지는 노동력 중심의 품앗이와 경조사의 물질적 품앗이는 가장 오래된 상호부조방식이다.

중세 유럽에서는 동업조합(guild)과 기독교도들 사이에서도 상호부조가 널리 이루어졌다. 사망한 조합원의 미망인과 자녀에게 생활비를 지원하거나 늙은 조합원의 생활보장을 해 주기도 하였다.

오늘날에 와서 상호부조는 사회의 변화에 맞추어 그 형태가 매우 다양하게 발전되었다. 예컨대 협동조합의 공제사업이나 의료보험조합의 의료보험 등 각종 사회보장제도도 바로 상호부조의 발달된 형태라 하겠다.

2) 자선사업 · 박애사업 · 인보사업

자선사업(charity)은 원조를 필요로 하는 고아, 노약자, 병자, 빈민이나 이재민을 돕는 일이다. 그리고 자선사업은 종교적 동기와 비종교적인 도덕적 동기에서 비롯되기도 한다. 자선사업이라는 용어는 종교적 자선사업 이외에 종교적 동기에 의하지 않고 생활곤궁자를 원조하는 민간인의 활동을 포함하여 널리 사용되지만, 특히 이와 같은 비종교적 동기, 즉 도덕적 신념으로부터 출발하는 활동을 박애사업(philanthrophy)이라고 부르는 학자도 있다.

한편, 인보사업(settlement work)은 빈민지역에 대한 생활실태를 파악하고 원조를 필요로 하는 사람들을 돕는 것으로 인도주의 정신에서 상류계급(upper class)의 사람들이 빈민가에 이주하여 자선을 베푸는 활동이다. 인보사업은 정부조직이나 자선사업기관 또는 그들의 업적에 대한 회의를 갖고 유복한 자신의 생활을 벗어나 빈민가로 이주한 사람들에 의해 이루어졌다. 그들은 빈민의 친구로서 빈민구제에 헌신하였으며, 이 운동은 영국의 목사인 Edward Denison(1840~1870)과 Samuel Barnett(1844~1913)에 의해 주도되었는데 "돈을 주는 것이 아니고 당신 자신을 제공하자"라는 Barnett의 주장이 이 운동의 특성을 잘 나타내고 있다.

우리나라의 경우 인보사업의 역사적 효시로는 원효대사를 손꼽을 수 있는데, 자선사업, 박애사업 및 인보사업은 모두 종교적 '사랑'의 실천인 것이다.

2. 전문적 방법

1) 개별사회사업

개별사회사업(social casework)은 정신병, 알코올 및 약물중독, 자살, 매춘 등 개인의 심리적 · 정신적인 사회적 부적응, 다시 말해서 일탈행동의 원인을 찾아내어 치유되도록 도움을 주는 것이다. 즉 개별사회사업은 도움을 필요로 하는 사회사업대상(client 또는 helpee)의 사례(case)인 특정문제에 전문가(social worker 또는 helper)가 개별적으로 접근하는 방법을 말한다. 개별사회사업의 형태나 영역을 일정하게 제한할 수는 없겠으나, 가족, 학교, 목회, 산업, 군대 등의 영역별로 구분하거나 취학 전 아동, 초등학생~대학생, 장 · 노년 등의 연령별로 구분할 수 있다.

한편 개별사회사업은 주로 상담에 의해 문제해결에 접근한다. 이 경우는 한두 차례의 간단한 전화상담에서부터 장기간에 걸쳐 신경정신과 전문의의 도움을 요하는 경우 등 매우 다양하기 때문에 각 분야의 전문가를 필요로 한다.

2) 집단사회사업

집단사회사업(social group work)이란 사회사업의 한 방법으로서 의도적이고 계획적인 집단경험을 통하여 개인의 사회적 능력을 향상시키고 개인과 집단 및 지역사회의 제반문제를 효과적으로 처리할 수 있도록 사람들을 도와주는 일이다. 집단사회사업은 사회복지시설에 속하는 집단 내의 개인을 원조하여 그의 요구와 능력에 응하여 타인과 관계를 맺고 성장의 기회를 경험시키는 방법 및 과정이다. 그것에는 개인이 사회사업가의 원조하에 그 사람의 인성의 성장, 변화, 전개의 수단으로서 집단을 이용한다. 사회사업가는 집단상호작용(group interaction)을 지도하여 개인의 성장과 집단 전체의 사회적 발달을 실현하는 것에 관련된다.

집단사회사업에서는 그 대상 집단에 대한 파악이 선행되어야 하는데 이와 관련하여 소집단이론, 집단과정, 집단의 발달단계 등의 지식이 요구된다. 그리고 집단사회사업은 집단의 특성과 목표에 따라서 요구되는 전문가와 지도형태 등이 달라진다.

3) 지역사회조직사업

지역사회조직사업(social organization work 또는 community organization for social welfare)은 전문사회사업의 한 방법으로서 Gurin에 의하면 어떤 지역 안에서 사회복지의 요구와 그 지역의 자원 간의 적극적이고 효과적인 조정을 확립하는 사회사업의 과정이다.

지역사회조직사업의 유형에는 지역사회개발사업, 사회계획, 사회행동 등이 있다.

3. 정책적 방법

사회복지의 정책적 방법은 각 부분별 사회복지에 대한 정책적 접근을 뜻한다. 사회복지의 정책적 방법에는 고용과 노사 및 소득재분배정책, 의료 및 재해보장과 보건정책, 교육정책, 주택 및 환경정책

등이 있다.

이들 부분별 복지정책은 국가경제의 발전과 더불어 그 질과 양에 있어서 지속적으로 향상되고 있다. 그러나 국가경제의 발전에도 불구하고 소득의 격차는 오히려 더욱 크게 벌어지는 사례도 발견된다.

우리나라의 경우 사회복지 재정부담 능력과 사회복지 투자에 대한 인식은 서구의 복지국가에 비하여 상당히 낮은 수준에 머물고 있는데, 부분별 사회복지실태에 대하여는 3장에서 이미 상세히 다룬 바 있다.

4. 통합적 방법

사회복지의 통합적 방법은 대상별 접근방법을 뜻한다. 즉 가족복지, 아동복지, 여성복지, 노인복지, 장애인복지 등이 그것이다.

II. 사회복지의 재원과 시책

사회복지의 재원은 사회복지사업의 성격에 따라 매우 다양하다. 사회복지의 재원은 공공비용, 수익자부담, 대부금, 기부금 등으로 구성되는데, 크게 나누어 정부의 부담금과 민간자원의 두 가지 재원으로 구분된다.

1. 사회복지정책의 재원

사회정책의 재원은 조세이지만, 사회사업의 경우는 주로 헌금이다. 사회복지에 있어서 공공비용의 재원에는 주요 재원인 조세 이외에도 재원의 이자와 민간복지사업의 재원인 헌금이 포함된다.

사회복지의 공공비용은 영국이나 북구의 복지국가에서는 GNP의 약 10%이며 미국이나 일본의 경우는 약 22%이다. 그러나 우리나라의 경우는 사회보장비가 1990년경까지 GNP의 약 5% 정도에 불과하였는데 2000년 이후 상당히 개선되고 있다.

사회복지의 비용부담방식은 국가와 사용자 및 피보험자 사이의 상호관계와 배분의 비율에 따라 구분된다. 사회복지의 비용을 누가 얼마나 부담하느냐는 매우 중요한 문제인데, 비용부담의 방식은 다음과 같다.

민간사회복지활동의 재원은 독지가의 헌금, 기관의 회비나 수입금, 교회와 사찰 등 종교기관의 헌금, 자원봉사, 단일기관 또는 복수기관의 모금 등이 주요 원천이다.

2. 사회복지 지원 시책

1) 생계지원

생계가 곤란한 사람들에 대한 복지제도에는 국민기초생활보장제도, 국민기초생활수급자에 대한 추가지원 및 요보호 차상위계층지원 등이 있다. 이들 지원 대상에 대한 선정기준으로서 최저생계비와 지원내역은 그 액수가 매년 새로 책정된다. 2003년을 기준으로 살펴보면 <표

43>과 같다. 4인 가족 기준 최저생계비가 102만 원인데 이것은 현금 89만 7천 원과 현물지원을 포함한 것이다. 이외에도 저소득 노인, 장애인, 장애아동 보호자에 대하여는 일정액을 추가로 지원되고 있다.

또한 요보호 차상위계층에 대하여는 최저생계비 100% 이상 최대 210% 범위 내에서 대상에 따라 차등 지원되고 있다.

〈표 43〉 생계가 곤란한 이들에 대한 복지제도

(2003년도 기준)

제도 개요	선정 기준	지원 종류	지원 내역
1. 국민기초생활보장제도	**최저생계비**	–	–
– 최저생계비 이하 가구	소득인정액이 최저생계비 이하(4인가족 기준 102만 원) 부양의무자 기준 적합	생계 · 주거 · 교육 · 자활 · 해산 · 장제급여	현금: 4인 89만 7천 원 기타 현물지원
– 의료급여 대상자	〃 등	의료급여	의료비(1, 2종 구분)
2. 국민기초생활보장 수급자에 대한 추가지원	**최저생계비**	–	–
– 저소득노인 수급자	4인 102만 원	경로연금	1인 4만 5천원~5만 원
– 장애인 수급자	〃	–	아래 각 금액
· 1~2급 · 3급중복 장애인	〃	장애수당	1인 5만 원
· 1급 장애아동 보호자	〃	장애아동부양수당	1인 4만 5천원
· 2종 의료급여대상 장애인	〃	장애인의료비 지원	의료급여 본인부담액
– 저소득 유자녀가정	〃	–	아래 각 금액
· 저소득 보육료 지원(수급자)	〃 (취학 여부에 따라 차등지원)	보육료	1인 12만 5천원~24만 3천 원 또는 6만 2천 5백원
· 만 5세아 무상교육	〃	보육료	1인 12만 5천 원
· 장애아 무상교육	〃	보육료	1인 20만 1천원~24만 3천 원
– 소년소녀가정 수급자	〃	지원금	1인 6만 5천 원
3. 요보호 차상위계층지원	**최저생계비의 100%~최대 210%**	–	–
– 저소득노인	4인 194만 원	경로연금	1인 26~3천 원
– 1~3급장애 중 · 고등학생	4인 133만 원	장애인 학비 지원	입학금, 수업료
– 저소득 모부자가정	4인 130만 원	아동양육비 96세 미만) 자녀학비(중고생)	양육비 – 1인 568원/일 학비 – 입학금 · 수업료
– 저소득 유자녀가정	–	–	아래 각 금액

· 저소득 보육료 지원	4인 125만 원 취학 여부에 따라 차등지원	보육료	1인 50~97천 원 또는 25천 원
· 만 5세아 무상교육	4인 215만 원	보육료	1인 90~105만 원
· 장애아 무상교육	만 7세 이하 장애인 복지카드 소지자	보육료	1인 201~243천 원

※ 기타 융자제도생업자금 융자, 모부자가정 복지자금 대여 등
출처: 보건복지부생활보장과(http://www.mohw.go.kr)

2) 장애인 지원시책

장애인에 대하여는 <표 44>에 나타난 바와 같이 약 50가지의 지원사업이 실시되고 있다. 이들 사업은 크게 보건복지부에서 시행하는 사업과 기타 중앙행정기관에서 시행하는 사업, 지방자치단체에서 시행하는 사업, 민간기관에서 수행하는 사업 등으로 구분된다.

이들 50개 사업들은 대상서비스의 면제 또는 할인 혜택으로 장애인에게 큰 도움이 되고 있다. 그러나 아직도 민간업자의 사업장에서는 많은 경우 장애인에 대한 배려를 외면하고 있다.

〈표 44〉 장애인을 위한 복지사업

	주요 사업명
보건복지부에서 시행하는 사업	1. 장애수당 지급 2. 장애아동 부양수당 지급 3. 장애인 자녀 교육비 지원 4. 장애인 자립자금 대여 5. 장애인 의료비 지원 6. 장애인 진단서 발급 비용 지원 7. 장애인 재활보조기구 무료 배부 8. 건강보험지역가입자의 보험료 경감 9. 장애인생활 시설 운영 10. 장애인 직업재활 시설 운영 11. 장애인 생산품 판매시설(공판장) 운영 12. 장애인 직업재활훈련 지원 13. 보장구 건강보험급여(의료급여) 실시 14. 장애인 자동차 표지 발급 15. 재활 병 · 의원 운영 16. 시각장애인 심부름센터 운영 17. 수화통역 센터 운영 18. 장애인복지관 운영 19. 주간 · 단기 보호시설 운영 20. 장애인재활 지원센터 운영 21. 장애인재가 복지 봉사센터 운영 22. 장애인 결연 사업 23. 장애인용 LPG, 연료 세금인상액 지원

	주요 사업명
기타 중앙행정기관에서 시행하는 사업	24. 승용자동차에 대한 특별소비세 면제 25. 승용자동차 LPG연료 사용 허용 26. 차량 구입 시 도시철도채권 구입 면제 27. 소득세 인적 공제 28. 장애인의료비 공제 29. 상속세 인적 공제 30. 장애인 특수 교육비 소득공제 31. 증여세 면제 32. 장애인 보장구 부가가치세 영세율 적용 33. 장애인용 수입물품 관세 감면 34. 장애인 의무고용 35. 철도 · 도시 철도요금 감면 36. 특허 출원료 또는 기술평가 청구료 등의 감면
지방자치단체에서 자체 조례에 의거하여 시행하는 사업	37. 장애인용 차량에 대한 등록세 · 취득세 · 자동차세 면제 38. 차량 구입 시 지역개발공채 구입 면제 39. 고궁, 농원, 국 · 공립박물관 및 미술관, 국 · 공립 공원, 국 · 공립 공연장, 공공체육 시설요금 감면 40. 공영주차장 주차요금 감면
민간기관에서 자체운영 규정에 의하여 실시하는 사업	41. 전화요금 할인 42. 시 · 청각 장애인TV 수신료 면제 43. 공동주택 특별분양 알선 44. 무료 법률 구조제도 실시 45. 항공요금 할인 46. 연안여객선 운임 할인 47. 이동통신 요금 할인 48. 초고속 인터넷 요금할인 49. 고속도로통행료 50% 할인 50. 전기요금 할인

III. 농촌 복지증진 및 지역개발

사회복지는 그 상대적 약자인 아동, 여성, 노인 및 장애인이 그 일차적 대상이 된다. 같은 관점에서 지역적으로는 상대적으로 열악한 도시 빈민가와 대부분의 농촌사회복지의 우선 대상이 되는 것이다. 그런데 농촌은, 농업과 농민의 특성상 그 하부구조 구축에 많은 예산과 시간이 소요된다. 때문에 정부에서는 2004년에 「농업 · 농촌 종합대책」을 수립하여 추진하고 있는데 다양한 시책 가운데 농촌복지 및 지역개발 관련 정책을 살펴보면 다음과 같다.

1. 비전과 단계적 시책

1) 농촌복지증진 비전과 전략

정부의 농촌복지증진비전과 전략은 <그림 5>로 함축된다. 궁극적 목표는 2013년에 전 국민의 20%가 농촌에 거주할 수 있도록 농촌을 건설하는 것이다. 이를 위해 농어촌특별세를 주 재원으로 하여 농촌복지 및 지역개발에 투자하여 농촌사회안전망과 복지인프라의 구축을 통해 농촌을 개발하는 것이다.

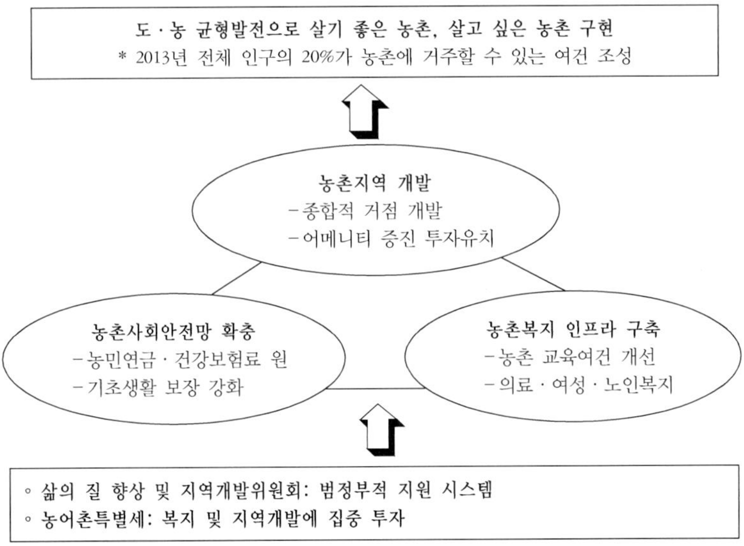

〈그림 5〉 비전과 전략

2) 단계별 로드맵

농촌복지와 지역개발의 부문별, 단계별 로드맵은 <표 45>와 같다.

사회안전망확충, 교육 · 의료 · 복지인프라구축 · 농촌지역개발은 2004년을 1단계로, 2005~2008년을 2단계로, 2009년 이후를 3단계로 대폭 확충해 나갈 계획이다. 그런데 이 같은 중장기 계획은 재원조달과, 국민발전의 다른 부문과의 정책적 우선순위, 투자의 효율성 등이 성공의 관건이라 하겠다.

〈표 45〉 농촌복지의 로드맵

	1단계(2004)	2단계(2005~2008)	3단계(2009~)
사회 안전망 확충	· 건강보험료 경감: 30% · 국민연금 보험료: 10등급 소득기준보험료의 50% 지원	· 50%로 확대('05) · 중위수 소득기준보험료의 50% 지원	50%로 확대
교육 · 의료 · 복지 인프라 구축	· 고교생 교육비 지원: 1.5ha 미만 농가('03: 1ha) · 영유아 양육비 지원: 1.5ha 미만 농가 · 여성농업인센터: 27개소	· 전 농가로 확대('05) · 2ha 미만 농가로 확대('05) · 34개소('05), 163개소('08)	전 농가로 확대('10)
농촌 지역 개발	· 소도읍육성: 매년 20개소 · 농촌마을종합개발: 16개 권역 · 주택융자조건 개선	100개('05)	· 194개소로 확대('13) · 1,000개 권역으로 확대('13)

2. 농촌복지 정책대안

1) 범정부적 농촌지원 체제 구축

「농어업인삶의질향상특별법」 제정으로 농촌복지 · 교육 · 지역 개발을 위한 범정부적 지원체계는 다음과 같다.

① 농촌 복지 · 교육 및 지역개발에 대한 범정부적 추진을 위해 「농

어업인 삶의 질 향상 및 농어촌지역개발위원회」를 설치

위원장(국무총리) 포함 25인 이내 정부 및 민간전문가로 구성

관계부처 차관급으로 「실무위원회」 설치(위원장농림부장관)

농촌복지증진, 교육여건 개선 및 지역개발정책을 총괄 · 조정하고 기본계획 및 부처별 시행계획의 추진상황을 점검 및 평가

농어촌의 시각에서 문제인식, 조정 · 자원배분, 피드백하는 정책 추진체계 확립

② '04년 중 범정부 차원의 삶의 질 향상 및 농어촌지역개발 기본계획과 시행계획을 수립

매 5년마다 농업인 복지실태, 농촌교육여건, 교통 · 통신 · 환경, 기초생활여건 등 농촌지역여건에 대한 전반적인 실태조사 실시('04)

실태조사 결과를 바탕으로 매 5년마다 위원회의 심의를 거쳐 범정부차원의 기본계획을 마련('04)하고, 매년 시행계획을 수립

기본계획에 따라 시 · 도, 시 · 군은 매 5년 단위로 자체적인 시행계획 수립 · 추진

위원회는 기본계획 기간이 종료된 때에 전문연구기관 등을 통하여 추진실적을 평가

2) 농민의 생계지원

도시근로자의 4대 보험(연금 · 건강보험, 산재보험, 고용보험)보다 더 강화된 수준으로 개선하고 농업구조조정의 연착륙을 지원하는 시책은 다음과 같다.

① 연금보험료 지원을 대폭 확대하여 은퇴농의 노후생활안정 도모
'04년부터 보험료 지원 기준소득을 연차적으로 상향 조정
보험료 지원 기준소득 인상: 22만 원('03) → 37만 원('04. 7) → 57만 원('05 이후)
1인당 연 지원액: 85,800원('03) → 최고 135,500원('04. 7) → 최고 256,500('05)

② 저소득층에 적용하는 건강보험료 경감률 22% 외에 농어업인에 대해서는 50%까지 연차적으로 특별지원
경감비율: 22%('03) → 30%('04) → 40%('05) → 50%('06)
월경감보험료: 8,550원 → 12,750원 → 18,760원 → 26,850원

③ 농작업 상해공제보상 수준을 단계적으로 확대
사망 또는 장해 시 지급하는 공제금을 단계적으로 인상(사망 · 1급 장해 9,000원)하고, 상해 공제료 지원 수준도 확대
공제료 지원수준: 평균공제료(2만 2천 원)의 59%('03) → 평균공제료(12만 5천 원)의 50%('13)
장기적으로 산재보험과 유사한 농업인 재해보험제도 도입 검토

④ 기초생활보장대상 선정 기준을 농어민 가구의 특성이 반영될 수 있도록 특례를 인정하여 농어민의 기초생활보장의 혜택을 확대
기초생활 수급자 선정기준인 소득인정액기준과 부양의무자 기준을 농업인에 대해서는 완화하는 방안 강구

3) 농촌교육지원

교육비 부담 등 자녀교육문제로 젊은 농가의 대다수가 이농 · 탈농

을 희망하고 있는데 농촌에서도 안심하고 자녀교육을 시킬 수 있도록 소규모학교 교육의 질 향상 등 교육환경을 획기적으로 개선토록 하는 지원방안은 다음과 같다.

① 소규모학교 운영의 내실화로 농촌 교육의 질 향상

소규모학교를 통학거리 내에 있는 인근학교와 하나의 학교군(school complex)으로 구성하여 교육과정 및 시설 공동 운영

중심학교/협력학교 간 협력프로그램 공동 운영

학교군 내 중심학교의 시설 현대화 및 통학버스 운영 지원

학력 향상을 위한 다양한 교육프로그램 실시

학습부진학생에 대한 방과 후 지도프로그램과 학력향상 「방학캠프」 운영

특기 · 적성교육 및 원격교육 활성화

농촌지역 공공도서관 건립 확대57관('03) → 117관('13까지)

② 농촌 학생의 교육비 부담 경감 및 농촌지역 우수고교 육성

농촌출신 대학생 학자금 지원 단가를 현실화하고, 대상인원 확대

200만 원, 1만 5천 명/학기당('03) → 학비전액, 1만 5천 명('04) → 학비전액, 2만 명('05)

농촌 실업계 · 인문계 고교생에 대한 교육비 전액 지원

1ha 미만 농가 자녀('03) → 1.5ha 미만 농가 자녀('04) → 전 농가 자녀('05)

농촌 우수고교를 선정하여 집중 육성

시설 현대화 및 교육프로그램 개발비 지원

자율학교로 지정하여 교육과정 운영 및 학생 선발에 자율권 부여

③ 농촌 영유아 교육 · 보육시설 확충 및 양육비 지원

농촌 유치원 종일반 운영 확대

보육시설이 없는 읍·면 지역에 국공립 보육시설을 확대 설치

농업인의 0～5세 영유아 양육비를 저소득층 자녀에게 지급되는 보육료 수준(평균 102천 원/월)으로 지원하고, 지원대상도 단계적 확대

대상: 1.5ha 미만, 4만 9천 명('04)→2ha 미만, 5만 7천 명('05～'09)→전 농가, 70천 명('10)

④ 우수교원의 안정적 확보와 사기진작을 위한 인센티브 강화

교육감 추천 교육대학 신·편입학제 확대

교대 정원의 일정비율을 교육감 추천 전형을 통해 선발, 4년 장학금 지급 후 일정기간 해당 지역에서 근무 의무 부여

농촌 학교 교직원의 근무여건 개선

사택 확충 및 시설현대화 등 쾌적한 주거편의 제공

순회교사에 대한 교통비 지급 등

농촌 학교 근무수당 신설, 승진상 우대 등 농촌 근무 인센티브 부여

복식학급 담당교사 및 순회교사 수당 신설, 도서·벽지 수당 현실화

3. 농촌의 문화공간

오늘날 복잡한 사회 구조 속에 살아가는 인간은 그 조직사회에 적응해 가는 만큼 심신의 피로가 심하다. 따라서 휴식 또는 여가를 통

한 바람직한 문화활동을 통해 생활에 활력을 불어넣는 생활이 꼭 필요하며 이것은 내일의 창조와 건설을 위한 심신의 보충적 역할을 한다. 청소년에게 문화생활은 학과 이외에 지식과 교양의 폭을 넓히고, 소질과 취미를 살리면서 신체적 정신적인 건전한 발달을 유도할 수 있다. 하지만 학업을 하고 있는 학생들의 특성에 있어 이런 문화활동은 제한된 공간과 이용의 유한성이 있다.

청소년의 문화활동의 문제점을 간략히 살펴보면 첫째로 개념의 미정립이다. 아직 청소년 문화활동에 대한 교육적 의의가 명확히 정립된 바 없고 연구 또한 미비하다. 특히 청소년 자신들은 전근대적이고 전통적인 보수적 경향이 짙은 부모님 등 기성세대의 영향을 받아 시간을 유용하게 활용하여 쉰다는 것을 논다는 것으로 동일시하여 문화활동을 포함한 여가활동 자체를 부정적인 시각으로 보고 있다. 이는 곧 청소년의 문화활동을 저해하는 요인으로 작용하고 문제점으로 지적되는 것이다. 둘째로 시간적 제약이다. 입시준비를 하는 청소년들의 교육과정에는 방과 전, 후 할 것 없이 여가시간의 활용조차 불가능한 과중한 학업에 시달리고 있다. '사당오락(四當五落 - 하루에 네 시간 자면 대학에 붙고 다섯 시간 자면 떨어진다)'이란 말이 있듯이 청소년들은 과중한 강박관념에 시달리고 있다. 서울시 중, 고등학생의 24시간을 시간표로 정립한 도표가 있는데 거기서 오후 6시부터 11시까지를 '자유시간'이라 표기하고 있지만 사실 이때가 학생들에게는 방과 후 학업시간이라는 것을 잘 알고 있다(1992 비행청소년 총서).

PART

12

자원봉사

제1절 자원봉사

사회복지, 특히 사회사업의 많은 부분이 정부의 재정과 유급의 전문적 인력으로만 해결되지 않는다. 그것은 정부의 재정이 항상 수요에 못 미칠 뿐만 아니라 종교적인 사랑이 아니고는 견디기 힘든 3D 업무가 비일비재하기 때문이다. 따라서 사회복지에서 자원봉사가 매우 중요한 과제가 되는 것이다. 이와 같은 관점에서 자원봉사의 기초를 살펴보기로 한다.

Ⅰ. 자원봉사의 기초

1. 자원봉사의 개념

1) 의의

자원봉사란 용어는 영국에서 1648년부터 공식적으로 사용되었다. 당시 스튜어트 왕조 시절, 사회혼란으로부터 스스로 마을을 지키기 위해 자발적으로 조직되었던 자경단을 볼런티어(volunteer)라고 부른 데서 유래되었다. 현재 자원봉사자라는 의미의 통용어로 사용되는 볼런티어의 영어 어원인 자원봉사(voluntarism)는 다시 인간의 자유의지(will)와 욕망(desire)을 의미하는 'voluntus'란 라틴어에서 유래한다.

이러한 사전적 의미와 위에서 정의된 자원봉사란 개념들을 살펴보면, 기본적으로 "봉사자의 자발성에 근거하고 있으며, 외부의 지시나 압력에 의해 지배되지 않은 자유로운 활동"이라 할 수 있다.

M. S. Knowles는 자원봉사활동이란 "진실한 자기의 궁극적인 표현인 무사무욕(無私無慾)의 달성으로, 자신의 계속적인 성장과 자기회복(self-renewal)의 의미까지 포함하고 있는 것"이라 하였다. 결국 현대 사회의 자원봉사활동이란 개념은, 인간애를 기본으로 한 자선활동이라는 전통적 · 소극적 의미를 극복하고 적극적인 사회참여활동으로 그 의미를 확장하여 해석하고 있음을 알 수 있다.

현재 우리 사회에서는 자원봉사활동이란 용어 이외에도 자원복지활동, 자원활동(資源活動), 지역사회봉사활동, 봉사활동이란 용어들을 사용한다. 자원봉사에 대한 일반적인 정의로 미국에서는 봉사학습

(service learning)이라는 용어를 사용하고 있으며, 인간을 대상으로 하는 봉사활동이라는 의미에서 인간봉사(human service)라는 용어도 사용되고 있다. 한국에서는 자원봉사활동(自願奉仕活動)이라는 용어가 일반적으로 사용되고 있으나, 연구자에 따라 용어의 형태와 쓰임새가 제각기 다르다.

2) 봉사와 자선의 구별

'봉사'는 타인을 위해 비이기적인 역무의 제공을 뜻하는 것이므로 이는 '자선'과 유사한 개념이다. 그러나 다음 몇 가지 점에서 '봉사'와 '자선'은 구별된다.

첫째로, '봉사'는 그것이 어느 특정 개인에 대한 것인 경우 그것은 전 인류를 대상으로 한 봉사의 일환인 것이지만, '자선'은 특정 개인을 대상으로 한다.

둘째로, '봉사'는 그를 행하는 자가 공로를 인정받으려는 의도에 기인한 것이 아니지만 '자선'은 이를 주관적 심리적으로 인정받으려는 의도에 기인한 것이다.

셋째로 '봉사'는 인류애에 기초를 둔 것으로 상부상조의 정신에 입각한 것이지만 '자선'은 상부상조의 연대관념이 없는 것이다.

2. 자원봉사자의 원칙

모든 조직이 그러하듯이 자원봉사자는 그 이념과 합치되는 원칙의 설정을 필요로 한다. 그런데 자원봉사활동은 활동의 내용, 범위, 특성의 다양성으로 인해 정확한 개념이 정립되지 않은 채 이루어져 왔다. 그러나 기본적으로 대개의 자원봉사는 다음과 같은 봉사의 기본적 원칙을 갖고 있다.

1) 자발성

'봉사'는 자발적인 봉사를 내용으로 한다. 자원봉사를 자진봉사 또는 자발적 봉사라고도 한다. 이는 외부로부터 정신적 또는 물리적으로 강요당하지 아니하고 순수한 자기의 자유의사에 따라 봉사하는 것을 말한다.

'봉사'란 자원봉사이지만 일단 봉사의 의사를 약속선서 등 공적으로 표시하면 이를 철회할 수 없는 의무를 수반되게 된다. 따라서 어떤 사람이 자기의 자유의사에 따라 청소년지도 봉사활동에 참여한 이상 참여 전에 한 약속 또는 합의사항에 따라 임하며 임의로 부여된 임무를 거절하거나 봉사자체를 포기하기는 어렵다. 이는 선서 등 약속이나 합의가 주는 효과이며, 자원봉사 자체의 의사결정이 주는 효과는 아니다.

2) 무상성

'봉사'는 '무상봉사(unpaid service, free service)'를 내용으로 한다. 무상봉사 또는 무료봉사란 그 봉사를 받는 사람으로부터 어떠한 반대급부를 받지 아니한다는 것을 말한다. 만일 자원봉사자가 반대급부를 받고 봉사한다면 반대급부를 제공할 능력이 없는 자에 대한 봉사는 할 수 없게 된다. 실제로 봉사의 대상이 되는 사람은 대개의 경우 반대급부를 제공할 처지에 있지 않는 사람이므로 모든 봉사는 무상봉사이어야 한다.

물론 봉사에 있어 이득을 추구하지 아니한다는 의미는 비영리성을 의미하는 것이며, 어떠한 경제적 이익을 누구로부터도 받을 수 없다는 뜻은 아니다. 여기에서 무상봉사는 봉사의 대상이 되는 사람에 대한 것이며 결코 봉사에 참여하는 사람에게 요구되는 것이 아니다. 따라서 개별 청소년단체나 공공기관의 직원에게 봉급이 지급될 수 있고, 봉사원에게 실비의 수당이 지급될 수 있는 것이 무상봉사에 반하는 것이 아니다.

3) 이타성

기본적으로 자원봉사활동은 타인을 위한 봉사활동이다. 그러나 청소년활동은 그 주체인 청소년이 자기수련의 일환으로서 타인에 대한 봉사를 행하는 것이다. 즉 청소년활동 자체는 그 본질이 '자기 수련'이므로 자신의 수련이 천부적인 것이 아니고, 타인과의 화합과 단결이 없이는 그 어떤 목적의 달성이나, 실효가 없는 것이다. 따라서 자원봉사활동으로서의 청소년지도활동은 청소년활동의 목표의 하나인 타인에 대한 봉사로서 청소년활동의 궁극적인 교육목표를 달성하려는 것이다.

이 외에도 자원봉사의 원칙에는 계속성과 계획성을 포함시키기도 하는데 무엇보다 중요한 원칙은 자발적으로 보수를 받지 않고 남을 위해 일하는 것이라 할 수 있다.

3. 청소년활동과 자원봉사자

1) 청소년 지도와 자원봉사

청소년지도와 활동에의 참여가 자원봉사자의 범위에 포함되는가? 지금까지의 학문적 연구는 청소년의 사회교육 및 단체 활동의 범위에 청소년지도와 그 활동에의 참가가 자원봉사활동에 포함된다는 데 이견이 없다.

종래의 자원봉사는 주로 자선에서와 같이 종교적 이념적인 성격을 띠어 왔다. 그러나 청소년지도 활동의 발전과, 확대와 더불어 현실적으로 이러한 자원봉사자 및 참여활동의 도움이 없이는 효과를 거둘 수도 없으며, 불가능한 상태에 직면하게 되었다. 그러므로 자원봉사의 원칙은 청소년지도의 원칙을 실현하기 위한 수단적 원칙이라고 할 수 있는 것이다.

현실적으로도 청소년지도활동에서 청소년자원지도자의 도움이 없이는 청소년지도 활동이 이루어질 수 없으며, 목적을 달성할 수도 없는 일이다. 특히 청소년지도자의 절대수가 부족할 뿐만 아니라 그 중요성에 비하여 사회적 인식이 낮은 것을 감안할 때 청소년지도의 범국민적 참여 분위기조성과 잠재인력의 활용이라는 측면에서 자원지도자의 활용제도가 활성화되어야 한다. 따라서 청소년자원지도자로 활동하는 것은 자원봉사활동의 범주에 포함된다.

청소년기를 고려하여 자원봉사라는 개념의 의미는 성인의 그것과 약간 다른 의미가 부여된다. 즉 학습이라는 개념이 도입된다. 그래서 청소년 자원봉사라는 개념은 'youth service learning'이라 한다. 본래 봉사학습(service learning)이란 경험학습의 일종으로 청소년이 조직화된 봉사과정을 통해 무엇인가를 배우고 자신을 개발시키는 교육적 과정을 의미한다. 이 개념 속에는 청소년의 특성을 고려하여 자원봉사의 실천과정 속에서 청소년의 학습행위를 강조한 것이다.

청소년의 봉사학습(service learning)과 관련하여 자원봉사활동의 정의를 살펴보면 다음과 같다.

자원봉사활동이란 ① 청소년들이 지역사회의 실제적인 요구를 접하는 봉사경험을 철저하게 조직화하면서 실질적인 참여를 통한 활동과 개발 ② 청소년들의 학문적 교육과정을 통합하고 청소년들이 봉사활동을 하는 동안, 보고(seeing), 행함(doing)으로써 청소년들의 생각, 대담능력, 작문능력에 대한 구조적 시간을 제공 ③ 자신이 속한 지역사회의 실생활환경에 대한 지식과 기술을 새로이 획득하고 이용하는 기회를 청소년들에게 제공 ④ 학교에서 학생들에게 가르치는 영역을 지역사회로 넓혀 타인을 돌보는 감각을 개발하고 육성과 도움을 제고하는 방법을 의미한다(National and Community Service Act of 1990).

자원봉사활동이란 경험학습에 대한 한 접근유형으로서 타인에 대한 봉사를 함으로써 가치의 표현을 할 수 있고, 학습자와 그들이 봉사를 제공하는 사람(수혜자)의 측면, 그들이 일하는 지역사회단체와 경험적인 교육프로그램의 측면에서 사회적이고 교육적인 교환과정과 특성, 목적을 결정할 수 있는 효율적인 활동이다.

자원봉사활동이란 청소년들이 철저히 조직화된 봉사경험에 실질적인 참여를 함으로써 자신을 개발하고 학습을 이루게 되는 방법으로 다음의 세부적 내용을 포함한다.

① 실질적인 지역사회요구를 접할 수 있다.
② 학교와 지역사회 간의 공동의 협조체제를 구축할 수 있다.
③ 청소년 각각의 학문적 교육수요를 통합할 수 있다.
④ 청소년들의 실질적인 봉사활동을 하는 동안, 보고, 행했던 그 무엇에 대하여 생각하고 말하고 기술하는 구조적 시간을 제공할 수 있다.
⑤ 청소년들에게 그들이 속한 지역사회의 실생활여건에 대한 학문적 기술과 지식을 새로이 얻을 수 있는 기회를 제공할 수 있다.
⑥ 교실을 벗어나 학생들의 활동요구를 확대시켜 가르칠 수 있다.
⑦ 타인을 돌보는 감각의 개발을 키울 수 있다.

자원봉사활동이란 교육철학과 프로그램 형태로 구분된다. 프로그램형태에 있어서 봉사활동은 학생들이 봉사에 관련된 연구나 어떤 반성적 사고의 형성을 조장하는 사회와 지역사회에서 의미 있는 봉사를 실행할 수 있는 무수하게 다양한 방법을 포함하고 있다. 그리고 교육철학적인 측면에서는 봉사활동이란 교육은 사회적 책임성과 연계되어야 하며 가장 효과적인 방법은 어떤 의미 있는 방법과 경험적으로 연계되고 활동적으로 포함되어야 한다는 믿음을 봉사활동에서 회고하게 만든다(Research Agen－da for Combining Service and Learning in the 1990s).

R. Shumer는 1993년 전문가집단 연구인 델파이(Delphi)법을 적용하여 봉사활동에 대한 공동의 의견을 제시하기도 하였는데 물론 아직도 세부적으로 논의해야 할 과제가 많이 있지만 다음과 같이 구분하기도 하였다.

① 봉사활동이란 형태나 유형(형태나 유형은 구체적 예를 통해 가장 쉽게 이해할 수 있는 것임)을 통해 마음속에 상상할 수 있는 것이다.

② 봉사활동이란 학교에 기초하고, 지역사회에 기초하는 두 가지 측면에서 동시에 일어날 수 있다(R. Shumer, 1993).

자원봉사활동은 교육적 변화를 유발시킬 수 있는 핵심개념을 제공할 수 있다. 즉 굿래드와 옥스(Good lad and Oakes, 1988)에 의하면 실생활의 경험에 기초하고 학문의 중심적 개념을 탐색할 수 있는 지식의 접근을 모든 학생들에게 적절히 제공할 수 있는 교육과정으로 봉사활동을 정의하고 있다.

자원봉사활동이란 지역사회의 요구를 접하고 학교교육의 제도와 상호 협력함으로써 개개인의 시민으로서의 책임성을 제고하는 데 도움을 주며, 학생들이 접하는 교육과정의 학문적 가치를 제고하며 봉사경험에 대한 깊이 있는 반성을 통하여 철저한 사고를 인식하는 과정이다(American Association for the Higher Education, 1997).

최상의 자원봉사학습경험이란 지역사회와 학생 간의 상호 호혜적 이익을 얻을 수 있어야 함을 의미한다. 여러 지역사회기관이나 단체에서 자원봉사활동을 하는 것은 교실에서의 지식을 확대할 수 있고, 경력을 확대하며, 시민성의 개발과 문화적 해득능력의 강화, 시민성의 개선, 직업능력의 개발, 개인적 성장과 자아상의 제고, 직업연계의 확립, 사회문제의 관심도 제고, 공공 및 인간봉사에 대한 사회적 책임성과 위임능력의 제고 등의 차원에서 효과를 얻을 수 있는 활동이다(From Brevard Community College, The Power, 1994).

한편, 자원봉사활동의 특성 중 복지성에 보다 중점을 두는 김영호(1995)의 경우는 그래서 자원봉사활동을 '자원복지활동'이라고 정의한다. 여기서 자원복지활동이란, 만남과 사랑과 나눔의 활동을 통해 민주복지시민의 능력을 몸에 익히는 평생복지교육이자, 훈련이며, 인간 상호 간의 공동복지를 실현하기 위하여 언제, 어디서, 누구나, 자발적으로 참여하는 화해의 활동이다(김영호. 1995:8). 따라서 자원복지활동이란 개념에는 사회복지성, 공공성, 민주성의 특성이 강조되어 있다.

유네스코한국위원회(1998)에서는 자원봉사활동을 자원(資源)활동이란 개념으로 논의하고 있다. 이 자원활동이란 개념에는 유네스코가 그동안 끊임없이 관심을 두었던 기본인권의 신장과 사회발전에 대한 실천적 참여를 위하여 자원봉사활동 역시 보다 전문화되고 지역사회운동으로 발전해야 한다는 당위적 명제가 포섭되어 있다. 특히 자원봉사활동이 전문성을 제고하고, 지역사회운동으로의 발전을 꾀하기 위해서는 사회자원(social resource)의 적극적인 활용과 개발이 이루어져야 하는데 그러한 의미에서 자원봉사활동은 자원 활동으로 규정해야 한다고 주장한다.

이외에도 맨저와 카스(G. Manser and R. M. Cass, 1976:11－12)는 자원봉사를 "개인 자신이 선택한 자원복지기관을 통하여 활동하고, 창조하고, 실험하고, 또 새로운 목표를 달성하려고 노력하는 과정에서 최대의 자유와 민주적 과정 속에서 독특한 역할을 수행하며, 공익을 증진 혹은 촉진시키기 위하여 자발적으로 노력하는 활동"이라 정의하면서 이러한 활동에 자발적으로 참여한 사람을 자원봉사자(volunteer)라 하였다. 여기서도 자원봉사란 자원봉사 정신을 기반으로 하는 개인의 자발적 활동을 의미하는 것뿐만 아니라 사회의 공익성 추구를 위한 사회참여활동 모두를 포함하는 개념임을 알 수 있다.

자원복지활동과 자원활동 두 개념 모두 굳이 '봉사'란 용어를 명시하지 않고 있는데 이는 곧 봉사라는 용어가 자칫 내포할 수 있는 자선의 의미를 거부하고 자원(自願)에 의한 활동으로 이해하기 때문이다. 또 지금까지 서구사회가 하층계급을 위한 자선적 의미에서 봉사활동이 이루어진 역사적 배경을 안고 있다면, 앞으로는 수평적 의미에서의 봉사활동이 주류가 되어야 함을 강조하는 정의라 할 수 있다. 그래서 자원봉사활동은 어떤 특정한 사람이나 집단 그리고 시간과 물질의 여유가 있는 사람만이 행하거나 복지기관에서만 행하는 자선활동 혹은 구빈활동으로써의 시혜적 · 소극적 의미만이 아닌, 가정의 기능을 보완하고, 상실된 인간성과 공동체의식을 회복하고 개발하기 위한 활동으로 이해된다.

이상의 내용을 토대로 청소년 자원봉사활동의 개념은 다음과 같이 정의할 수 있을 것이다. 청소년 자원봉사활동은 자원봉사활동의 개념에 기초하면서 동시에 자원봉사활동의 참여주체가 청소년이기에 교육적 의미가 더해지는 개념이다. 즉 청소년 자원봉사활동이란, 청소년들 자신의 정신적 · 육체적 자원으로 일정한 계획을 갖고 대가를 바라지 않으면서 일정한 기간 동안 지속적으로 타인이나 사회를 통해 복지활동을 수행하는 '실천적 체험학습활동'이다. 특히 봉사활동을 통해 청소년들은 보람과 흥미를 느끼고 자신의 재능이나 소질을 발견 · 개발할 수 있으며 또한 현재의 학교교육에서 쉽게 경험할 수 없는 배움을 체험하고 실천할 수 있다. 여기서 배움이란, 자신이 살아갈 공동체 삶의 영역을 두루 체험하고 타인 · 타 집단과의 긴밀한 인간관계를 형성하면서 건강한 인성을 형성하는 것을 의미한다.

4. 자원봉사활동과 청소년지도

청소년들이 봉사활동을 통해 체험하게 되는 많은 경험들은 사회의 한 구성원으로서 청소년 자신의 존재가치를 발견할 수 있도록 도와줄 수 있을 뿐만 아니라, 청소년들에게 더불어 살아가는 지혜를 깨닫게 한다.

1) 청소년자원봉사활동의 유형

청소년자원봉사활동을 유형화시키는 것은 그 유형화 준거를 어떻게 설정하느냐에 따라 다르게 분류될 수 있다. 본 연구에서는 활동의 장에 의한 분류, 활동거리에 의한 분류, 대상에 의한 분류를 준거로 설정하였다.

활동의 장 중심으로 구분하는 것은 자원봉사활동이 봉사자 개인적 차원에서 이루어지기보다는 활동을 조직화, 체계화할 수 있는 조직에 소속되어 활동하는 것이 일반적이기 때문이다. 활동거리에 의한 분류는 청소년에게 적합한 봉사활동이란 무엇이 있는가에 구체적인 관심들이 집중되어 있다. 대상으로 구분하는 방법은 통상 성인의 자원봉사활동까지 포함하여 분류하는 방법이다. 이외에도 자원봉사 과업의 성격이 어떠한가에 따라 구분하여 설명할 수 있다. 자원봉사활동이 문제를 갖고 있거나 어려운 처지에 있는 사람들에게 직접적인 원조를 제공하는 활동인가, 아니면 예방적 차원의 활동인가 혹은 보편적 지식을 소유한 사람이면 누구나 참여할 수 있는 일반적 자원봉사 활동영역이 있는 반면, 전문적 지식과 기능을 갖춘 사람만이 참여할 수 있는 전문적 활동영역으로 분류할 수 있다. 또한 개입의 방법에 따라 직접적 개입과 간접적 개입으로도 구분할 수 있다. 이상의 분류에 의해 그 내용을 구체적으로 살펴보면 다음과 같다.

2) 활동의 장에 의한 분류

먼저 활동의 장을 기준으로 청소년자원봉사활동의 영역을 분류해 본다면, 사회복지시설 및 기관, 사회단체, 가정 및 이웃, 지역사회, 국제사회 등으로 분류된다.

(1) 사회복지시설 및 기관 활동

사회복지시설 및 기관은 각종 사회복지 사업을 수행하기 위해 설립된 공공 및 민간복지시설과 기관을 의미한다. 여기에는 아동복지시설 및 기관, 장애인 시설 및 기관, 부녀복지시설 및 기관, 노인복지시설 및 기관, 부랑인 시설, 종합사회복지관 등으로 구분된다.

(2) 사회단체에서의 자원봉사활동

현재 우리 사회에서 사회단체들이 시행하는 자원봉사활동은 부정선거 감시 및 깨끗한 선거운동, 환경보호운동, 소비자 권익보호운동, 여성권익보호운동, 공동체운동 등 다양한 분야에서 전개되고 있지만 청소년과 관련해서 환경보호운동을 제외하고는 그렇게 다양한 활동들을 펼치고 있지 않다. 즉 청소년자원봉사활동 영역은 향후 프로그램을 개발해야 할 과제를 안고 있는 영역이라 할 수 있다.

(3) 가정 및 이웃을 위한 자원봉사활동

사회복지시설의 서비스를 이용하기 힘든 경우이거나 주거공간에서 직접적인 원조를 받아야 하는 경우 서비스 제공자가 직접 가정을 방문하여 필요한 도움을 제공하는 영역이다. 가정방문을 통해 현재 청소년들이 하고 있고 또 할 수 있는 자원봉사활동들은 다음과 같다.

① 가사지원: 일상적인 가정청소, 식사준비 및 요리, 식사보조, 영양식 보조, 경제적 지원

② 대인보호활동: 우애방문 및 아동과 노인들을 대상으로 하는 활동이 포함된다. 구체적으로는 목욕보조, 말벗, 면도 · 머리손질 보조, 식사 · 독서 · 생활정보 제공 등이다.

③ 사회적 보호활동: 연금 및 지원금을 수령하는 일, 처방약을 받아오는 일, 편지 대필 · 발송, 집세 · 세금 대신 납부, 취미활동과 사회생활을 계속하도록 장려, 외출보조, 전화심부름, 가계관리를 지원하는 일, 이웃과의 관계를 유지 · 발전시키는 일이 포함된다.

④ 훈련적 역할: 노인 · 장애인 및 소년소녀가장이 자립할 수 있고 지속적인 사회활동능력을 유지 · 회복하도록 도움을 주는 활동이 포함된다.

(4) 지역사회를 위한 자원봉사활동

지역사회를 위한 자원봉사활동은 당면한 지역의 문제를 진단 · 해결하고 그 과정에서 형성될 수 있는 지역주민 간의 의사소통 관계망 형성, 공동체 의식의 성숙, 지역사회를 기반으로 하는 주민조직의 결

성 등과 같은 주민 스스로의 문제해결 능력을 키워 나가는 데 초점을 맞추는 활동이다. 대체로 성인을 중심으로 이루어지는 지역사회 자원봉사활동의 영역은 사고예방 교통안전지도, 공원청소, 안전관리, 지역 청소년회 육성지도, 환경미화 및 개선, 지역사회 봉사활동센터 조직 및 육성, 지역방범대 설치 및 육성, 환경오염원 점검, 교통시설 파손상황 점검, 전통문화 전승운동, 주민교양교실 운영, 유해환경감시활동, 약물예방운동, 의료시설 개선 및 서비스향상, 어린이 놀이터 보수 및 보호 등이다. 이 중에서 현재 청소년들이 참여하는 자원봉사활동 영역은 교통안전시설 조사활동, 공원청소, 환경미화활동, 환경오염원 실태조사, 유해환경감시활동 및 약물예방 운동 등을 꼽을 수 있다.

(5) 국제자원봉사활동

자원봉사활동 영역 중 최근 새로운 영역으로 대두되는 국제자원봉사활동은 1991년 외무부산하 정부출연기관인 한국국제협력단(Korean International Cooperation Agency: KOICA)과 그 산하단체로 한국청년해외봉사단이 설립됨으로써 활발한 활동을 전개하고 있는 실정이다.

국제자원봉사활동은 1920년대 유럽에서 최초로 시작되었으며, 활동지역과 분야 그리고 내용이 계속 발전하여 이제는 전 세계적인 추세가 되었다. 공간적 측면에서 외국을 주 무대로 활동하는 것이 일반적 형태지만, 활동장소가 국내일 경우, 국제적 문제나 프로젝트 혹은 외국인을 대상으로 하는 형태도 국제자원봉사활동이라 할 수 있다. 그러나 일반적으로 국제자원봉사활동이라고 하면 외국에서의 활동을 우선적으로 생각하게 되는데 한국에서도 한국국제협력단에서 파견하는 해외봉사단이나 여러 민간단체에서 파견하는 다양한 형태의 프로그램이 국제자원봉사활동으로 많이 알려져 있다. 즉 일정기간 외국, 특히 저개발국가에서 거주하며 지역사회개발, 교육, 의료활동 등을 통해 지역사회의 발전에 참여하며 한편으로는 자신의 경험을 확대하는 것을 말한다. 1997년에는 여름방학 동안 많은 대학생들이 해외에 파견되었는데 가톨릭대학교가 파푸아뉴기니, 한동대학교가 피지, 대학사회봉사협의회에서 러시아, 중국, 베트남, 방글라데시, 태평양아시아협회에서 아시아 7개국에 대학생들을 파견하여 활발한 자원봉사활동을 했다.

한편으로는 외국에 나가 활동하는 것에 못지않게 국내에서의 활동에도 관심과 참여가 높아지고 있다. 지난 몇 년 동안 빈곤을 겪고 있는 아프리카 난민이나 기아자를 돕기 위한 모금이나 물건 모으기에 연령이나 계층에 관계없이 많은 사람들이 참여하여 지구에 함께 사는 사람들에 대한 관심을 나타냈다. 유학이나 취업을 위해 한국에 체류하는 외국인이 증가하면서 이들을 돕기 위한 자원봉사활동의 필요성이 대두되면서 최근에는 한국에 체류하는 외국인 노동자들의 어려움을 돕기 위해 여러 지원단체를 만들며 다양한 활동을 전개하고 있다.

국제자원봉사활동은 이제 각국 정부, 국제기구, 그리고 민간단체(NGO)들이 가장 심혈을 기울이는 분야가 되었으며, 그 프로그램과 내용을 점점 확대해 나가고 있는 실정이다. 최근에는 선진국에서 후진국으로의 이동(남북협력)에서 남남 혹은 남북형태의 활동이 증가하고 있으며, 활동 자체가 주제, 이슈 중심으로 전문화되고 있고, 정부간 혹은 민간차원에서 연대를 목표로 한 네트워크 활동이 활발히 전개되고 있는 특징을 보이고 있다.

특히 주목되는 점은 국제자원봉사활동에 참여하는 참가자 연령이

저연령화되어 가고 있다는 점이다. 저연령화 현상은 현재 세계적인 추세이다. 그것은 '자원봉사활동의 참여연령이 적으면 적을수록 활동의 교육효과는 보다 효과적'이라는 당위적 명제에 기초하고 있다. 따라서 현재 시행하고 있는 자원봉사활동에도 이와 같은 국제활동 프로그램을 개발해 다양한 부문에서의 체험학습, 실천활동이 시행되어야 한다. 그러나 국제적인 자원봉사활동의 필요성과 내용이 증가하고 있음에도 불구하고 이러한 활동을 전개하려는 시도는 유감스럽게도 매우 미미한 실정이다.

3) 활동거리(프로그램)에 의한 분류

한편, 활동거리 유형별로는 이웃돕기활동, 구조 · 구호활동, 업무지원 활동, 계몽 · 지도활동, 지역사회개발활동, 자연환경보전활동, 전통문화보전활동, 교류협력활동 등으로 분류된다(한국청소년자원봉사센터, 1997:44 – 56).

각 활동별 주요 내용을 살펴보면 다음의 <표 46>과 같다.

〈표 46〉 청소년자원봉사활동거리 유형

활동거리 유형	주요 내용
이웃돕기 활동	○ 어려운 이웃을 돕고 지원하는 봉사활동 - 저소득층 자녀의 탁아나 학습 · 취미활동 지원 - 복지시설(장애인 · 노인 · 아동 · 부녀 · 부랑인 복지시설 등) 방문 봉사활동 - 독거노인 보살피기
구조 · 구호 활동	○ 재난 · 재해에 따른 구조 · 구호봉사활동 - 재난 · 재해발생 시 사고현장 인명구조 · 재해복구사업 참여, 지원활동 - 수해복구활동 - 성금 · 성품 모금운동 및 지원활동

업무지원 활동	○ 기관 고유업무 지원을 위한 봉사활동 - 관공서 · 병원 · 사회단체 · 기업체 일손 돕기 - 문화단체 및 기관 안내
계몽 · 지도 활동	○ 각종 캠페인 · 홍보활동 및 지도활동 - 유해환경 및 공정선거 계몽활동 - 교통안전 · 금연 캠페인 및 교양도서 홍보활동 - 학습 및 레크리에이션 지도활동
지역사회개발활동	○ 지역사회 실태조사 및 참여활동 - 지역사회인식활동: 지역사회현황파악, 환경오염 · 유적지도 제작 등 - 환경미화활동: 꽃길 · 화단 가꾸기, 불법벽보 철거활동, 마을주변 청소 등 - 공공구조물 관리활동: 어린이 놀이터 시설물 보수, 교통 안전시설점검 등 - 유해환경 추방운동: 유해시설 및 유해업소 실태조사활동 - 지역문화행사 돕기: 지역사회 문화행사에 따른 지원활동
자연환경보전활동	○ 자연환경 보전 및 생활환경 보호활동 - 오염방지활동 및 수거활동 - 자연보호활동(동식물보호, 생태계탐사 활동)
전통문화보전활동	○ 전통문화유산 보전 및 계승활동 - 문화유적지관리활동: 유적지주변청소 · 안내, 전통문화 실태 조사 활동 등 - 전통문화 전승 · 확산활동: 전통문화 학습 · 홍보활동 - 경로사상 계승활동: 경로잔치 자원봉사활동, 일일 자식 되어 드리기 등 - 호국 · 보훈활동: 순국선열추모 및 역사유산 보호활동, 묘역 정화 작업 등
교류협력 활동	○ 타 지역 및 국제자원봉사활동 - 지역 간 교류협력 봉사: 타 지역의 환경, 문화 이해활동, 도서아동방문 등 - 도 · 농 간 교류협력활동: 농촌방문 일손 돕기, 농촌 환경 보호활동 등 - 국제자원봉사활동: 국제교류협력 지원 및 활성화 등

4) 대상에 의한 분류

일반적으로 대상에 의한 분류는 아동, 청소년, 노인, 장애인, 여성 등 사회로부터 소외되거나 어려운 생활과제를 안고 있는 대상을 중심으로 분류되며, 그중에서도 아동, 노인, 장애인 중심으로 전개되고 있다. 또 기존의 활동들은 전반적인 복지증진 활동이라기보다는 보호활동 중심으로 전개되고 있으며, 이와 같은 보호활동들은 아직까지는 대상관련 복지시설 및 기관방문 중심으로 시행되고 있는 실정이다.

먼저 아동보호활동은 아동의 안전과 보호에 중점을 둔 활동영역으로 구체적으로는 미취학아동의 탁아지원활동, 초등학교 저학년 아동의 방과 후 보호활동, 생활사고에 대한 안전교육활동, 영 · 육아원 방문활동 등을 들 수 있다. 노인보호활동은 양로원 위로방문, 독거노인 보호지원활동, 공공단체 및 민간단체에서 지원하는 급식보조활동, 경로사상 고취를 위한 제반지원활동 등이 포함된다. 장애인보호활동의 경우는 최근까지 가장 많이 시행되는 활동유형으로 장애인시설 및 기관방문 봉사활동을 손꼽을 수 있는데, 요즘에는 중증장애인 가정방문, 장애인 학습지원활동, 장애인 복지를 향상시키기 위한 활동(장애인을 위한 교통시설점검 및 실태조사활동), 특별행사(바자회, 운동회, 예술제, 산행동행) 개최 등 새롭게 활동영역을 개발하고 있는 추세이다.

청소년복지향상의 측면에서 제기되는 청소년대상 자원봉사활동은 청소년들 스스로 또래 집단을 지원하는 활동이 주가 되며, 구체적으로는 고민상담 활동, 어려운 친구 돕기(소년소녀가장 지원 및 보호활동, 가출소년소녀지원활동), 도 · 농 청소년 자매결연사업 및 교환방문활동, 청소년폭력예방활동, 선후배의 학습지원활동 등이 포함된다. 여성의 경우에는 청소년자원봉사활동 영역에서 아직 활동의 폭이나 프로그램 개발 자체가 미진한 영역이라 할 수 있다. 여성폭력예방 및 폭력피해여성 지원활동, 미혼모 지원활동 등 외국의 경우 활발하게 이루어지고 있는 프로그램에 대한 새로운 시도들이 있어야 한다. 나이가 공공부문에서 일정한 보호와 지원이 가능한 대상(아동, 노인, 장애인) 중심의 활동영역에서 벗어나 일반 청소년과 성인을 대상으로 전환하여 시행하는 봉사활동 프로그램들을 개발해야 할 필요가 있다.

5. 노인과 자원봉사

1) 노인을 위한 자원봉사

(1) 재가 노인을 위한 자원봉사

재가노인을 위한 자원봉사는 <표 47>에 나타난 바와 같이 노인이 일상적으로 도움을 필요로 하는 다양한 봉사활동을 포함하고 있다.

〈표 47〉 노인을 위한 자원봉사

<table>
<tr><th colspan="4">노인을 위한 봉사 프로그램</th></tr>
<tr><th>노인클럽들과 공동행사</th><th>학교행사에의 초대</th><th>3대 가족행사</th><th>병든 노인 방문</th></tr>
<tr><td>방문(말벗)</td><td>휠체어노인 외출 돕기</td><td>연극공연</td><td>신문 읽어주기</td></tr>
<tr><td>이발사</td><td>미용사</td><td>사교</td><td>꽃 대행업</td></tr>
<tr><td>다도교육</td><td>정원 가꾸기</td><td>유리창 닦기</td><td>눈 치우기</td></tr>
<tr><td>결연사업</td><td>손자역할</td><td>병원방문</td><td>교통편 제공</td></tr>
<tr><td>전기용품 수리</td><td>취미교육</td><td colspan="2">식사서비스(음식조달, 점심동반)</td></tr>
<tr><td>목욕서비스</td><td>쇼핑 돕기</td><td>사교모임 초대</td><td>가족 유대</td></tr>
<tr><td>물리치료 보조</td><td>식사 배달</td><td>기저귀 마련</td><td>우호방문</td></tr>
<tr><td>공중목욕탕 동반</td><td>행사 돕기</td><td>청소, 세탁 등</td><td>정원 가꾸기</td></tr>
<tr><td>노인목욕 시키기</td><td>전통무용 공연</td><td>이·미용 서비스</td><td>미용서비스</td></tr>
<tr><td>도배</td><td>후원사업</td><td>김장김치 담가주기</td><td>무료진료</td></tr>
<tr><td>민원상담</td><td>노인의 전화상담</td><td>노인축하꽃다발 전달</td><td>와인전달</td></tr>
<tr><td>메시지전달</td><td>한글교실</td><td>한자교실</td><td>영어교실</td></tr>
<tr><td>무의탁노인 돌보기</td><td>와병노인 심부름</td><td>쓰레기 분리수거</td><td>호스피스</td></tr>
<tr><td>임종환자 돌보기</td><td>재가노인 방문위로</td><td>독거노인의 집 청소</td><td>페인트 칠</td></tr>
<tr><td colspan="2">노인을 위한 위로행사(춤, 음악……)</td><td>양로원 위문활동</td><td>급식사업</td></tr>
<tr><td>수용시설(양로원……)</td><td>컴퓨터교실</td><td>노인대학 프로그램</td><td>위로</td></tr>
<tr><td>일일 자식 되기</td><td>무의탁노인 돌보기</td><td colspan="2">장애인 노인들과 사랑의 띠 맺기</td></tr>
<tr><td colspan="2">사내식당에서 만든 밑반찬 배달</td><td>이불 바느질</td><td>비누 만들기</td></tr>
<tr><td>물탱크청소</td><td>건축자재 정리</td><td colspan="2">노인들에게 수지침 무료시술</td></tr>
<tr><td colspan="2">양로원 할머니 꽃꽂이 강습</td><td>시각장애노인 야외산책</td><td>장례지원</td></tr>
<tr><td colspan="2">불우노인 영정용 사진 찍어 주기</td><td colspan="2">홀로사시는 할머니 집 새 단장</td></tr>
</table>

<table>
<tr><th colspan="4">노인을 위한 봉사 프로그램</th></tr>
<tr><td>노인클럽들과 공동행사</td><td>학교행사에의 초대</td><td>3대 가족행사</td><td>병든 노인 방문</td></tr>
<tr><td colspan="2" rowspan="2">노인종합복지관 · 종합사회복지관,
프로그램지원 · 참여</td><td colspan="2">정년퇴직자의 활동</td></tr>
<tr><td colspan="2">노인의 전화 말벗</td></tr>
</table>

자료: 홍기형 외. 1998. 『평생학습사회와 노인교육』. 교육부. p.66.

(2) 시설노인을 위한 봉사활동

시설노인들을 위한 봉사활동도 재가노인을 위한 봉사활동과 크게 다르지 않다. 예컨대 말벗, 상담, 청소, 물리치료 보조, 위문활동 각종 행사 돕기, 취미, 오락 지도 등 다양한 봉사서비스를 포함한다. 또한 시설노인을 위한 재정후원, 사업과 시설장비지원 등 다양한 프로그램을 계획하고 지원할 수 있다.

2) 노인에 의한 자원봉사

노인에 의한 자원봉사는 노인을 자원복지의 수혜대상으로부터 공급자로 그 위치를 전환시키며 이는 고령화 사회의 노인에 대한 역할 기대라 하겠다. 노인에 의한 자원봉사 활동을 기대할 수 있는 사회적 배경으로는 다음의 사항을 들 수 있다.

- 평균수명의 연장과 생활개선으로 장수노인의 수가 증가
- 경제적으로 안정된 노인층의 증가
- 노인의 여가시간 증대
- 노인의 교육수준 향상
- 공익활동을 통하여 삶의 보람을 찾는 노인의 건강수준 향상
- 노인인력의 활용을 통한 국가의 재정 부담을 완화

노인에 의한 자원봉사 분야로는 보건 및 복지 분야를 비롯하여 정치, 문화, 환경, 교육, 범죄, 법률, 교통, 소비자 분야 그리고 국제협력과 난민구조 등 매우 다양하다. 노인에 의한 구체적인 봉사활동 프로그램을 살펴보면 다음 <표 48>과 같다.

〈표 48〉 노인에 의한 자원봉사 프로그램

노인들이 할 수 있는 자원봉사 프로그램		
대상	분야	자원봉사활동 프로그램
사회복지	노인	우호방문, 음식배달, 쇼핑 돕기, 사교모임, 공중목욕탕 동반, 병원 동반, 행정서류, 대서, 편지 써주기, 물리치료 보조, 가사일 돕기, 간병, 수발, 불우노인돕기캠페인 및 활동참여 등
	장애인	외출보조, 그룹활동지원, 여행보조, 장난감 수리, 물리치료 보조, 의류수선, 워크숍기술 지도, 행사참여 및 지원, 장애인 돕기 운동참여 등
	아동 및 청소년	아동놀이지도, 어린이놀이터청소 및 관리, 취미교육, 한문교육, 도덕교육, 학습부진아지도, 청소년상담, 청소년행사 돕기, 소년소녀가장지원 등
	미혼모 및 불우여성	말벗, 상담, 윤리 · 도덕교육, 기술교육 등
지역사회봉사	환경	쓰레기 줍기(산, 강, 공원), 쓰레기분류 및 관리, 나무심기, 환경교육, 환경오염조사(물, 공기, 토양 등), 지역사회환경정화, 계몽활동 등
	교육	기능교육 및 훈련, 기술교육, 유치원 · 초 · 중 · 고등학교 보조교사 등
	체육	노인운동지도보조, 청소년운동지도보조, 각종 운동행사지원 등
	문화	음악교육, 판소리지도, 미술교육, 서예지도, 도자기기술교육, 연극 및 춤 지도, 각종 문화행사지원, 전통문화전승활동 등
	의료	병원업무보조, 환자방문, 환자동행, 간병서비스, 건강정보전화서비스, 호스피스 등
	범죄	성폭력상담 · 교육 및 계몽, 유해환경조사 및 퇴치캠페인, 지역사회안전보호(자경단), 정책건의 등
	법률	무료법률상담, 법률교육, 유언작성보조, 유산상속절차보조 등
	교통	노인교통정리, 지하철안전지도원, 각종 행사를 위한 교통질서정리, 교통단속 감시원 등
	정치	부정선거감시, 선거사무소사무보조, 투표 · 개표참관인활동, 선거인등록사업보조, 정당활동, 로비활동 등
	소비자	불량품현장조사, 불량상품홍보 · 고발 등

노인들이 할 수 있는 자원봉사 프로그램		
대상	분야	자원봉사활동 프로그램
금품 및 장기기증	금품기증	공동모금기금, 유산기탁, 지정기탁 등
	장기기증	신체기증(심장, 눈, 신장 등), 장기기증운동지원
국제협력난민구호		개발도상국의료 · 물품 · 식량지원보조, 후진국사회개발을 위한 자원봉사활동, 국제협력행사 등 참여

자료: 홍기형 외. 1998. 「평생학습사회와 노인교육」. 교육부. p.68.

3) 노인자원봉사의 원칙과 봉사자의 준수사항

노인 자원봉사의 원칙과 준수사항을 홍기형 등(1998)은 다음과 같이 제시하고 있다.

먼저, 노인을 대상으로 봉사할 때에는 다음의 기본적인 원칙들을 준수하여 노인에게 필요한 다양한 서비스를 제공하는 것이 바람직하다.

- 노인의 존엄성과 개성을 존중하여야 한다.
- 개인의 자주성과 독립성을 인정하고 존중하여야 한다.
- 노인은 문제해결에 스스로 결정할 수 있는 권리를 가지고 있다.
- 노인은 복지혜택을 받을 수 있는 권리가 있으며 동시에 자기의
- 문제해결을 위한 책임과 의무를 다할 수 있도록 해야 한다.
- 노인을 도울 때는 신체적, 심리적, 지적, 사회적, 영적 제반 영역을 다 같이 고려하여 도움을 주어야 한다.
- 노인은 전문적인 수준에 맞는 질적인 서비스를 제공받아야 한다.
- 노인은 각 시대의 독특한 욕구에 맞는 서비스를 제공받아야 한다.

자원봉사자는 자신이 가지고 있는 시간, 재능, 재산과 지역사회의 자원을 활용하여 노인이 필요로 하는 서비스를 제공한다. 개인적으로는 서비스 제공자, 상담자, 정보제공자 등의 역할을 수행하고, 사회적으로는 노인들의 권익을 대변하고, 문제를 해결하며, 비인간적인 사

회 환경을 개선하는 역할을 수행한다. 이러한 역할의 수행과정에서 다음 준수사항을 지켜야 한다.

- 노인을 대할 때는 단정한 외모와 겸손한 태도로 봉사한다.
- 봉사활동은 노인의 관심사에서부터 시작한다.
- 노인의 욕구와 요구에 따라 봉사한다.
- 노인과 합의하에 봉사활동을 계획하고 실천한다.
- 봉사활동 한계를 분명히 하고 무리를 안 한다.
- 노인과 약속한 사항은 꼭 지켜 신뢰받는 봉사자가 된다. 만일 약속을 지키지 못할 경우에는 그 이유를 사전에 설명한다.
- 봉사활동 중에 알게 된 노인에 관한 비밀을 보장해야 한다.
- 봉사활동을 계속하지 못할 경우에는 노인에게 상처를 주지 않도록 노인과의 관계를 신중하게 종결한다.
- 봉사활동 경과를 기록, 점검, 평가하여 참고자료로 남긴다.
- 노인복지 분야에 관한 전문적인 지식과 기술을 습득하고 자신의 성장을 위해 지속적인 노력을 기울인다.

6. 자원봉사 활성화 방안

우리 국민의 자원봉사 참여율을 살펴보면 <표 49>와 같다. 전국적으로 자원봉사참여율이 13%로 영국과 같은 나라에 비하여 약 절반에 불과하다. 최근 수년간 중앙일보사나 조선일보사 등에서 전국적인 캠페인을 통하여 자원봉사에 대한 관심과 참여가 증가하고 있으나 아직 많은 국민이 자원봉사를 생활화하지 못하고 있다.

한편, 사회사업을 치부의 수단으로 삼는 일부 사이비종교기관과 사회복지시설의 악덕운영자의 비인간적 치부행각은 자원봉사의 활성화에 암적인 요소가 되고 있다. 따라서 무엇보다 사회사업에 있어서 투명성을 확보하는 것이 매우 중요한 과제라 하겠다. 또한 중등학교에서 자원봉사를 학생들에게 일정 수준 의무적으로 실시되고 있지만 자원봉사를 위한 기초교육이 평생교육의 관점에서 범국민적으로 이루어져야 하겠다.

〈표 49〉 자원봉사 참여율(1999)

(단위: %)

구분	자원봉사자 비율	지역의 환경보전	국가, 지역행사	자녀교육 관련	복지시설 관련	재해지역 돕기	기타
전국	13.0	40.1	8.1	12.3	34.2	8.7	11.8
동부	12.4	34.5	8.2	13.9	36.9	7.9	13.3
읍면부	15.3	59.1	7.8	7.1	25.4	11.3	6.4
남자	12.2	46.4	10.9	2.5	26.5	13.6	16.9
여자	13.8	34.8	5.8	20.5	40.7	4.6	7.5
초졸 이하	8.7	64.7	4.1	3.5	27.7	4.6	3.8
중졸	20.5	45.5	8.1	5.2	38.1	6.2	11.5
대졸	11.9	32.2	8.2	18.5	33.5	11.2	13.2
대졸 이상	12.7	26.9	11.3	18.8	34.7	10.9	15.7

자료: 통계청 「사회통계조사보고서」 1999

한편 자원봉사활성화 대책에 대한 주요 대안은 <표 50>과 같다. 가장 중요한 대책은 프로그램개발 및 관리 주관기관 지정으로 나타났으며 자원봉사 정보 및 인력은행 운영이 그 다음으로 나타났으며 고학력자일수록 이 같은 경향이 높게 나타났다.

〈표 50〉 자원봉사 활성화 대책

(단위: %)

	자원봉사 정보 및 인력은행 운영	자원봉사자 훈련	프로그램 개발 및 관리 주관기관지정	경력인정 및 제도화	봉사에 대한 보상	기타	모르겠음
전국	17.1	8.1	28.0	5.8	7.9	0.3	32.7
초졸 이하	8.4	6.2	12.3	2.6	7.2	0.1	63.2
중졸	13.8	8.6	24.4	9.9	8.3	0.2	34.7
고졸	20.0	8.9	32.4	5.8	8.7	0.3	23.9
대졸 이상	24.4	8.2	41.3	5.4	6.7	0.5	13.5

자료: 통계청 「사회통계조사보고서」 1999

7. 자원봉사 가이드

1) 자원봉사자

(1) 자원봉사자의 자격

자발적 참여를 통하여 일정 기간 동안 정기적이며 지속적으로 봉사활동이 가능한 자면 누구나 가능하다. 특히 남을 위해 일하겠다는 마음을 가진 사람으로서 첫째, 약속을 지키는 사람, 둘째, 시간을 지키는 사람, 셋째, 다른 사람과 잘 어울리는 사람이 요구된다.

(2) 시간과 비용

기본적으로 본인이 가능한 여유시간 내에서 정해야 하지만 활동할 곳의 담당자와 의논하여 정한다. 점심식사와 교통비는 원칙적으로 자원봉사자는 본인이 책임진다. 간혹 점심을 제공하거나 버스토큰 또는 지하철 승차료를 주기도 한다.

(3) 봉사활동의 시작과 기관

자원봉사활동은 자발적이며 지속적으로 봉사활동이 가능할 때 언제든지 신청이 가능하다. 또한 봉사 활동이 개인적 생활패턴에 차질이 없다면 시간의 구애됨이 없이 본인의 희망에 따라 자유롭게 선정할 수 있으나 최소 월 1~2 이상의 봉사는 가능해야 한다. 봉사자가 학기 중에도 정기적으로 시간을 내어 봉사활동을 할 수 있다면 언제나 가능하며 주말에도 행사 활동을 할 수 있으므로 봉사자 본인의 의사가 중요하다.

(4) 업무 할당과 가족관계

봉사자의 충분한 의견을 수렴하여 봉사활동을 선정하도록 한다.

봉사활동이 지속성을 유지하려면 봉사자 개인의 욕구만으로는 불가능하다. 봉사자 가족원들의 봉사활동에 대한 이해 및 협조가 없으면 항구적인 봉사활동을 유지하기란 어렵다. 흔히 봉사활동을 시간 및 인력낭비로 간주할 수도 있다. 부모는 그들의 자녀가 시간을 어떻게 보내는지에 관해 의견을 가지고 있을 수 있으므로 부모에게 봉사활동에 대한 취지 및 필요성에 관해 이해를 갖도록 하는 것이 중요하다.

(5) 봉사활동의 기록

봉사활동을 한 후에는 그날의 봉사 일정을 일지에 구체적으로 기록함으로써 피드백을 통한 봉사활동에 대한 평가 및 봉사 종료 후 지도교사에게 제출하여 본인의 봉사활동에 대한 전반적 사항을 안내할 수 있고 빠짐없이 봉사활동에 참여했다는 자료적 근거가 될 수 있다.

2) 자원봉사활동 요령

(1) 방문하는 태도와 준비

① 있는 자로서 없는 자에게 베풀어 주기 위해 간다는 마음보다는 함께 더불어 살아가는 공동체를 만들기 위해 서로 나눈다는 마음을 갖는다.

② 겸손한 마음을 갖는다.

③ 먼저 시설과 사전에 연락하여 시간을 잘 조정하되 가능한 한 시설의 일상적인 생활을 흩트리지 않게 방문을 해야 한다.

④ 봉사할 내용이 무엇인지 사전에 파악하며, 봉사할 내용이 정해지면 봉사에 필요한 준비사항이나 준비물을 가급적 시설에 의존하지 말고 가능한 한 자체적으로 마련한다.

⑤ 시설에 대한 일반적인 현황, 목적, 서비스 대상자의 생활근황, 특수한 요구 등을 사전에 알고 가는 것이 좋다.

(2) 시설에 도착했을 때

① 시설에 도착하는 즉시 시설책임자나 담당자에게 연락하여 지시받는다.

② 식구를 만나러 왔다는 마음가짐을 갖고 서비스 대상자와 쉽게 친해질 수 있어야 한다.

③ 시설에서 진행하고 있는 일상생활 리듬을 깨뜨리지 않도록 주의한다.

④ 동정의 눈이나 호기심의 눈으로 보지 않도록 주의한다.

⑤ 시설에 대한 어떤 부정적인 느낌이나 생각이 있더라도 그것에 너무 집착하지 말고 사랑, 봉사의 목적만을 생각하며 봉사활동

에 적극 임해야 한다.

(3) 구체적인 봉사활동

① 봉사활동을 할 때 자기식대로 하려고 고집할 것이 아니라 지금까지 시설에서 실시해 온 방식을 잘 지켜보고, 새로운 방법이 필요하다고 생각할 때는 선생님과 의논해서 바꾸는 것이 바람직하다.

② 지금까지 시설에서 되고 있는 일들을 먼저 긍정적으로 인정해 주고, 특히 장점을 발견하여 칭찬해 준다.

③ 서비스 대상자에게 따뜻하고 사랑스럽게 대해 주되, 그 시설의 선생님이나 직원들로부터 받은 따뜻한 정도 다시금 발견할 수 있도록 도와주어야 한다.

(4) 봉사를 종결할 때

① 실행하지 못할 약속은 하지 않음이 바람직하며 가능한 다시 오도록 노력하겠다는 격려의 말과 항상 기억하고 생각하겠다는 약속을 해 줄 필요가 있다.

② 떠나기 전에 봉사자가 그들과 얼마나 즐겁게 지냈으며 그들의 장점을 재확인해 주는 과정을 밟는 것이 필요하다.

③ 봉사활동을 하면서 어지럽게 만들어 놓은 환경을 잘 정리해 놓고, 직원들에게 고맙다는 인사를 하는 것이 필요하다. 혹시 사용한 물건이나 도구가 있으면 원위치에 둔다.

④ 열악한 가운데서 일하고 있는 직원들의 노고를 치하하고 그들의 역할을 긍정적으로 인정해 주며, 용기를 갖도록 격려해 줄 필요가 있다.

(5) 대상별 봉사의 내용

① 시민기관 방문봉사

시설 · 기관 방문봉사의 대상별 봉사내용을 살펴보면 <표 51>과 같다. 예시된 봉사내용은 봉사자들의 능력과 기관의 사정에 따라 그 내용이 가감될 수 있다.

〈표 51〉 시설 · 기관 방문 봉사

분야	봉사 내용
아동 · 청소년	교육봉사(방과 후 공부방, 영 · 수 지도 등) 예체능지도(미술, 피아노, 서예, 태권도 지도 등) 노력봉사(취사, 청소, 김치 담그기, 의복수선 등) 행정적 봉사(업무보조, 포스터 그리기, 컴퓨터 입력 등) 프로그램 진행 및 보조(캠프보조, 전화상담 등) 기술적 봉사(이 · 미용 봉사, 건물설비 등) 결연봉사(헌혈, 편지교환, 후원 등)
노인	교육적 봉사(한글지도, 셈 지도(산수지도) 등) 예체능지도(서예, 등공예, 꽃꽂이, 탈춤, 가요지도 등) 노력봉사(손톱 깎기, 신변보조, 말벗, 산책보조 등) 행정적 봉사(업무보조, 서류철정리, 타이핑 등) 프로그램 진행 및 보조(노인대학, 무료급식 등) 기술적 봉사(이 · 미용봉사, 물리치료, 한방진료 등)
장애인	교육적 봉사(개별학습, 낱말, 숫자교육반복, 게임지도 등) 노력봉사(대독, 대필, 목욕보조, 세탁, 청소 등) 행정적 봉사(도서대출 업무, 업무보조, 컴퓨터입력 등) 프로그램 진행 및 보조(자립작업장 보조, 놀이치료 등) 기술봉사(이 · 미용 서비스, 무료치과진료 등) 기타(수화, 점역, 녹음봉사 등)
부녀 (모자)	교육적 봉사(개별학습, 낱말, 숫자교육반복, 게임지도 등) 노력봉사(대독, 대필, 목욕보조, 세탁, 청소 등) 행정적 봉사(도서대출 업무, 업무보조, 컴퓨터 입력 등) 프로그램 진행 및 보조(자립작업장 보조, 놀이치료 등) 기술 봉사(이 · 미용 서비스, 무료치과 진료 등) 기타(수화, 점역, 녹음봉사 등)
기타	병원(사회사업기실)이동도서 봉사(입원환자 및 보호자 대상), 중앙공급실 봉사(환자들에게 쓰이는 소모품 정리), 전례봉사(미사 시 전례), 기도봉사, 호스피스, 신경정신과 그룹활동 등 기타 사회복지단체업무보조, 컴퓨터 입력, 서류정리, 안내장 발송, 전화 받아주기, 레크리에이션, 행사 시 행사보조, 관련자료 번역 등

② 재가봉사

재가봉사의 경우는 주로 그 대상이 거동이 부자유스럽거나 정신장애인 노인 또는 장애인이 주 대상이 된다. 재가봉사의 주요 프로그램을 살펴보면 <표 52>와 같다.

〈표 52〉 재가봉사

분야	내용
아동 · 청소년	교육봉사(학습지도, 말벗, 상담 등) 의료적 봉사(무료진료, 한방치료 등) 가정봉사(청소, 밑반찬 서비스, 세탁 등) 여가지도봉사(취미개발, 직업기능지도 등) 기타(이사, 도배협조, 전화 걸어주기 등)
노인	정서적 봉사(고민상담, 말벗, 낭독, 대필 등) 의료봉사(방문간호, 목욕보조, 대 · 소변 받기 등) 가정봉사(장보기, 잔심부름, 식사보조 등) 사회적 봉사(외출동행, 통원보조, 차량지원 등) 여가지도봉사(취미개발 등)
장애인	정서적 봉사(대필, 낭독, 말벗, 놀이지도 등) 의료적 봉사(방문치료, 약품 구입 등) 가정 봉사(목욕 보조, 식사보조, 취사 등) 사회적 봉사(외출 동행, 통원보조, 차량지원 등) 여가지도봉사(취미개발 등)
부녀(모자)	정서적 봉사(상담, 병간호, 말벗 등) 의료적 봉사(전문진료기관 안내, 접수, 무료진료 등) 가정 봉사(음식 만들기, 세탁, 청소 등) 사회적 봉사(시설입소안내, 행정업무대행 등) 여가지도봉사(서예, 예절교육, 주산, 부기 등)

제2절 노블레스 오블리주

발 씻은 물이 만 리를 흐른다고 한다. 그만큼 상류의 수질이 중요하다는 뜻이다. 때문에 수도 서울의 한강 상류는 청정지역으로 유지하는 데 많은 노력을 기울이고 있다. 사회적으로도 마찬가지다. 그래서 예부터 윗물이 맑아야 아랫물이 맑다고 하였다.

영국에서는 2차대전 시 이튼스쿨의 한 학급전원이 전사했고, 아르헨티나와의 전쟁 시 왕자가 최일선에서 헬리콥터를 운전한 것이 당연시된다. 이 같은 고귀한 신분이 사회적 책임을 더 짊어지는 이른바 노블레스 오블리주(noblesse oblige)가 한 나라를 선진국으로 건설하는 초석이 되는 것이다.

노블레스 오블리주는 뜻으로 보아 사회정의와 종교적인 사랑이라 하겠다. 또한 반대개념은 다름 아닌 부정부패라 하겠다. 따라서 선진국이 되는 데 자원봉사자, 나아가 노블레스 오블리주를 실천하는 사람이 많아야 함은 동서고금의 교훈이다.

세금을 많이 내야 하는 고소득의 의사, 변호사, 기업인 등의 탈세와 사회 환경의 황폐화 등 노블레스 오블리주의 실천 없는 사회복지는 연목구어라 하겠다.

그러나 한국의 역사를 통틀어 우리는 수많은 노블레스 오블리주를 보유하고 있다. 노블레스 오블리주의 예를 든다면 이순신, 정약용, 허준과 수많은 의병들 그 수를 일일이 열거할 수 없이 많다고 하겠다. 이들 가운데, 우당 이회영과 심훈 그리고 최귀동과 오웅진을 상세히 살펴보기로 한다.

Ⅰ. 이회영과 심훈

우당 이회영은 백사 이항복의 후손으로 구한말부터 1930년대 초반까지 국내 및 만주, 중국본토 등지에서 활동한 대표적인 민족운동가의 한 사람이다. 그는 이미 개화 이전에 노비해방, 적서타파, 개가와 재혼을 장려했고 이를 몸소 실천한 선각자이다.

이회영은 1867년 4월 21일에 이조판서를 지낸 경주이씨 유승공의 4남으로 출생하였다. 그는 1910년 일제에 의하여 조선이 강정되자 만주에 독립운동기지를 건설, 무장투쟁을 통하여 독립을 쟁취하고자 하였다. 그 일환으로 1910년 12월 말과 1911년 1월에 걸쳐 1만여 석의 재산을 휴대하고 서간도 지역으로 망명하였다. 이때 망명한 사람은 6형제 전 가족 40여 명이나 되었다. 이를 두고 월남 이상재가 다음과 같이 평하고 있다(이정규 외. 1985).

> 동서 역사상에 나라가 망할 때 망명한 충신의사가 비백비천이지만 우당군과 같이 6형제 가족 40여 인이 한마음으로 결의하고 일제히 나라를 떠난 사실은 예전에도 지금도 없는 일이다. 그 의거를 두고 볼 때 우당은 이른바 유시형이요, 유시제로구나, 진실로 6인의 절의는 백세청풍이 되고, 우리 동포의 절호 모범이 되리라 믿는다.

서간도 지역으로 망명한 이회영은 경학사와 신흥강습소 등의 독립운동단체를 조직하여 독립운동기지를 마련하고자 하였다. 일제의 관심이 만주로 집중된 틈을 이용하여 1913년 정월 초순에 국내에 잠입, 군자금 모집활동을 전개하였다. 또한 이회영은 1918년에 고종을 국외로 망명시켜 고종을 정점으로 독립운동을 전개하려는 계획을 세우기도 하였으나 고종의 사망으로 이 계획은 실패로 돌아가고 말았다. 민족적 무정부주의 사상을 수용한 이회영은 북경의 재중국조선무정부주의자연맹(1924), 난징의 동방무정부주의자연맹(1928), 상해의 남화한인청년연맹(1930) 등 무정부주의 단체에서 대일투쟁을 전개하였다(김광한, 1998. 박환, 1998).

이처럼 활발한 활동을 보이던 이회영은 만주지역에 연락근거지를 확보하고 정보를 수집하는 한편 지하조직을 결성하고 관동군 사령관을 암살하려는 계획을 추진하고자 1932년 11월 중순 단신으로 대련으로 향하였다. 그러나 대련에 도착 즉시 대련 수상경찰서의 특무요원에게 체포되어 계획을 실행해 보지도 못한 채, 동년 11월 17일에 고문 끝에 독립운동가로서의 일생을 마치게 되었다.

한편 3 · 1운동 후 감옥에서 풀려난 19세의 심훈이 북경에서 53세의 이회영 선생을 만나 한동안 침식의 도움과 지도를 받았던 기억을 수년 후 「인자하시던 그 위풍」이라는 주제로 추도의 글을 썼다(김광한, 1998). 이 글은 심훈이 단재 신채호의 부음을 듣고 우당 선생을 위한 추모의 글을 쓴 것이다. 이 글을 보면 우당 선생에 대한 심훈의 추모의 정이 어떠한가를 충분히 짐작할 수 있다. 또한 민족의식과 학구열이 왕성한 19세의 심훈이 고매한 인격과 학식을 갖추고 민족독립을 위한 다양한 대안을 몸소 실천해 오고 있던 53세의 완숙한 경지에 달한 우당 선생과의 만남은 훗날 심훈이 조선 · 동아 양대 민족지에 근무하고 민족주의 시와 농민소설을 집필하는 데 중요한 사상적 토양이 되었을 것이다.

필경사 잡기② 단재와 우당(下)

북경서 지내던 때의 추억을 더듬자니 나의 한평생 잊지 못할 또 한 분의 선생님 생각이 난다. 그는 수년 전 대련서 칠십 노구를 자수로 쇠창살에 매달려 이미 고혼이 된 우당 선생이다.

나는 맨 처음 그 어른에게로 소개를 받아서 북경으로 갔었다. 부모의 슬하를 떠나보지 못하던 19세의 소년은 우당장과 그 어른의 영식인 규룡 씨의 친절한 접대를 받으며 월여를 묵었었다. 조석으로 좋은 말씀도 많이 듣고 북만에서 고생하시던 이야기며 주먹이 불끈불끈 쥐어지는 소식도 거기서 들었는데 선생은 나를 막내아들만큼이나 귀여워해 주셨다. 이따금 쇠고기를 사다가 볶아 놓고 겸상을 해서 잡수시면서

"어서 먹어, 집 생각 말고"

하시다가 내가 전골냄비에 밥을 푹 쏟아서 탐스럽게 먹는 것을 보시고는

"옳지, 사내 숫기가 그만이나 해야지"

하시고 여간 만족해하시는 것이 아니었다.

그러나 내가 연극 공부를 하려고 불란서 같은 데로 가고 싶다는 소망을 들으시고는 강경히 반대를 하였다.

"너는 외교가가 될 소질이 있으니 우선 어학에 정진하라"

고 간곡히 부탁을 하였다(무슨 일이나 다 되는 줄 알았던 때였지만……).

"리마-" 하고 중국인 하녀를 부르시던, 서울 양반의 악센트가 붙은 음성이 지금도 귀에 쟁쟁하지만, 어느 날 아침은 세수한 뒤에 못에 걸린 수건이 얼른 떨어지지를 않아서 앉은 채로 잡아 내리 찢는 것을 보시고

"사람은 그렇게 성미가 급하면 못 쓰니라"고 꾸짖으시며, 일부러 커다랗게 눈을 부릅떠 보이시던 그 인자하신 눈! 그 눈동자는 바로 책상머리에서 뵙는 듯하다.

◇

그러나 나는 몹시도 외로웠다. 막내아들이라 응석받이로 자라던 나는, 허구한 날 집 생각만 하였다. 남에게 눈물을 보이지 않으려고

변소에 가서 울기를 몇 번이나 하였었다. 그 당시에 「고루의 삼경」이라고 제한 신시 비슷한 것이 있기에 묵은 노트의 먼지를 털어 본다.

눈은 쌓이고 쌓여
객창을 길로 덮고
몽고 바람 씽씽 불어
왈각달각 잠 못 드는데
북이 운다. 종이 운다.
대륙의 도시 북경의 겨울밤에.

×

화로에 메췰도 꺼지고
벽에는 성에가 슬어
창 우에도 어름이 깔린 듯.
거리에 땡그렁 소리 들리잖으니
호콩장수도 고만 얼어주었다.

×

입쌀 꼭 깨물고
이한밤만 새우고 나면
집에서 돈표 든 편지나 올까.
만두 한 조각 얻어 먹고
긴긴 밤을 달달 떠는데
고루에 북이 운다.
떼- ㅇ 떼- ㅇ 종이 운다.

1919. 12. 19.

두 달 만에야 식비가 와서, 나는 우당댁을 떠나서 동단패루에 있는 공우로 갔다. 허구한 날 도야지 기름에 들볶아 주는 음식에 비위가 뒤집혀서 조반을 그대로 내보낸 어느 날 아침이었다. 뜻밖에 양털을 바친 마과를 입고 모발이 반백이 된 노신사 한 분이 양차를 타고 와서 나를 심방하였다. 나는 어찌나 반가운지 한달음에 뛰어나가서 벽돌 바닥에 두 손을 짚고 공손히 조선 절을 하였다. 그리고 노인이 손수 들고 들어오시는 것을 받아 들었다. 그 노인은 우당 선생이셨고, 내 손에 옮겨 들린 조그마한 항아리에서는 시큼한 통김치 냄새가 끼쳤다.

◇

눈 감고 손꼽으니, 벌써 16년 전, 그동안 나는 일개 정신적 룸펜으로 전전하여 촌진과 척취가 없다가 근년에는 오로지 미감의 資를 얻기 위하여 매문의 도가 되어 버렸다.

단재의 訃를 접한 오늘, 풍운이 창밖에 뒤설레는 깊은 밤에 우당 노인의 최후를 아울러 생각하니 내 마음 울분에 터질 듯하여 조시 몇 귀를 지었다. 그러나 발표할 길이 없으니

「愁極本凭詩遣興 詩成吟詠轉凄凉」

을 두 번 세 번 읊을 뿐-(동아일보, 1936. 3. 13).

[수심의 극치는 원래 풍당의 시에 남아 있는데 시를 짓고 읊조리니 더욱 처량해질 뿐(풍당: 한나라 문제 때 당관을 지낸 안능사람으로, 위대하나 세상에 제대로 쓰이지 않았다고 평을 받았다.)]

이 수년간 그는 계몽적 농민소설 집필에 생명을 불살랐는데 그의 작품을 중심으로 민족주의 성인교육사상자로서 그의 사상을 조명해 보기로 한다. 심훈을 사상적으로 조명해 보는 데는 그의 작품들을 대상으로 내용분석에 의존하는 것이 한 방법이 될 것이기 때문이다(백승구, 1985).

그의 옥중서한 「어머님께」에는 다음과 같은 구절이 있다.

"어머님! 어머님께서는 조금도 저를 위하여 근심치 마십시오. 지금 조선에는 우리 어머님 같으신 어머니가 몇 천 분이요 또 몇 만 분이나 계시지 않습니까? 그리고 어머님께서도 이 땅에 이슬을 받고 자라나신 공로 많고 소중한 따님의 한 분이시고, 저는 어머님보다도 더 크신 어머님을 위하여 한 몸을 바치려는 영광스러운 이 땅의 사나이외다."

여기에서 '더 크신 어머님'은 한용운의 「님의 침묵」에 나오는 조국으로서의 님이요, 어머니인 것이다. 19세 약관에 사사로운 정을 뛰어

넘어 자신을 희생하여 일제 압제하에 조국을 위해 자신이 타고난 천부의 예술적 자질을 시와 농민운동을 주제로 한 소설 집필을 통하여 민족주의교육사상을 고취시키는 데 36세의 나이로 요절할 절도로 심혈을 기울였다.

일설에 그의 조카 심재영이 박동혁의 모델이라고 하나 그에 대한 반론도 있는 것이 사실이고 보면 『상록수』의 주인공 박동혁의 사상은 작가 심훈의 사상으로 보아 무방할 것이다.

> "눈뜬 소경에게 글자를 가르쳐 주는 것은 두말할 것 없이 필요하다. 계몽운동이 우리에게 있어서 가장 시급한 사업 중의 하나인 것도 사실입니다. 그러나 이 땅의 지식분자인 우리들이 이러한 기회에 전 조선의 농촌, 어촌, 산촌으로 방방곡곡에 파고 들어가서 그네들과 똑같은 생활을 하면서 어떻게 하면 그네들이 그 더할 수 없이 비참한, 생활에서 벗어날 수가 있을까 하는 문제를 머리 싸매고서 생각해 봐야 한다. 지금부터 육칠 년 전 노서아의 청년들이 부르짖던 브나로드(민중 속으로라는 말)를 지금 와서야 우리가 입내 내듯 하는 것은 더할 수 없이 슬프고 부끄러운 일입니다. 그렇지만, 우리는 남에게 뒤떨어진 것을 탄식할 것이 아니라, 높직이 앉아서 민중을 관찰하거나 연구의 대상으로 삼으려 하는 태도를 단연히 버리고, 그네들이, 즉 우리 조선 사람이 제 힘으로써 다시 살아나기 위한 그 기초공사를 해야 하겠습니다. 물질로, 즉 경제적으로는 일조일석에 부활하기가 어렵겠지만 무엇보다도 먼저 모든 것을 지배하고 온갖 행동의 원동력이 되는 정신, 요샛말로 이데올로기를 통일하기 위해서 전력을 기울여야 하겠습니다."

> "하지만 농촌운동일수록 무엇보다 실천이 제일일 줄 알아요. 피리를 부는 사람 따로 있고, 춤을 추는 사람이 따로 있던 시대는 벌써 지났으니까요. 우리는 피리를 불면서 동시에 춤을 추어야 합니다. 요령을 말씀하면, 우리는 남의 등 뒤에 숨어서 명령하는 상관이 되지 말고 앞장을 서서 제가 내린 명령에 누구보다 먼저 복종을 하는 병정이 돼야만 우리의 운동이 성공하겠단 말씀입니다."

"하지만 공동답을 짓거나 또는 이용조합을 만들어, 씨앗이나 일용품을 싸게 사다가 쓰거나, 하다못해 이발조합 같은 것을 만들고 우리가 술 · 담배를 끊고 그 절약한 돈을 저축하는 것은 반드시 회관 하나를 짓기 위한 게 아니지요."

"그럼 이를테면 어느 비상시기에 한몫 쓰실려는 건가요."

"아니요. 우린 언제나 비상시를 당하고 있는 게니까, 우선 조그만 일이래두 여러 사람이 한 몸 한뜻이 돼서 직접 벗어부치고 나서서 일을 하는데, 정신적으로 통일을 얻고 또는 육체적으로 단련을 받으려는 데 있어요."

최용신을 모델로 한 채영신은 『상록수』에서 다음과 같이 항변하고 있다.

"이런 자리에서 남자와 여자를 구별하는지는 모르지만, 남이 다 말을 하고 난 맨 끄트머리에 언권을 주는 것이 몹시 불쾌하다."

이상의 내용을 정리해 보면, 그의 작품을 통해 보여 주는 그의 사상과 농촌 성인교육의 골자는 다음과 같이 함축할 수 있겠다.

① 성인교육자상: 노블레스 오블리주(noblesse oblige)에 입각한 참여교육을 이상형으로 제시하고 있다. 심훈은 인류가 지향해 온 가장 큰 가치(덕목)의 하나인 평등사상을 채영신의 입을 통해 남녀불평등에 대한 항변으로 대변하고 있다.

② 인교육의 방법과 목표: 발전의 방법(way of development)은 지도자의 선택과 책임에 따라 다양하게 주어질 수 있는데(Choe, 1997), 심훈이 제시한 교육방법과 목표는 문해교육(의식화)⇒협동운동과 조식

화(신기술 수용과 경제의 규모화)⇒경제부흥(경제자립)⇒자주독립(독립국가)이다.

위와 같은 심훈의 사상과 농촌개발의 대안은 오늘날에도 유용한 것이다. 일찍이 새마을운동 초기에 김준이 "새마을운동은 이론이 아니고 실천이다"라고 역설한 것은, 다소 과장이 될지 모르지만 약 3천 편으로 추산되는 새마을운동 관련 논문보다 농촌 새마을지도자들의 희생과 봉사가 농촌 성인교육과 농촌개발에 얼마나 많은 기여를 했나 살펴보는 것으로 자명해진다. 최근의 제2건국운동을 어떻게 추진해야 하는가도 위와 같은 관점에서 접근해야 할 것이다.

또한 주자학의 공리공담에 빠진 조선이 양명학의 실사구시를 숭상한 일본에 강점당한 아픈 경험은 약 1세기가 지난 지금 우리에게도 매우 유용한 교훈이다.

한편 심훈의 『상록수』 이후 상록수(정신)와 관련된 활동, 명칭 등을 열거해 보면 그 영향을 미루어 짐작할 수 있겠다.

서울대학교 농과대학의 경우 교가 격인 「상록의 아들」, 상록사(남학생 기숙사), 상록문화제(대학 축제명칭), 『상록』(학생회 발행 잡지명) 등이 그 예이다.

당진과 안산의 초·중등학교에서 교명을 "상록"으로 하고 있고 당진에서 매년 개최되는 "상록문화제"를 들 수 있으며, 안산시의 상록수역도 심훈의 상록수 정신을 계승하고자 하는 사례들인 것이다.

이 땅에 선·후진국 간, 도농 간 또는 농촌 내부에 오늘날과 같은 이중구조가 존재하는 한 심훈이 제시한 성인교육자상과 방법론은 교육에 종사하는 이들이 지향해야 할 준거 틀이 될 것이다. 특히 지금과 같이 나라가 어려울 때 특히 농촌 성인교육은 대학교육을 농민층에 확대(extension education)해야 하는 대학의 소명을 의식하고 이를 실천하는 대학(교수)이 조금씩 늘고 있는 사례를 보아 그 바탕이 심훈의 '노블레스 오블리주'에서든 대학의 생존을 위한 노력이든 그것은 매우 바람직한 것으로 평가된다.

II. 최귀동과 오웅진

1. 최귀동과 오웅진

충북 음성군 금왕읍에서 부잣집 아들로 태어났으나 일제 징용에 끌려갔다가 돌아와 보니 집안은 이미 풍비박산이 났고 몸은 병들어 무극천 다리 밑에 거적을 치고 사는 걸인이 되었다. 그 후 40여 년 동안 남는 밥만 얻어다가 자기보다 못한 걸인들을 보살피며 살았다. 1986년 2월 15일 '작은 예수'라는 칭호를 들으며 '한국가톨릭대상' 사랑부문 대상을 수상하였다. "길에서 죽어 가는 사람 집 지어주라"는 말과 함께 부상으로 받은 상금 120만 원을 내놓아 12억 원이 들어가는 노인요양원을 건립하게 하였다. 1990년 1월 4일 고혈압으로 쓰러져 꽃동네 인곡자애병원에서 영원한 안식에 들어갔다. 온 나라 매스컴이 보도하고, 수십만 꽃동네회원과 꽃동네가족 · 봉사자 · 수도자들이 애도하는 가운데 5일장을 치른 후 꽃동네 입구 양지바른 언덕에 모셨다. 당시 노태우 대통령이 보내준 조의금으로는 비석을 세웠고,

꽃동네회원의 조의금으로는 할아버지의 동상을 세웠다.

오웅진 신부는 가난한 사람들을 위해 일생을 바쳐야겠다는 꿈과 결심을 가지고 1976년 5월 3일 천주교 사제가 되었다. 충청북도 음성군 금왕읍 무극리에 있는 무극천주교회 주임신부로 부임하였다.

1976년 9월 12일 해질 무렵, 성당 앞을 지나가는 걸인 최귀동 할아버지를 발견하고 알 수 없는 힘에 이끌려 뒤를 따라가게 된 신부님은 성당 뒤 용담산 기슭에 있는 움막 속에서 동냥도 못 나가고 사는 걸인들에게 자신이 얻어온 밥을 먹여 주는 할아버지의 모습을 보게 되었다.

그날 밤 그는 잠을 이루지 못하고 기도하며 "얻어먹을 수 있는 힘만 있어도 그것은 주님의 은총"이라는 것을 깨달았다. 이튿날 주머닛돈 1,300원을 몽땅 털어 시멘트를 구입한 그는 무극성당 신자들의 도움을 받아 시멘트 블록을 찍기 시작하고, 1976년 11월 15일 마침내 용담산 기슭에 방 다섯 칸, 부엌 다섯 칸짜리 시멘트 블록집(사랑의 집)을 짓고 무극천 다리 밑에 살던 걸인 18명을 맞아들였다. 꽃동네는 이렇게 시작되었다.

2. 꽃동네의 발전

꽃동네 이야기가 전국으로 퍼져 나갔고, 꽃동네를 찾아오는 걸인들이 점점 늘어나면서 꽃동네를 돕는 사람들도 늘어났고, 일생 동안 사랑과 봉사로써 가난한 사람들과 함께 살기를 원하는 젊은이들도 찾아오기 시작했다. 이에 따라 '의지할 곳 없고 얻어먹을 수 있는 힘조차 없는' 분들을 맞이할 수 있는 시설이 한 동 한 동 늘어났고, 한 달에 1,000원 이상 회비를 내는 꽃동네회가 생겨났으며, 천주교 수도공동체인 예수의꽃동네형제회와 자매회가 창설되었다.

1980년 9월 29일 청주교구 사제총회는 꽃동네 설립을 가결하였고, 1981년 예수부활대축일을 기해 전국 꽃동네회원을 모집하기 시작했는데 꽃동네의 주요 발전과정은 다음의 연대기 및 <그림 6>과 같다.

1976. 8. 20 오웅진 신부, 충북 음성군 금왕읍 무극천주교회 주임신부 부임
1976. 11. 15 무극성당 뒤 용담산 기슭에 사랑의집 준공. 꽃동네 시작
1980. 9. 29 청주교구 사제총회에서 꽃동네 설립 가결
1981. 4. 11 부활대축일을 기해 전국회원 모집
1982. 5. 25 꽃동네 현부지 9,807평 매입, 독지가(익명) 임야 2만 평 기증
1983. 9. 8 꽃동네 부랑인요양원 준공
1983. 10. 27 청주교구 사제총회에서 신순근 · 장봉훈 신부 이사 임명
1983. 11. 25 경리수녀 부임
1984. 3. 21 사회복지시설 인가(시설장 오웅진 신부)
1984. 11. 10 꽃동네 서울사무소 개설
1985. 10. 7 꽃동네 정신요양원 준공
1986. 10. 15 꽃동네 결핵요양원 준공
1986. 12. 27 청주교구장 정진석 주교, 예수의꽃동네자매회 설립 인준
1987. 1. 5 오웅진 신부, 꽃동네 지도신부로 부임(무극본당 주임 겸임에서)
1987. 10. 15 꽃동네 노인요양원 준공
1988. 2. 2 예수의꽃동네형제회 · 자매회 제1회 첫서원
1988. 10. 7 환희의집 · 인곡자애병원 준공
1989. 7. 17 가평꽃동네 설립(수녀 파견)
1990. 5. 5 음성꽃동네 심신장애인요양원 준공
1992. 9. 4 가평꽃동네 부랑인요양원 준공
1993. 7. 5 예수의꽃동네형제회 · 자매회 제1회 종신서원
1993. 10. 7 가평꽃동네 정신병 · 노인 요양원 준공
1994. 2. 24 꽃동네 간호조무사 학원 인가

1994. 5. 5 음성꽃동네 성 빈첸시오 천사의집 준공
1995. 10. 5 가평꽃동네 심신장애인요양원 · 노체리안드리자애병원 준공
1996. 2. 2 예수의꽃동네 재속 형제회 · 자매회 설립 인준
1996. 10. 10 사랑의연수원(교육관) 준공
1996. 12. 20 필리핀 마닐라 사랑의집에 수녀 파견
1997. 5. 13 꽃동네 사랑의연수원 개원(생활관 준공)
1997. 7. 16 학교법인 꽃동네 현도학원 인가
1997. 11. 4 꽃동네 천사의집 입양기관 허가
1997. 12. 9 청주 성심원(양로원)에 수녀 파견
1998. 7. 13 강화꽃동네 설립
1998. 10. 20 꽃동네 현도사회복지대학교 준공
1998. 11. 20 꽃동네 현도사회복지대학교 설립인가
1999. 2. 23 옥천성모양로원 축복식
1999. 2. 9 꽃동네 현도사회복지대학교 총장 취임
1999. 3. 2 꽃동네 현도사회복지대학교 개교 및 제1회 신입생 입학
1999. 5. 12 미국꽃동네 개원(로스앤젤레스)

〈그림 6〉 꽃동네의 어제와 오늘과 내일

PART 13

사회복지의 평가

제1절 사회복지의 평가지표

모든 평가는 평가의 척도가 되는 지표(indicators)와 지표를 계량화하는 산식(formulae) 및 지표의 상대적 가치를 나타내는 가중치(added value)에 대한 합의가 선행되어야 한다. 그러나 복지와 관련된 지표를 어떤 지표들로 한정하기가 어렵고 각 지표의 가중치 또한 일정한 값을 매기기 어렵다. 특히 계량화하기 곤란한 질적인 지표(qualitative indicator)인 경우 더욱 그러하다. 예컨대 '만족도' 같은 것은 지극히 주관적인 평가에 의존할 수밖에 없다.

학자 또는 연구기관에 따라 복지와 관련된 상이한 지표들을 제시하게 되는 것은 결국 그들의 가치체계가 다르기 때문이다. 그럼에도 불구하고 같은 문화권에서는 그 구성원 사이에 공통적으로 받아들여지는 복지의 지표가 존재하여 왔다. 오복이 좋은 예라 하겠다. 다원화된 고도산업사회에서는 복지의 지표 또한 매우 다양하여 그 수를 일일이 열거하여 어려울 정도로 많이 제시되고 있다. 그리고 우리는 지표를 통하여 개인이나 지역사회 및 국가들에 대한 복지수준을 평가하게 되는데, 이들 각 지표들을 종합적으로 사용하기도 하고 독립적으로 사용하는데 때로는 고도의 통계학적 지식을 동원하여 자료를 가공 처리하기도 한다.

먼저, 통계청에서 제시한 사회지표의 개념과 기능을 살펴보고 사회지표를 이용한 사회복지의 평가방법을 살펴보기로 한다.

Ⅰ. 사회지표의 정의와 기능

1. 사회지표의 정의

사회지표(social indicators)란 사회의 변화 속에서 그 구성원이 처해 있는 사회적 상태를 총체적이고도 집약적으로 나타내어 삶의 양적인 측면은 물론 질적인 측면까지도 측정함으로써 국민생활의 전반적인 복지의 수준 정도를 파악하는 것을 가능하게 하는 척도이다.

2. 사회지표의 기능

사회지표는 특정 사회의 주요 국면의 조건에 관하여 종합적이며 균형적인 평가를 가능하게 하는 규범지향적인 관심의 성격을 가진

통계라고 할 수 있는데, 사회지표는 다음과 같은 기능을 갖고 있다(통계청, 2003).

1) 국민생활의 수준 측정

국민생활의 양적인 측면은 물론 질적인 측면에도 관심을 두어 그 수준 측정을 가능하게 하므로, 개인 및 사회의 전반적인 복지 정도를 파악하는 데 도움을 준다.

2) 사회상태의 종합적인 측정

각 사회상태 간의 상호관계성을 파악하여 사회상태에 대한 종합적이고 체계적이며 균형적인 측정을 가능하게 하는 정보의 역할을 한다.

3) 사회변화의 예측

사회상태를 역사적 흐름 속에서 나타내 줌으로써 과거의 경향으로부터 미래의 사회변화를 예측할 수 있게 할 뿐만 아니라 규범적 가치에 의해 바람직한 방향으로 사회변화의 유도와 관리를 가능하게 한다.

4) 사회개발정책의 성과측정

사회개발정책의 성과를 측정하는 것뿐만 아니라 의도하지 않았던 부수적이며 간접적인 효과, 특히 발전과정에서 발생하는 역기능(disfunction)까지도 측정이 가능하게 해 줌으로써 사회개발정책의 문제점을 파악하여 효율적인 정책결정을 위한 방향을 제시해 준다.

II. 한국의 사회지표체계

통계청에서는 1972년 UN의 권고에 따라 매년 우리나라의 각종 사회 관련 통계를 지표화하여 사회지표보고서를 발간하고 있다. 1979년에 128개의 지표를 선정하여 제1차 보고서를 발간한 이래 1990년에는 262개 지표를 수록한 제12차 보고서를 발간하였고, 2003년에는 489개의 지표를 작성하고 25번째의 보고서를 발간하였는데, 각 부문별 지표를 살펴보면 다음과 같다.

1. 인구부문

인구부문에는 총인구를 포함한 6개의 관심영역이 있고, 12개의 세부 관심 영역과 32개의 개별지표가 있다.

1) 총인구

① 인구추세: 총조사인구, 연앙추계인구, 인구성장률, 조출생률, 조사망률, 자연증가률

② 장래인구: 장래인구추계, 자연증가율, 인구성장률

2) 인구구성

① 연령별 인구구성: 중위연령, 연령별 인구구성비, 부양비, 노령화지수

② 성별 인구: 지역별 출생성비, 출산순위별 출생성비, 연령 집단별 성비
③ 혼인상태별 인구: 혼인상태별 인구 구성비

3) 인구분포

① 지역별 인구: 시도별 인구 구성비, 인구밀도, 시 · 도별 추계 인구 구성비
② 도시인구: 수도권 인구 구성비

4) 출생

① 출산율: 연령별 출산율, 합계출산율, 유배우부인당 평균 출생아 수
② 가족계획 및 인공유산: 가족계획실천율, 연령별 인공임신 중절률, 인공임신 중절경험률, 평균인공임신중절 횟수

5) 사망

사망률성 · 연령별 사망률

6) 인구이동

① 국내이동: 국내인구이동률
② 국제이동: 출 · 입국자 수, 해외이주 신고자

2. 가족 부문

가족부문에는 가족구성을 포함한 5개의 관심영역이 있고, 12개의 세부관심영역과 30개의 개별지표가 있다.

1) 가족구성

① 가구구성: 일반가구 수, 가구원 수별 가구분포, 평균 가구원 수, 가구주의 성별 장래가구

② 가족형태: 가구의 세대수별 분포, 가족의 형태별 분포

2) 가족형성

① 혼인: 평균초혼연령, 평균재혼연령, 혼인형태별 혼인구성비, 조혼인율, 재혼건수

② 자녀출산: 기대 자녀 수, 이상 자녀 수, 유배우 부인의 특성별 첫 자녀 출산연령

③ 가족의 해체: 평균이혼연령, 조이혼율, 사유별 이혼구성비

3) 가족생활

생활안정: 중요한 생활관심사, 노후준비 방법

4) 가족문제

① 노인의 가족생활: 60세 이상 가구의 주택형태별 분포

② 취약가구: 여성가구주 가구 비율, 편부모가구 비율

5) 가족 규범

① 혼인의 의미: 결혼에 대한 태도, 이혼에 대한 태도, 재혼에 대한 태도
② 가계의 중요성: 성차별에 대한 인식
③ 가족생활선호: 가정생활 만족도, 청소년 고민상담대상, 청소년 고민에 대한 견해
④ 여성의 역할: 평소 가사 분담 상태

3. 소득과 소비 부문

소득과 소비부문에는 소득수준을 포함한 5개의 관심영역이 있고, 11개의 세부관심영역과 45개의 개별지표가 있다.

1) 소득수준

① 소득: 국민총소득(GNI), 1인당 GNI, 국내총생산(GDP), 국민처분가능소득, 개인처분가능소득, 월소득 계층별 가구 분포, 가구주 교육 정도, 가구 구분 및 연간경상소득계층별 가구분포, 가구주 종사자지위별 연간경상소득, 농가 월평균소득
② 소득원천: 도시근로자가구 월평균소득
③ 지역 내 총생산: 지역 내 총생산(GRDP), 1인당 GRDP, 지역별 생산구조

2) 소비수준

① 소비규모: GDP대비 민간최종소비지출, 1인당 민가최종소비 지출액, 재화형태별 가계최종소비지출 구성비
② 소비지출: 농가의 소비지출 구성, 도시근로자가구의 월평균 소비지출 구성, 평균소비성향, 흑자율

3) 저축 및 투자

① 저축 및 투자 수준: 총저축률, 민가 저축률, 국내 총투자율, 저축가구비율
② 저축 생활: 저축 보유가구 비율, 부채 보유가구 비율, 순 저축 보유액, 저축용도, 부채사유

4) 분배수준

① 분배구조: 국민총처분가능소득의 구성, 노동소득분배율
② 분배상태: 소득 10분위별 소득분포 및 소득집중도, 도시근로자가구 소득 10분위별 소득분포 및 소득집중도
③ 조세부담: 조세부담률

5) 경제적 생활 안정

① 소득의 안정: 소득만족도
② 소비의 안정: 소비자물가지수, 소비자물가 상승률, 생활물가지수, 소비자물가상승률, 생활물가지수, 수입물가지수, 수출물가

지수, 소비자피해구제 현황, 긴축소비지출, 소비생활만족도

4. 노동부문

노동부문에는 고용 · 인력 개발을 포함한 5개의 관심영역이 있고, 13개의 세부관심영역과 49개의 개별지표가 있다.

1) 고용 · 인력 개발

① 취업: 경제활동참가율, 청년층 경제활동참가율, 임금근로자 비율, 임금근로자 수, 산업별 취업자 구성비, 직업별 취업자 구성비, 55세 이상 취업자 비율, 산업별 55세 이상 취업자 비율, 외국인 근로자 수, 장기근로자 비율, 취업시간대별 취업자 비율

② 여성취업: 혼인상태별 여성취업자 구성비, 여성 전문 · 관리직 종사자 비율, 여성 취업에 대한 태도, 여성취업장애요인, 산업별 남녀 대표자별 사업체 비율

③ 실업: 실업률, 교육 정도별 실업률, 구직기간별 실업자 구성비

④ 직업안정: 입직률, 이직률, 구인배율, 취업률

⑤ 고용보험: 고용보험 적용사업체 수, 고용보험적용근로자 수, 산업별 고용안정사업 지원사업 건수, 사업별 실업급여 수혜자 수

⑥ 인력개발: 국가기술자격 취득자 수

2) 근로조건

① 근로시간: 월평균 근로일수, 주당 근로시간

② 임금: 노동생산성지수, 산업별 월평균 임금수준, 평균 임금지수, 산업별 평균 임금, 직종별 임금수준, 직종별 평균임금 격차

③ 근로조건: 근로여건에 대한 만족도, 직업선택요인

3) 안전보호

① 산재예방: 직업병 근로자 비율

② 재해발생: 산업재해도수율, 재해강도율, 재해사망률

4) 차별대우

성차별대우: 성별 임금 격차, 성별 근속연수 격차, 성별 근로시간 격차, 성별 이직률비

5) 노사관계

노동3권: 노동조합조직률, 노사분규건수, 근로손실일수

5. 교육부문

교육부문에는 교육기회를 포함한 2개의 관심영역이 있고, 7개의 세부관심영역과 51개의 개별지표가 있다.

1) 교육기회

① 국민의 교육수준: 국민의 평균 교육 연수, 25세 이상 인구의 학력구성비, 학생의 기대교육 수준, 학생의 기대교육 목표
② 교육기회의 확대: 유치원 취원율, 취학률, 졸업생의 진학률, 인구 만 명당 대학생 수, 교육기회의 미충족 및 이유, 장애자 취학자 수

2) 교육자원

① 인적 자원의 확보 및 활용: 교원 및 학교 수, 교원 1인당 학생 수, 교원의 평균 교육이수 연수, 교원의 평균 경력 년 수, 교원의 평균연령, 여교사 비율, 교원 이직률, 사무직원당 교원 수
② 물적 자원의 확보 및 활용: 학교당 학급 수, 학급당 학생 수, 학교급별 컴퓨터 보유현황, 학생 1인당 건물면적, 학생 1인당 교지면적, 학생 1인당 체육장 면적, 학교당 용도별(시설) 면적, 급식실시학교 비율, 급식학생 비율, 학교도서관 조석당 학생 수, 학생 1인당 장서 수
③ 교육재정의 확보 및 활용: 정부예산대비 교육인적자원부 예산, GDP대비 공교육비, 가구당 교육비, 학교급별 1인당 공교육비, 장학금수혜학생 비율, GDP대비 연구개발 투자비율, 교육비 부담에 대한 인식, 교육비 부담요인
④ 교육의 효과: 지식 · 기술습득의 효과, 인격형성의 효과, 생활 · 직업활용의 효과, 국가관 및 사회관 정립의 효과, 중도 탈락률, 비행 학생 수, 교육 정도별 월평균임금 수준, 학생의 학교생활 만족도

⑤ 교육의 인력양성: 전공과 직업의 일치도, 졸업생 취업률, 계열별 학위 취득자 수, 평생학습참여율 및 교육이수 일수, 앞으로 받고 싶은 교육, 전공분야별 대학생 수

6. 보건부문

보건부문에는 건강상태를 포함한 6개의 관심영역이 있고, 13개의 세부관심영역과 36개의 개별지표가 있다.

1) 건강상태

① 생존 연수: 연령별 기대여명
② 체격: 학생의 신장, 학생의 체중, 학생의 신체중량지수(BMI), 학생의 가슴둘레
③ 개인건강평가: 건강관리방법, 개인의 건강평가
④ 보건의식형태: 음주인구 비율, 음주량, 음주자의 과음횟수, 1인당 주류출고량, 흡연인구 비율, 흡연량, 연간 담배판매량

2) 사망

사망원인: 주요 사망원인 구성비

3) 상병

① 질병:주요 전염병 발생건수 및 발생률, 주요 만성질환 유병률

② 상병 평가: 유병률, 유병일수, 와병일수

4) 영양

① 영양섭취: 영양공급량(1인 1일당)
② 식품소비: 식품공급량(1인 1일당), 쌀 및 육류소비량(1인 1일당)

5) 보건의료이용

① 이용: 1일 평균 재원환자 수, 평균 입원일수, 1인당 평균 내원일수(외래), 병상이용률, 인구 천 명당 치료일수, 환자1인당 치료일수, 한방의료기관 이용자 비율 및 평균 방문 횟수
② 의료서비스: 의료서비스에 대한 만족도, 의료서비스에 대한 불만 이유

6) 보건 의료자원

① 보건 의료 인력: 의료인력 1인당 인구수
② 의료시설: 의료기관 수, 병상 수, 병상당 인구수

7. 주거와 교통 부문

주거와 교통 부문에는 주거상태를 포함한 4개의 관심영역이 있고, 9개의 세부관심영역과 38개의 개별지표가 있다.

1) 주거상태

① 주택의 공급과 수요: 주택 보급률, 연간 주택건설호수, 주택 투자율, 주택유형별 가구분포, 주택의 점유형태별 가구분포, 건축연도 및 주택형태별 주택분포, 도시주택가격지수, 원하는 주택형태
② 주거비용: 가구당 주거비 지출률
③ 주거이동: 주택마련시기, 현 주택 거주연수, 현 주택의 상태, 결혼 후 내 집 마련 시까지 이사 횟수, 주택 마련 방법

2) 주거의 질

① 주거 공간: 가구당 사용건평, 가구당 사용방 수, 1방당 인구수, 주택당 거주가구 수별 주택분포, 연건평별 주택 분포, 주택에 대한 만족도, 주택에 대한 불만 이유
② 주택부대시설: 입식부엌 사용가구 비율, 온수목욕시설 사용 가구 비율, 수세식 화장실 사용가구 비율, 취사용 연료별 가구분포, 난방방식별 주택분포, 자동차 차고지 확보유무
③ 주위 환경: 거주지역에 대한 만족도, 거주지역에 대한 불만 이유, 현 거주지 선택 이유

3) 교통 시설

① 교통수단: 교통수단별 여객수송 분담률, 자동차 1대당 인구수
② 교통비용: 가구당 월 평균 교통비 지출 비율

4) 교통의 질

교통편의: 도로연장, 도로포장률, 포장도로 ㎞당 자동차 대수, 통근 및 통학이용교통수단 분포, 교통문제

8. 정보와 통신 부문

정보와 통신부문에는 정보화 기반조성을 포함한 4개의 관심영역이 있고, 7개의 세부관심영역과 29개의 개별지표가 있다.

1) 정보화 기반조성

연구 개발 활동: 정보통신 연구개발비, GDP대비 정보통신 연구개발비, 전기통신 특허 수, 통신관련 기술도입액, 통신관련 기술수출액

2) 정보관련 인력

정보통신서비스 인력 비중: 통신서비스 인력비중

3) 정보화 정도

① PC보급 및 이용: 인구 천 명당 PC 보급대수, 컴퓨터 사용 능력, 컴퓨터 평균 사용시간, 컴퓨터 사용부문
② 통신서비스 이용: 전화보급률, 인구 천 명당 공중전화 보급률, 인구 만 명당 이동전화 가입자 수, 인구 만 명당 무선호출 가입

자 수, 인구 만 명당 PC통신 가입자 수, 인터넷 호스트 수 및 도메인 수, 인터넷 이용부문, 인터넷을 이용하지 않는 이유, 인터넷 향후 이용 의사, 인터넷 상거래 여부

③ 방송서비스 이용: 케이블TV 가입가구

④ 정보화 실태와 영향력에 대한 인식: 패키지 소프트웨어 생산액, 판매관리 전산 시스템 도입점포 수 및 단말기 대수

4) 정보화에 대한 인식

정보화 실태와 영향력에 대한 인식: 정보의 입수경로, 정보화 교육, 정보화교육을 받지 않는 이유, 정보화교육을 받는 이유, 향후 정보화 지원 희망부문, 정보화 영향

9. 환경부문

환경부문에는 환경압력을 포함한 3개의 관심영역이 있고, 5개의 세부관심영역과 29개의 개별지표가 있다.

1) 환경 압력

① 환경오염물질 배출: 생활폐기물 발생량(1인 1일), 지정폐기물 발생량, 폐수 발생량, 1인당 생활오수 발생량, 대기오염물질배출량, 식량작물생산량대비 비료소비량, 식량작물생산량대비 농약출하량

② 자연자원의 이용: 상수도 보급률, 1일 1인당 급수량, 1인당 최종 에너지소비량, 1인당 전력 소비량

2) 환경 영향

환경의 질: 대기오염도, 수질 오염도, 해수오염도, 주요 도시의 오존오염도, 주요 도시의 소음공해도, 주요 도시의 빗물의 산도, 상수도 시설과 식수사용형태, 먹는 물의 수질현황, 환경오염 정도에 대한 체감, 농약오염에 대한 불안

3) 환경관리

① 환경관리지출: 1인당 환경오염방지 지출액, GDP대비 환경오염방지 지출액

② 환경관리노력: 환경오염방지 노력, 환경보호 부담의 향, 재생산업 사업체 수, 공해배출 부과금 및 징수액, 쓰레기봉투 사용 시 불편한 점, 환경문제 해결을 위한 과제

10. 복지 부문

복지부문에는 복지증진을 포함한 4개의 관심영역이 있고, 9개의 세부관심영역과, 43개의 개별지표가 있다.

1) 복지증진

자원: 정부예산대비 사회보장예산, GDP대비 사회보장예산, 생활여건의 변화에 대한 인식

2) 사회 보장

① 의료보장: 사회보험료 부담에 대한 인식, 1인당 건강보험부담액, 1인당 건강보험급여액
② 공적 연금: 공적 연금 가입자, 공적 연금 수혜자, 공적 연금 평균 급여비

3) 공적 부조

① 자원: 정부예산대비 공적 부조예산, GDP대비 공적 구조예산, 사회보장대비 공적 보조예산
② 생활보호: 기초생활보장대상자 비율, 의료급여대상자 비율, 연령별 기초생활보장 대상자 비율, 일반 및 시설수급자 1인당 급여액, 최저생계비

4) 사회복지서비스

① 자원: 정부예산대비 사회복지서비스 예산, GDP대비 사회복지서비스예산, 사회보장예산대비 사회복지서비스 예산, 사회복지시설별 시설 수, 사회복지시설별 평균수용 인원, 사회복지시설별 평균종사자 수, 공공시설의 필요성에 대한 의견

② 노인복지: 노인 중 기초생활보장수급자 비율, 노인 중 복지시설 수용자 비율, 노인복지시설별 시설 수 및 입소자 수, 60세 이상 인구의 거동 불편 여부, 65세 이상 인구의 생계수단, 65세 이상 인구의 자녀거주 장소, 65세 이상 인구 산업 및 종사상 지위, 65세 이상 인구의 주부양자, 노인문제에 대한 인식

③ 아동 복지: 보육시설 및 보육아동 수, 취학 전 자녀양육실태, 소년소녀가장 가구 수, 아동입양기관 수 및 입양아 수

④ 장애인 복지: 장애인 등록률, 장애인 의무고용 준수율, 장애인 출현율, 장애인 취업자 비율, 취업희망 장애인 비율, 장애인 보기 필요성에 대한 의견

11. 문화와 여가부문

문화와 여가부문에는 문화예술 활동을 포함한 3개의 관심영역이 있고, 8개의 세부관심영역과 41개의 개별지표가 있다.

1) 문화예술 활동

① 문화예술 지원 및 활동: 정부예산대비 문화관광부 예산, 문화관광부 예산대비 문화부문예산, 문화예술시설 공간 수, 공연장 입장률, 전시장 입장률, 도서관 수, 인구 만 명당 도서관 열람석 수, 인구 만 명당 장서 수, 연간 도서관 이용자 수

② 문화생활용품 보급: CD 및 Tape 구입, 도서발행종수, 도서 발행부수, 정기간행물(잡지) 건수, 독서인구 비율

③ 매스컴에 대한 접근 및 인식: 신문구독인구 비율, 신문구독 빈도, 신문의 관심부문, 신문보도에 대한 만족도, 신문보도에 대한 불만이유, TV 기호 프로그램, TV시청 시간, TV시청인구 비율, TV 방송 내용에 대한 만족도, TV방송 내용에 대한 불만 이유

④ 문화활동 기회 향유: 지역문화행사 참여 및 만족도, 지역문화행사에 대한 불만이유, 비디오 시청률, 비디오 시청 편 수

2) 여가 활동

① 관광 여행: 레저시설별 이용자, 1인당 국내관광여행 횟수, 해외여행자 비율, 여행지에서 불편한 점

② 여가 및 체육 활동: 체육시설 입장률, 여가활용 방법, 여가 활용에 대한 만족도, 여가활용에 대한 불만이유, 여가 활용비 지출률, 공공체육시설 수 및 면적, 1인당 도시 공원면적

③ 시간 배분: 생활시간

3) 문화의식

문화의식: 전통문화에 대한 관심

12. 안전 부문

안전 부문에는 안전에 대한 의식을 포함한 5개의 관심영역이 있고, 10개의 세부관심영역과 46개의 개별지표가 있다.

1) 안전에 대한 의식

사회의 안녕도: 준법수준(타인평가), 준법수준(자기평가), 공중질서 수준, 사회 안전에 대한 인식도, 범죄피해에 대한 두려움, 전화폭력 경험 여부, 야간보행에 대한 두려움

2) 범죄로부터의 안전

① 보고된 범죄 발생: 형법 범죄, 중 주요 범죄 발생건수, 범행 동기별 범죄자 수, 유형별 범죄발생건수, 외국인 범죄자 비율
② 보고된 범죄자: 여성범죄자 비율, 주요 범죄자 수, 소년 범죄자 수, 주요 범죄자 평균 연령, 주요범죄 재범자 비율

3) 범죄의 방지 및 교도 능력

① 검찰 · 경찰에 대한 신뢰도: 범죄발생부터 검거까지의 기간별 분포, 주요 범죄의 미신고 비율, 주요 범죄의 미신고 이유
② 범죄 방지: 경찰관 1인당 인구수, 파출소당 순찰차량 수
③ 교도 능력: 교도관 1인당 1일 평균수용 인원, 재소자수용 예산

4) 범죄 이외의 사고로부터 안전과 예방

① 교통사고의 발생과 예방: 교통수단별 사고발생 건수, 교통수단별 사망자 수, 교통사고 발생건수, 교통사고 사상자 수, 도로교통사고에 대한 원인, 뺑소니 교통사고 검거율, 고속도로 교통사고 발생건수, 고속도로 교통사고 사망자 수, 교통안전시설

② 화재 및 자연재해로부터의 안전과 예방: 자연재해 피해액, 자연재해 사망자 수, 화재 발생건수, 화재 발생건당 피해액, 화재 발생 천 건당 사망자 수, 주택형태별 화재보험 가입건수 및 보험료, 지역별 화재보험 가입건수, 가입금액 및 보험료, 소방관 1인당 인구수, 소방자동차 1대당 인구수

5) 법집행의 공정과 인도적 고려

① 법집행의 공정: 소송사건 처리건수
② 피의자 보호 및 변호: 법률구조건수, 법률상담건수, 개업변호사 수, 검사수사사건

13. 사회 참여 부문

사회참여부문에는 정치참여를 포함한 3개의 관심영역이 있고, 6개의 세부관심영역과 18개의 개별지표가 있다.

1) 정치참여

① 정치참여: 투표율
② 여성참여: 국회 및 지방의회 여성의원 비율

2) 사회참여

① 사회적 이동: 사회적 이동 가능성에 대한 태도, 주관적 계층의식

② 사회참여: 사회단체참여도, 자원봉사 참여율, 자원봉사 활성과 대책, 종교인구 비율, 종교 활동 참여도

3) 정부

① 행정: 총 공무원 수, 4급 이상 여성공무원 비율, 여성공무원 비율, 민원서비스 만족도, 민원서비스 불만 이유
② 재정: 정부세출의 기능별 구성, 국민 1인당 기능별 세출, GDP대비 기능별세출, 지방재정자립도

Ⅲ. 주요 사회지표의 개념과 산식

1. 인구

◦ $연평균인구성장률 = \sqrt[n]{\frac{비교년도}{특정연도}} - 1 \times 100$

◦ $조출생률(‰) = \frac{특정1년간의출생아수}{연앙인구} \times 1{,}000$

◦ $조사망률(‰) = \frac{특정1년간의사망자수}{연앙인구} \times 1{,}000$

◦ $자연증가율 = 조출생률 - 조사망률$

- $\text{총부양비} = \dfrac{0\sim14\text{세인구} + 65\text{세이상인구}}{15\sim64\text{세인구}} \times 100$

- $\text{유년부양비} = \dfrac{0\sim14\text{세인구}}{15\sim64\text{세인구}} \times 100$

- $\text{노년부양비} = \dfrac{65\text{세이상인구}}{15\sim64\text{세인구}} \times 100$

- $\text{노령화지수} = \dfrac{65\text{세이상인구}}{0\sim14\text{세인구}} \times 100$

- $\text{출생성비} = \dfrac{\text{남아출생수}}{\text{여아출생수}} \times 100$

- $\text{혼인상태별인구구성비} = \dfrac{\text{혼인상태인구}}{15\text{세이상인구}} \times 100$

- $\text{인구밀도} = \dfrac{\text{총인구}}{\text{총면적(㎢)}} \times 100$

- $\text{연령별출산율}(ASFR) = \dfrac{\text{모의연령별출생아수}}{\text{당해연령별여자인구}} \times 1{,}000$

- $\text{합계출산율}(TFR) = \dfrac{\sum_{i=15}^{49}(ASFR)}{1{,}000}$

- $\text{가족계획실천율} = \dfrac{\text{가족계획실천자}}{15\sim44\text{세 유배우부인}} \times 100$

- $\text{연령별인공임신중절률}(ARi) = \dfrac{\text{연령별인공 임신 중절건수}}{\text{연령별(5세간격)여자인구}} \times 1{,}000$

- $\text{전입률} = \dfrac{\text{해당지역으로의전입인구}}{\text{해당지역인구}} \times 100$

- $\text{전출률} = \dfrac{\text{해당지역으로부터의전출인구}}{\text{해당지역인구}} \times 100$

- $\text{순이동률} = \text{전입률} - \text{전출률}$

2. 가족

- $\text{평균가구원수} = \dfrac{\text{일반가구가구원수}}{\text{일반가구수}} \times 100$

- $\text{조혼인율}(‰) = \dfrac{\text{특정1년간의총혼인건수}}{\text{연앙인구}} \times 1{,}000$

- $\text{조이혼율}(‰) = \dfrac{\text{특정1년간의총이혼건수}}{\text{연앙인구}} \times 1{,}000$

- $\text{여성가구주비율} = \dfrac{\text{여성가구주가구수}}{\text{일반가구수}} \times 100$

- $\text{편부모가구비율} = \dfrac{\text{편부모와자녀}}{\text{일반가구수}} \times 100$

3. 소득과 소비

◦ $GDP\text{디플레이터} = \frac{\text{명목}GDP}{\text{실질}GDP} \times 100$

◦ $1\text{인당}GNI = \frac{\text{명목}GNI}{\text{연앙인구}}$

◦ 국민처분가능소득 = 국민순소득 + 국외순수취경상이전

◦ $1\text{인당}GRDP = \frac{\text{경상}GRDP}{\text{연앙인구}}$

◦ $GDP\text{대비민간최종소비지출} = \frac{\text{민간최종소비지출(당해년가격)}}{\text{명목}GNP}$

◦ $1\text{인당민간최종소비지출액} = \frac{\text{민간최종소비지출액}}{\text{연앙인구}}$

◦ 국민총처분가능소득 = 국민처분가능소득 + 고정자본소모

◦ $\text{총저축률} = \frac{\text{총저축}}{\text{국민총처분가능소득}} \times 100$

◦ 총투자율 = 국내총투자율 + 국외투자율

◦ $\text{평균소비성향} = \frac{\text{소비지출}}{\text{처분가능소득}} \times 100$

◦ $\text{노동소득분배율} = \frac{\text{피용자보수} + \text{국외순수취피용자보수}}{\text{국민소득}(\ni)} \times 100$

◦ $조세부담률 = \frac{조세수입}{명목 G에} \times 100$

◦ $10분위분배율 = \frac{하위40\%소득점유율}{상위20\%소득점유율}$

4. 노동

◦ $경제활동참가율 = \frac{경제활동인구}{15세이상인구} \times 100$

◦ $취업률 = \frac{취업자}{경제활동인구} \times 100$

◦ $임금근로자비율 = \frac{임금근로자}{취업자} \times 100$

◦ $55세이상취업자율 = \frac{55세이상취업자수}{총취업자수} \times 100$

◦ $실업률 = \frac{실업자}{경제활동인구} \times 100$

◦ $입직률 = \frac{당월입직자수}{전월말근로자수} \times 100$

◦ $이직률 = \frac{당월이직자수}{전월말근로자수} \times 100$

◦ $월평균근로일수 = \frac{총근로일수}{(전월말근로자 + 당월말근로자수)/2}$

∘ $\text{건강진단수검률} = \frac{\text{건강진단수검근로자수}}{\text{건강진다대상근로자수}} \times 100$

∘ $\text{유소견자율} = \frac{\text{직업병유소견자수}}{\text{건강진단수검근로자수}} \times 100$

∘ $\text{재해도수율} = \frac{\text{재해건수}}{\text{연근로시간수}} \times 1{,}000{,}000$

∘ $\text{재해강도율} = \frac{\text{총근로손실일수}}{\text{연근로시간수}} \times 1{,}000$

∘ $\text{사망만인율} = \frac{\text{사망자수}}{\text{근로자수}} \times 10{,}000$

∘ $\text{노동조합조직률} = \frac{\text{조합원수}}{\text{노동조합가입대상자수}} \times 100$

5. 교육

∘ $\text{국민평균교육년수} = \frac{\text{국민의총교육년수}}{\text{6세이상인구} - \text{학생}}$

∘ $\text{25세이상인구의학력구성비} = \frac{\text{교육단계별졸업자수(중퇴자 · 재학생포함)}}{\text{25세이상성인인구}} \times 100$

∘ $\text{유치원취원율} = \frac{\text{유치원아동수}}{\text{4$\sim$5세인구}} \times 100$

∘ $\text{취학률} = \frac{\text{취학자수}}{\text{적령인구수}} \times 100$

- $\text{진학률} = \dfrac{\text{상급학교진학자수}}{\text{졸업자수}} \times 100$

- $\text{학생비율} = \dfrac{\text{총학생수}}{\text{총인구}} \times 100$

- $\text{인구만명당대학생수} = \dfrac{\text{대학생수}}{\text{총인구}} \times 10,000$

- $\text{교원의평균교육이수연수} = \dfrac{\text{교원의총교육이수연수}}{\text{총교원수}}$

- $\text{교원의평균연령} = \dfrac{\text{교원의총연령}}{\text{총교원수}}$

- $\text{여교사비율} = \dfrac{\text{여교사수}}{\text{총교원수}} \times 100$

- $\text{교원이직률} = \dfrac{\text{연간이직교원수}}{\text{총교원수}} \times 100$

- $\text{사무직원당교원수} = \dfrac{\text{교원수}}{\text{사무직원수}}$

- $\text{학교당학급수} = \dfrac{\text{총학급수}}{\text{총학교수}}$

- $\text{학급당학생수} = \dfrac{\text{총학생수}}{\text{총학급수}}$

- $\text{학생1인당건물면적} = \dfrac{\text{총건물면적}}{\text{총학생수}}$

- 학생1인당교지면적 $= \frac{\text{총교지면적}}{\text{총학생수}}$

- 학생1인당체육장면적 $= \frac{\text{총체육장면적}}{\text{총학생수}}$

- 가구당교육비지출률 $= \frac{\text{가구당교육비지출액}}{\text{가구당소비지출액}} \times 100$

- 중도탈락률 $= \frac{(\text{제적} + \text{중퇴} + \text{휴학자수})}{\text{총학생수}} \times 100$

- 졸업생취업률 $= \frac{\text{취업자수}}{(\text{졸어생수} - \text{진학자수} - \text{군입대자수})} \times 100$

- 좌석당학생수 $= \frac{\text{총학생수}}{\text{총좌석수}}$

- 학생1인당장서수 $= \frac{\text{총장서수}}{\text{총학생수}}$

6. 보건

- 신체중량지수$(BMI) = \frac{\text{체중(kg)}}{\text{신장}(\text{m}^2)}$

- 만성질환유병률 $= \frac{\text{연간만성질환이환건수}}{\text{20세이상인구}} \times 1,000$

- 유병률 $= \frac{\text{기간내(2주간)유병자수}}{\text{0세이상인구}} \times 100$

- $1일평균재원환자수 = \frac{입원환자연인원수}{365}$

- $평균입원일수 = \frac{입원환자연인원수}{입원환자실인원수}$

- $병상이용률 = \frac{1일평균재원환자수}{병상수} \times 100$

- $의사진료자수 = \frac{기간내(2주간)병\cdot의원진료시간}{0세이상인구}$

- $치료일수 = \frac{병\cdot의원진료자의총치료일수}{병\cdot의원진료자수}$

- $의료인력1인당인구 = \frac{총인구}{의료인력수}$

7. 주거와 교통

- $주택보급률 = \frac{주택수}{일반가구수} \times 100$

- $주택투자율 = \frac{주택투자율}{실질 GDP} \times 100$

- $가구당주거비지출률 = \frac{주거비지출액}{소비지출액} \times 100$

- $가구당사용건평 = \frac{총사용건평}{일반가구수} \times 100$

- $\text{가구당사용방수} = \frac{\text{총사용방수}}{\text{일반가구수}} \times 100$

- $\text{1방당인구수} = \frac{\text{가구원수}}{\text{총사용방수}} \times 100$

- $\text{가구당월평균교통비지출비율} = \frac{\text{교통비지출액}}{\text{소비지출액}} \times 100$

8. 정보와 통신

- $GDP\text{대비정보통신연구개발비} = \frac{\text{정보통신연구개발비}}{\text{명목}GDP} \times 100$

- $\text{인구천명당}PC\text{보급대수} = \frac{\text{총}PC\text{보급대수}}{\text{연앙인구}} \times 1{,}000$

- $\text{전화보급률} = \frac{\text{전화가입자수}}{\text{연앙인구}} \times 100$

- $\text{공중전화보급률} = \frac{\text{공중전화설치대수}}{\text{연앙인구}} \times 1{,}000$

- $\text{인구만명당이동전화가입자수} = \frac{\text{이동전화가입자수}}{\text{연앙인구}} \times 10{,}000$

- $\text{인구만명당무선호출가입자수} = \frac{\text{무선호출가입자수}}{\text{연앙인구}} \times 10{,}000$

- $\text{인구만명당}PC\text{통신가입자수} = \frac{PC\text{통신가입자수}}{\text{연앙인구}} \times 10{,}000$

9. 환경

◦ $1인1일생활폐기물발생량 = \frac{1일생활폐기물발생량}{총인구}$

◦ $1인당오수발생량 = \frac{오수발생량}{총인구}$

◦ $상수도보급률 = \frac{상수도급수인구}{총인구} \times 100$

◦ $1인당환경오염방지지출액 = \frac{환경오염방지지출액}{총인구}$

10. 복지

◦ $국민기초생활보장수급자비율 = \frac{국민기초생활보장수급자수}{총인구} \times 100$

◦ $의료급여대상자비율 = \frac{의료급여대상자수}{총인구} \times 100$

◦ $1인당건강보험부담액 = \frac{건강보험총부담액}{연평균건강보험적용인구}$

◦ $1인당건강보험급여비 = \frac{총급여비}{연평균건강보험적용인구}$

◦ $공적연금적용률 = \frac{국민연금, 공무원연금, 사립·교직원연금가입자수}{18세이상취업자} \times 100$

◦ $공적연금수혜자비율 = \frac{공적연금수혜자수}{공적연금가입자수} \times 100$

◦ $1인당공적연금평균급여비 = \frac{연금별급여비}{연금별수혜자수}$

◦ $장애인등록률 = \frac{등록장애인수}{추정장애인수} \times 100$

◦ $장애인의무고용준수율 = \frac{상시근로자2\%이상장애인고용업체수}{상시근로자300이상사업체수} \times 100$

◦ $장애인출현율 = \frac{전국추정장애인수}{총인구} \times 100$

11. 문화와 여가

◦ $공연장입장률 = \frac{음악,연극,무용,영화관람자수}{15세이상인구} \times 100$

◦ $박물관,미술관입장률 = \frac{박물관,미술관입장자수}{15세이상인구} \times 100$

◦ $독서인구비율 = \frac{독서인구}{15세이상인구} \times 100$

- $신문구독인구비율 = \frac{신문구독자}{15세이상인구} \times 100$

- $TV시청인구비율 = \frac{TV시청인구}{15세이상인구} \times 100$

- $TV시청시간 = \frac{1주간총TV시청시간}{TV시청인구} \times 100$

- $비디오시청인구비율 = \frac{비디오시청인구수}{15세이상인구} \times 100$

- $평균여행횟수 = \frac{총여행횟수}{15세이상인구} \times 100$

- $해외여행자비율 = \frac{해외여행경험자}{15세이상인구} \times 100$

- $여가활용비지출률 = \frac{교양오락비지출액}{소비지출액} \times 100$

12. 안전

- $야간보행에대한안전도 = \frac{야간보행에두려움을느끼는사람수}{15세이상인구} \times 100$

- $여성범죄자비율 = \frac{여성범죄자수}{총범죄자수} \times 100$

◦ $소년범죄자비율 = \frac{소녀범죄자수}{주요범죄자수} \times 100$

◦ $주요범죄자평균연령 = \frac{주요범죄자의총연령}{주요범죄자수}$

◦ $주요범죄재범자비율 = \frac{주여범죄중재범자수}{주요범죄자수} \times 100$

13. 사회참여

◦ $자원봉사참여율 = \frac{자원봉사자수}{15세이상인구} \times 100$

◦ $종교인구비율 = \frac{종교인구}{15세이상인구} \times 100$

◦ $4급이상여성공무원비율 = \frac{서기관이상여성고위공무원수}{서기관이상고위공무원수} \times 100$

◦ $지방재정자립도 = \frac{지방세입 + 세외수입}{세입총액} \times 100$

제2절 사회복지의 평가방법

Ⅰ. 평가지표와 계량화

1. 평가지표의 발달

모든 평가는 평가의 척도가 되는 지표(indicators)와 지표를 계량화하는 산식(formulae) 및 지표의 상대적 가치를 나타내는 가중치(added value)에 대한 합의가 선행되어야 한다. 그러나 복지와 관련된 지표를 어떤 지표들로 한정하기가 어렵고 각 지표의 가중치 또한 일정한 값을 매기기 어렵다. 특히 계량화하기 곤란한 질적인 지표(qualitative indicator)인 경우 더욱 그러하다. 예컨대 '만족도' 같은 것은 지극히 주관적인 평가에 의존할 수밖에 없다.

사회복지를 평가하는 방법은 인류의 역사와 함께 발달하여 왔다. 고대에 우선평가를 위한 개별지표가 등장하고, 조사가 이루어졌으며 오랜 역사를 통하여 통계학자들을 중심으로 계량화 도구가 개발되었다.

학자 또는 연구기관에 따라 복지와 관련된 상이한 지표들을 제시하게 되는 것은 결국 그들의 가치체계가 다르기 때문이다. 그럼에도 불구하고 같은 문화권에서는 그 구성원 사이에 공통적으로 받아들여지는 복지의 지표가 존재하여 왔다. 오복이 좋은 예라 하겠다. 다원화된 고도산업사회에서는 복지의 지표 또한 매우 다양하여 그 수를 일일이 열거하기 어려울 정도로 많이 제시되고 있다.

20세기 후반에 컴퓨터의 발달에 힘입어 다양한 지표를 아우르는 통계학의 발달은 사회복지, 지역사회개발의 부문 간 지역 간 종합분석을 가능케 하였다. 먼저 사회지표별 산식을 살펴보고 사회복지의 종합평가 및 지표의 보정방법을 살펴보기로 한다.

지역사회복지의 평가와 관련된 일련의 연구(UN, 1954. FAO, 1973. 김동일 외, 1982. 홍동식, 1983. 서규선 외, 1985, 경제기획원, 1985. 최병익, 1987)에 의하면, 삶의 양적 측면을 중심으로 직접 또는 간접으로 계량화가 가능하고 삶의 질적 측면을 포함한 십여 개에서 이백여 개의 사회지표들이 제시되고 있다.

이들 사회지표에 따라 일정 지역사회의 주요 삶의 조건에 관한 종합적이고 균형적인 판단이 어느 정도 가능한 것이다. 이들 사회지표는 그 제시된 지표의 다양함에도 불구하고 Lindeman이 제시한 이상적인 지역사회의 조건을 반영하고 있는 것으로 보인다.

앞의 각 분야별 사회지표들은 지역사회복지를 구성하는 개인적 복지와 사회적 복지를 가늠케 하는 세 가지 영역의 지표들로 구분할 수 있겠는데, 사유에 관한 지표로는 소득을, 형평에 관한 지표로는 소득격차를, 그리고 공유에 관한 지표로는 의료시설을 예로 들 수 있을 것이다.

2. 복지의 계량적 평가도구

경제적 분야에서는 계량화가 가능한 학문적 특성 때문에 일찍이 사회복지에 대한 계량적 연구가 이루어졌다. Pigou(1951)는 경제활동의 목적은 부 자체에 있는 것이 아니라 보다 광범위한 복지에 있으며 사회 전체의 복지(W)는 각 개인이 누리는 효용(U)의 총화, 즉 W=ΣUi 인 관계에 있다고 하였다. 또한 Fields(1979)는 복지가 소득(Y), 상대적 불평등(I) 및 절대빈곤(P)과 W=f(Y, I, P)인 함수관계에 있다고 보았다.

Kuznetz(1963)는 1인당 국민총생산이 높은 선진국들은 평균 Gini 계수가 0.37로, 저개발국들의 평균 지니 계수는 0.44로 나타났다고 보고하였다. 이와 같이 후생경제학에서는 배분의 형평을 강조하고 있는데, 전도일(1984)은 후생경제학의 주요 이론들을 고찰하고 사회적 후생함수는 사회적 후생의 극대화를 목적으로 하고 있으나, 실질소득이나 후생의 어떠한 분배가 이상적인가를 명확히 알 수 있는 결정자의 존재문제에 대한 또 하나의 해답을 얻어야 한다고 지적하였다.

후생경제의 문제는 가치관에 따라 지향하는 방향과 결과에 대한 평가가 상이하지만 일반적으로 인간다운 삶을 누릴 수 있도록 절대빈곤을 불식하는 것과 공평과 평등이 전제되고 있다. 그리고 국별 비교를 통하여 보다 바람직한 모형을 지향하는 것이 개발노력에서 준거의 틀이 되고 있다.

삶의 질을 계량화하고 지표에 따라 가중화하지 않으면 복지 평가가 관념적 차원에 머물게 되는데, 실증적 연구를 통해서 가중화 방법이 더욱 개발되어야 할 것이다.

후생경제학 분야에서는 경제학자와 통계학자들(Pareto, 1897; Lorenz, 1905; Gini, 1909)의 연구로 소득분포에 관한 계량화 방법이 실용화되었다. 파레토는 유럽 여러 나라에 대한 조사로부터 소득분포에 관한 통계적 법칙인 파레토 법칙을 도출하였다. 그런데 파레토 법칙은 현저히 높은 소득과 면세점 이하의 소득분포에 관하여는 잘 들어맞지 않는 단점이 있다. 로렌츠 곡선과 지니 법칙은 파레토 법칙의 단점을 보완한 것으로 로렌츠 곡선과 지니 계수는 소득분포의 지역 간 비교와 한 지역 안에서 다른 시점 사이의 소득분포 변화를 비교하는 데 활용되고 있으나, 소득분포란 종합적인 지역사회복지의 한 측면에 불과한 것이므로 지역사회복지의 평가에는 주민의 삶의 질을 종합적으로 분석할 수 있는 도구가 있어야 할 것이다.

경제적 복지의 지표들 가운데 노동의 조건과 시간 및 자유와 안전보장 등을 포함하기도 하는데, 후생경제학의 초점은 분배의 형평과 빈곤문제에 있다고 하겠다. 경제적 복지와 표리의 관계라 할 수 있는 빈곤은 생활력의 부족으로 풀이되지만 빈곤도 상대적인 개념에 속한다. 학자에 따라서는 빈곤의 지표를 1인당 소득, 건강의 유지에 필요한 최저영양소요구량 등으로 제시한다. 이와 같은 절대빈곤(absolute poverty) 계층 또는 소득 순위에서 하위 40% 이하를 상대적 빈곤계층으로 규정하기도 한다.

사회복지의 발전과정에서 절대빈곤을 종식시키기 위한 노력은 예나 지금이나 변함이 없지만, 매우 중요하다는 사실은 최근에야 인식되기 시작한 것이다.

선행연구들을 종합해 볼 때 경제적 복지의 척도는 기대(expectation)에 대한 소유(blessings)의 비 및 준거집단(referance group)에 대하여 개인이 소유한 가치의 비로 대별된다.

오늘날의 사회복지는 소득의 분배문제를 떠나서 생각할 수 없을 만큼 적극적이고 광의적인 차원으로 발전하였다. 그리고 일반적으로 소득의 분배는 인적 분배로 고찰되어 왔다. 이 분야의 연구는 소득분포상태의 측정, 소득분포에 관한 법칙, 소득분포론의 응용과 관련된 연구들로 대별된다.

2분법이나 4분법, 10분법 및 표준편차 등에 의한 소득분포상태의 측정 그리고 파레토, 로렌츠, 지니 등의 소득분포에 관한 경험적 법칙 등은 단순한 소득분포의 불평등도 측정에 목적이 있는 것이 아니다. 적정성장과 분배의 형평을 목표로 누진세제와 소득재분배정책을 통하여 사회적 후생을 구현하는데, 이들 연구가 경제이론에서 중요한 의의를 갖게 된 것이다.

II. 사회복지의 종합적 평가

1. 평가지표의 가중화

1인당 GNP가 발전을 가늠하는 대표적인 지표인 것은 사실이지만 발전의 여러 측면을 충분히 대변해 주지는 못한다. 따라서 위에서 열거한 우리나라의 사회지표들과 같은 많은 지표들을 필요로 한다. 그런데 그와 같은 지표들의 평면적 나열만으로는 발전의 여러 측면의 역동적인 상호관계를 종합적으로 평가하기 어렵다.

위와 같은 관점에서 지표들 사이의 상관관계로부터 일련의 지표를 선정하는 연구가 이루어졌는데, 유엔사회발전연구소(United Nations Research Institute on Social Development)에 의해 선정된 16개의 핵심지표를 예로 들 수 있다. 그리고 Adelman과 Morris가 사회 · 경제 · 정치적 요소들 간의 상호작용에 대한 요인분석을 통하여 41개의 변수들을 선정하였다.

한편, 김경동(1979)은 삶의 질이 I1에서 In에 이르는 요인으로 구성될 때 삶의 질은 f(I1, I2, ……In)와 같이 함수식으로 나타낼 수 있는데, 사회성원의 가치판단에 따라 각 요인 간의 가중치가 계측되면 삶의 질(QOL)은 다음과 같이 계량화할 수 있다고 하였다.

$$QOL = \sum Wi(Ii)$$

(단, Wi요인의 가중치, Ii요인의 수준)

삶의 질 측정은 이와 같이 가중치를 필요로 하고 있으나 지역사회 주민의 삶의 질, 즉 지역사회복지에 관여하여 가중치를 부여한 실증적 연구는 그리 많지 않다. 그것은 가중치를 부여하는 확립된 기준과 준거의 틀이 미흡한 탓이라 할 수 있다. 그러나 김동일(1982), 홍동식(1983), 부산상공회의소 · 부산경제개발연구소(1985)에 의한 일련의 연구들은 지역사회복지의 계량화를 위한 비교적 정밀한 가중화 방법들을 보여 주고 있다.

김동일과 그의 동료들은 한국 농촌주민의 삶의 질 연구에서 Dasgupta(1975)의 방법을 수정한 요인생태학적 방법으로 읍 · 면별 통계치 중에서 중심변수를 찾아내고 이들 중심변수 각 요인의 점수를 가중치로 하여 발전지수를 계산했다. 그리고 이 발전지수의 크기에 따라 상 · 중 · 하의 세 가지 유형, 즉 발전의 정도가 상 · 중 · 하인 지역으로 조사대상지역을 평가하였다. 이어서 상의 지역과 하의 지역들에 대하여 농촌의 사회 · 경제적 특성을 나타내는 모든 종속변수를 t검증으로 비교하였다.

이 방법은 여러 지역의 발전 정도를 상 · 중 · 하와 같이 종합적으로 비교하는 데는 유용한 반면, 지역사회복지의 각 측면을 파악하려면 사회 · 경제적 특성을 나타내는 모든 종속변수들을 지역별로 일일이 대비해 보아야 하는 제한이 있다.

최병익(1987)은 농촌지역사회복지에 관한 16개의 핵심지표를 선정하였는데, 농촌의 사회생태학적 구조 분석에 적용한 71개의 변수들의 요인 분석을 통하여 선정된 것이다. 이들 변수는 호당 평균소득, 주택보급률, 호당 경지면적, 고교진학률, 전화보급률, 이혼율, 부락 간 소득격차, 지방세부담액, 생활보호자율, 인구수, 의료시설 수, 서비스업소 수, 공장 수, 주민참여율, 도로포장률 등으로 다음 <식 1－1>에 적용하여 지역사회복지를 종합적으로 평가할 수 있다.

즉 지역사회복지(CW)를 <식 1－1>에서와 같이 개인이 누리는 측면의 복지(a1w1), 형평의 복지(a2w2) 및 공유의 복지(a3w3)…… 등으로 나누어 보면, 지역사회복지의 이론치는 <식 1－1>과 같다.

〈식 1－1〉

$$O \leqq \sum_{i=1}^{n} CiWi = a1w1 + a2w2 + a3w3 \cdots\cdots \leqq 100 \cdots\cdots$$

단, a1=100×w1에 속한 변수수/전체 변수수, w1w1에 속한 변수의 득점합계/w1에 속한 변수의 배점합계

이 연구에서 각 변수에 대한 가중치는 부여되지 않았다. 그것은 현재까지 각 지표에 대한 가중치의 기준이 마련되지 않았고, 동점으로 처리하여도 복지의 측면별 변수의 가감에 따라 측면별로는 가중화될 수 있기 때문이다. 그리고 특정 변수에 대한 자료가 누락된 경우에도

비교하고자 하는 지역 간에 동일한 기준으로 평가하는 것이므로 식은 척도로서의 기능을 갖게 된다.

2. 지역 간 비교 및 평가지표의 보정

지역 또는 국가 간의 비교에 있어서 개인이 누리는 경제적 복지의 지표로서 1인당 국민소득이 미흡한 것은 비교대상지역 간에 화폐의 구매력이 상이하기 때문이다.

따라서 다음과 같이 화폐의 구매력을 기준으로 보정한 1인당 국민소득으로 환산하여 비교하지 않으면 의미가 없다 하겠다.

A국의 1인당 국민소득(PGNPa)의 보정은 보정계수 α를 곱하여 산출된다고 할 때, 1인당 보정국민소득(CPGNPa)은 다음과 같은 <식 1－2>로 나타낼 수 있다.

〈식 1－2〉

$$CPGNPa = \alpha PGNPa = \frac{1}{n}\sum_{i=1}^{n} \alpha i PGNPa$$

$$= \frac{1}{n}(\alpha 1 + \alpha 2 + \alpha 3 \cdots\cdots + \alpha n)PGNPa \cdots\cdots$$

단, αi=i 종의 재화 또는 용역에 대한 구매력이 된다. 위의 식은 보정의 개념모형에 불과한 것이므로, 실제에 적용할 경우에는 경제적 복지를 구성하는 요인을 구명하고 요인별로 가중화되어야 더욱 정밀한 척도의 기능을 갖게 될 것이다.

지역 간 최저생계비가 산출되어 있는 경우에는 이들 비의 역수를 보정계수로 대용하면 보정이 훨씬 간편하게 된다.

참고문헌

국사편찬위원회, 1972, 『일제침략하 한국36년사』.

권순원, 1989, 『사회복지제도의 이모저모』, 대한상공회의소.

김경동, 1979, 『발전의 사회학』, 문학과지성사.

김동일 외, 1982, 『한국농촌주민의 삶의 질』, 한국농촌경제연구소.

김부식 저, 이병도 역주, 1983, 『삼국사기(상 · 하)』, 을유문화사.

김영모, 1967, 『농촌지역사회조직론』, 민조사.

______, 1979, 『한국사회복지론』, 경문사.

______, 1985, 『지역사회복지론』, 한국사회복지정책연구소 출판부.

______, 1986, 『한국사회복지의 제 문제』, 한국사회복지정책연구소 출판부.

김성훈 외 15인, 1991, 『한국 농업 이 길로 가야 한다』, 출봉출판사.

김진숙, 1999, 「청소년 자원봉사활동이 대인 및 사회적 책임성 수준에 미치는 영향에 관한 연구」, 명지대학교 대학원, 박사학위논문.

김학묵, 1955, 『사회사업개론』, 한국사회사업연합회.

농림부, 2004, 「농업 · 농촌 종합대책 세부추진계획」.

______, 1995, 「청소년 자원지도자에 관한 연구」, 명지대학교 사회교육대학원 석사학위논문.

농촌개발연구회 편, 1988, 『농촌개발론』, 형설출판사.

박대식, 2004, 「농촌 노인의 경제활동 및 소득실태분석」, 한국농촌경제연구원.

박송규, 1988, 『사회복지법론』, 재단법인 법령편찬보급회.

남덕우, 1982, 경제학대사전, 박영사.

박정근, 1989, 「농업경제를 인식하는 경제학의 파라다임들과 한계」『산업화와 농업경제의 동태적 관계』, 한국농촌경제연구원.

서규선 · 정지웅, 1985, 「농촌지역사회개발사업의 효과와 발전방안」『새마을운동종합연구』 5(1), 서울대학교.

오치선, 1999, 「사회교육, 교육의 수월성」, 한국교총.

오치선 · 김현수 역, 1995, 『기쁨의 교육』, 금강출판사.

윤진숙, 1989, 「성장단계별 영양관리의 문제점과 대책, 노년기」, 『식품과 영양』

10(1).
이동필 외, 2004,「도농 간 소득 및 발전 격차의 실태와 원인 분석」, 한국농촌경제연구원.
이근식 외 2인 역, 1985,『제삼세계의 경제발전론』, 비봉출판사.
이영대 · 정명채, 1988,「농가유형별 노후 준비실태 분석」『농촌경제』 11(2), 한국농촌경제연구원.
임승국 역주, 1986,『한단고기』, 정신세계사.
전국농과대학학장협의회, 1991. 3. 15, 심포지엄,「UR 농산물협상 이후의 한국 농업의 진로」.
장인협, 1981,『사회복지개론』, 한국사회개발연구원.
______, 1986,『사회복지학개론』, 서울대학교 출판부.
장인협 · 최성재, 1987,『노인복지론』, 서울대학교출판부.
전도일, 1984,「새마을운동과 후생경제의 연관성에 대한 소고」『새마을운동이론체계정립』(1), 지역개발 조사연구단.
정지웅, 1969,「가난의 문제와 교육에의 도전」『교육학개론』 7:2, pp.29～43.
______, 1984,『한국의 농촌』, 서울대학교 출판부.
______, 1991,『복지농촌건설과 지역사회개발』, 교육과학사.
정지웅 · 김지자, 1973,『지역사회개발의 이론과 실제』, 배영사.
정지웅 · 최상호, 1983,『지역사회개발론』, 선일문화사.
____________, 1984,『한국의 농촌의 구조와 개발』, 서울대학교 출판부.
정지웅 · 최민호 · 김성수, 1989,『종합농촌개발론: 요구분석적 접근의 이론과 실제』, 서울대학교 출판부.
정지웅 · 최병익, 1992,『농촌사회복지론』, 서울대학교 출판부.
최병익, 1986,「경제적복지의 계량화방안에 관한 소고」『예농』 제6호, 예산농업전문대학.
______, 1987,「농촌지역 간 사회복지측정에 관한 사회생태학적 연구」, 서울대 박사학위논문.
______, 1989,「농촌사회개발」, 농촌개발연구회 편,『농촌개발론』, 형설출판사, pp.105～170.
______, 2000,「심훈의 성인교육사상」, 한준상 외,『근대 한국 성인교육사상』, 원미사.
최양부 · 이정환, 1987,『산업사회의 농촌발전전략』, 한국농촌경제연구원.
최일섭, 1985,『지역사회복지론』, 서울대학교 출판부.
통계청, 2003 한국의 사회지표.

홍동식, 1983, 「농촌부락에 있어서 복지수준의 사회구조적 관련」『사회조사연구』 2(1), 부산대학교.

홍지형 외, 1998, 「평생학습사회와 노인교육」, 교육부.

Adelman, I. & L. T. Morris, 1967, Society, Politics & Economic Development, A Quantitative Approach, Baltimore: The Johns Hopkins Press.

Bendavid－Val, Avrom, 1983, Regional and Local Economic Analysis for Practitioners, New York: Fredrick, A. Praeger Publishers.

Bell, Daniel, 1973, The Coming of Post－industrial Society, New York: Basic Books, Inc.

Bohrnsteat, G. W. & E. F. Borgatta(Eds.), 1981, Social Measure－ment, London: Sage Publications.

Callanta, R. S., 1988, Poverty, The Philippine Scenario, Manila: Bookamrt, Inc.

C.C.Poindexter, et. al., 1999, Essential Skills for Human Services, New York, Wadsworth.

Clark, R. P., 1978, Power and Policy in the Third World, New York: John Wiley & Sons, Inc.

DiNitto, D. M. & T. R Dye, 1983, Social Welfare Politics & Public Policy, Englewood Cliffs, N, J.: Prentice－Hall, Inc.

Fields, G. S., 1980, Poverty Inequality and Development, New York: Cambridge University Press.

Fridlander, W. A, & R. Z Apte, 1980, Introduction to Social Welfare, Englewood Cliffs, N. J.: Prentice－Hall, Inc.

Green, R. K. & S. A Webster, eds., 1977, Social Work in Rural Areas, Knoxville: The University of Tennessee, New York: Councile on Social Work Education.

Hettne, B., 1982, Development Theory and the Third World, Swedish Agency for Research Cooperation with Developing Countries.

I. C. A, 1985, Directory of Rural Development Project, Munchen: K. G. Saur.

Jones, Hywel, 1975, An Instruction to Modern Theories of Economic Growth, London: Thomas Nelson and Sons, Ltd.

Jones, R. B., 1979, Economic and Social History of England 1970～1977, Burnt Mill, Harlow, Essex: Longman Group, Ltd.

Kuznets, S. 1963, Quantitative Aspects of Economic Developm－ent and Cultural Change, January.

Maunder, A. H., 1973, Agricultural Extension, Rome: FAO.

McHale, M. C., J. McHale & G. F. Streatfeild, 1979, Children in th World,

Washington D.C.: Population Reference Bureau.
Mosher, Arthur T., 1966, 'Getting Agriculture Moving' Essentials for Development and Modernization, New York: Frederick, A. Praeger Publishers.
New York: Prentice－Hall, Inc
Nice, R. W., 1965, Treasury of the Rule of Law, Totowa, N. J: Littlefield, Adams & Co.
Oh, Chi－Sun, Kim, Hyon－Soo(1995). *OK Training Program for Youth*, Seoul Ji－Young Books.
Okun, Arthur M., 1975, "Equality and Efficiency" The Big Trade－off, Washington D.C: The Brookings Institution.
Rao, M. V. S., et. al., 1978, Indicators of Human and Social Development, Tokyo: The United Nations University Presss.
Rimlinger, G. V., 1971, Welfare Policy and industrialization in Europe, America and Russia, New York: John Wily & Sons. Inc.
Rubin, H. J. & I. Rubin, 1986, Community Organizing and Development, Columbus: Merrill Rulishing Company.
Schumacher, E. F., 1973, Small is Beautiful, New York: Harper Row, Publishers.
Sugden, Robert, 1981, The Political Economy of Public Choice, Oxford: Martin Robertson & Col, Ltd.
Swason B. E(ed), 1984, Agricultural Extension, Rome: FAO.
Taylor－Goodby, P. & J. Dale, 1981, Social Theory and Social Welfare, London: Edward Arnold, ltd.
The Staff of the Institute for Food and Development Policy, 1970, Food First Resource Guide, San Francisco, California: Institute for Food and Development Policy.
U. S Department of Commerce, 1989, Statistical Abstract of the United States(109th ed.).
U. S. Department of State, 1985, U.S.S.R.
Weaver, James Hl, et al., 1978, "Growth and Equity: Can they be happy together?" Development XX(1), Roma: Society for International Development, pp.20－27.

松尾武昌, 1999, あなたがつくるボゥンティア アドバイザーハンドづック, 日本東京, (社)全國社會福祉協議會.
小磯勝人(ed), 2001, NGO運営の基礎知識, 東京, アルク.

http://myhome.naver.com/lkt012/geography/geog10－3.htm

김성신

교육학 박사, 아동학 전공
사회복지 법인 사랑원 원장 역임
정읍시 평생학습운영위원 및 도서관운영위원 역임
유아교육 실천 연구회 회장 역임
한국 평생교육사 협회 이사 역임
정읍 YMCA 청소년 상담소 소장 역임
현) 국제문화대학원대학교 교수
　　백석문화대학 사회복지학부 강사
　　사단법인 성결원 운영위원
　　한국청소년학회 정회원
　　국제영재교육학회 부회장

『평생교육 개론』
『영재커뮤니케이션론』
『전뇌교육론』
『아동복지론』
『가위, 바위, 보』
「어린이 집 교사의 직무만족도에 관한 연구」
「아동학대 상처 치유를 위한 복지 멘토링연구」
「아동 영재성교육 특성화에 대한 교사와 학부모의 인식연구」
「성인교실의 운영을 통한 평생교육 활성화 연구」
「청소년 교정복지 증진을 위한 사회교육 방안연구」

사회복지교육의 이해

초판인쇄 | 2010년 10월 29일
초판발행 | 2010년 10월 29일

지 은 이 | 김성신
펴 낸 이 | 채종준
펴 낸 곳 | 한국학술정보(주)
주 소 | 경기도 파주시 교하읍 문발리 파주출판문화정보산업단지 513-5
전 화 | 031) 908-3181(대표)
팩 스 | 031) 908-3189
홈페이지 | http://ebook.kstudy.com
E-mail | 출판사업부 publish@kstudy.com
등 록 | 제일산-115호(2000. 6. 19)

ISBN 978-89-268-1552-6 93330 (Paper Book)
978-89-268-1553-3 98330 (e-Book)

내일을여는지식 은 시대와 시대의 지식을 이어 갑니다.